中國學術思想 研究輯刊

二二編

林慶彰 主編

第13冊

老莊自然觀念新探

蕭平 著

花木蘭文化出版社

國家圖書館出版品預行編目資料

老莊自然觀念新探／蕭平 著 -- 初版 -- 新北市：花木蘭文化出
版社，2015〔民 104〕
序 6+ 目 2+244 面；19×26 公分
（中國學術思想研究輯刊 二二編：第 13 冊）
ISBN 978-986-404-370-5（精裝）
1. 老莊哲學
030.8   104014684

ISBN- 978-986-404-370-5

9 789864 043705

中國學術思想研究輯刊
二二編　第十三冊　　　　　ISBN：978-986-404-370-5

老莊自然觀念新探

作　　者　蕭 平
主　　編　林慶彰
總 編 輯　杜潔祥
副總編輯　楊嘉樂
編　　輯　許郁翎
出　　版　花木蘭文化出版社
社　　長　高小娟
聯絡地址　235 新北市中和區中安街七二號十三樓
　　　　　電話：02-2923-1455 ／傳真：02-2923-1452
網　　址　http://www.huamulan.tw 信箱 hml 810518@gmail.com
印　　刷　普羅文化出版廣告事業
封面設計　劉開工作室
初　　版　2015 年 9 月
全書字數　235115 字
定　　價　二二編 22 冊（精裝）新台幣 40,000 元

老莊自然觀念新探

蕭平　著

作者簡介

蕭平，字無陂，號抱樸，湖南長沙人，哲學博士，現任教於湖南師範大學公共管理學院哲學系，主要研究中國古代哲學，尤其是道家道教，目前正致力於道家自然觀念史、道家情感哲學、語言哲學的研究。已出版《自然的觀念——對老莊哲學中一個重要觀念的重新考察》和《傳習錄校釋》兩部專著，在《中國哲學史》、《孔子研究》、《中州學刊》、《文化中國》等海內外刊物上發表論文十餘篇，數篇被人大複印資料《中國哲學》、《倫理學》轉載。

提　要

　　本書嘗試擺脫科學自然觀的研究範式和自然哲學的研究進路，從哲學自然觀的角度入手，借助哲學語義學與觀念史的研究方法，重新考察了老莊自然觀念的基本意蘊及其歷史淵源，揭示了自然觀念的內在張力及其歷史影響。

　　本書認為，老莊的「自然」蘊含著雙重內涵：一是根源性自然，源於「自」的「原初、本始」含義，強調天地萬物根源於道的原初本性，是謂「物之自然」。老莊主張尊重萬物之本性，以「無為」來規範人的行為方式，體現了理性的科學精神。二是自覺性自然，源於「自」作為反身代詞「自己」的含義，強調人自己而然、自覺而然，是謂「人之自然」。老莊深刻地反思人類文明發展的現狀，主張人應當自主其生，自覺地生存在世，宣揚人的主體性與自由，體現了深厚的人文精神。老莊的自然是人之自然與物之自然的統一，也是科學精神與人文精神的統一。「自然」是道家哲學的核心價值觀念，蘊含著對一切存在者生存境域的關注，尤其強調人的自由精神，在歷史上產生過重要影響，對現代人的生存與發展有重要的意義。

　　然而老莊的自然蘊含著雙重張力：一是道生萬物與萬物自生之間的緊張，二是物之自然（必然）與人之自然（自由）之間的緊張。這種內在張力集中體現在道家自然觀念的歷史演變上，漢代的宇宙生成論著重發展了物之自然的內涵，而魏晉道家則宣導人之自然，反映了人性的自覺，體現了對自由精神的追求。

序

王蓉蓉

　　2013 年 3 月，我在休學術假時，有幸受邀到武漢大學爲國學班開設「老莊英文導讀」一課。此間正值「中國哲學史研究的現狀與前瞻學術研討會暨中國哲學史學會 2013 年年會」在武大召開，在會上聞得一年輕學者關於《道德經》的發言，他對於《道德經》的解釋，相關史料的把握以及其分析方法，給我留下了深刻的印象。待到小組會議結束時，我便前去與之交談，方知其名爲蕭平，來自於湖南。其後的往來中，他又將其所著的《自然的觀念》贈送於我。由於我多年一直在從事《道德經》的研究及教學，對自然這一範疇已然發生了一種「職業性」的敏感。忽然見得有學者對此有專門性的著述與研究，便不免想要知得其是如何對之加以理解、定位與把握的。

　　《道德經》第 25 章的著名論述「人法地，地法天，天法道，道法自然」是將生生不息的世界與大道的運行最終落到自然之上，由此足以見得「自然」在《道德經》中的地位和哲學意義。但是，如何準確去理解這一範疇，卻又是一個長久的困惑。所以，我便抱著一種好奇心、也是一種學術追求去品讀該書。書中對自然的闡釋和分析不僅使我對之形成了更爲清晰且多方位的認知，也是國內外對自然研究的一種突破，塡補了相關領域的空白。因此，我一直期望著爲此書作一英文的書評，鑒於本人之前幾次撰寫書評的經歷，發現這是將當代中國學者的學術成果推向世界的一種優良方式。然而，此一計劃受時間安排上的困擾，一直也沒機會實現。幸運的是，今年回國得以又一次與蕭平接觸並交流，知道他近幾年一直堅持對自然這一哲學話語與問題進行思考與研究。本書正是他在原有框架下融入近年的思考與深入研究的最新

成果，並將於臺灣花木蘭文化出版社付諸刊行。對此，我為之感到由衷地高興，因為此書不僅代表當代中國學術界的研究成果，更具有國際性的學術價值。為此，我很是願意向讀者對此書作一簡單的介紹，並以此來分享自己在品讀此書過程中的一些體驗和收穫。

　　為什麼說此書值得大家去閱讀，即它對思想界到底有哪些貢獻？對讀者有何種新的啟示？對此，我將從以下幾個方面加以展開。

　　首先，就作者的治學態度及研究方法而言，其學術價值含量很高。第一，書中掌握並梳理了國內外大量學者對「自然」這一概念的討論，研究與理解，既考察了河上公、王弼等諸家注釋，又辨析了近現代學者如熊十力、湯用彤、馮友蘭、張岱年、牟宗三、陳榮捷、蒙培元、劉笑敢、王慶節等人的研究成果，同時作者關注了很多海外學者如葛瑞漢、史華慈、笠元仲二、溝口雄三、池田知久等人的研究。因此，此書在對自然的詮釋上可謂是集各家學者之大成。它既實現了對固有學術資源的傳承、總結，又在此基礎上實現了創新與發展。作者此般自覺將自身融入到學術傳承過程之中，而不簡單追求標新立異的嚴謹之學術態度與方法是值得大家認肯與學習的。第二，在對「自然」一詞的深入解讀與探討上，作者援用中國哲學語義學與觀念史相結合之方式，從最基本的構詞著手層層推進，由此深入到「自然」範疇的哲學構造。中國象形文字的構詞方法及涵義所指，預示著人們在理解某一語詞的過程中很有必要先就其詞源進行一番探索。作者在文中先就「自」和「然」在構詞及涵義上作了分別的探索與闡釋，而後又對自然作為一整體概念作了觀念史上的考究與分析。借助此般基礎性的語詞分析，作者將問題不斷引入哲學性構造之中。此一研究方式既有助於讀者（特別是國外學者）充分理解和把握自然範疇的真義之所在，也為學人們展開相關哲學問題的研究提供了值得學習與借鑒的模式。此外，本書的研究方法還具有很強的國際化視野，即它不是簡單的羅列各種史料，也不是抽象的概括，而是在史料的分析與哲學的思辨之間形成一循序漸進，且相輔相成的良性循環。由於受到「文史哲不分家」的影響，中國哲學的研究往往出現兩個極端的偏差：一是完全進入史料，缺乏思辨與靈動，使得思想喪失了哲學的高度；二是完全流於空洞的哲學論述，不以史料作相應之基礎。本書則在史料的展示和哲學的論證過程中找到一個平衡點，作者從史料的討論之中，推導出基本的命題，而後又以哲學的論證方法對之加以闡釋與支撐。

其次，就本書的具體內容上講，它對「自然」範疇詳盡而又創新的解讀，具有深刻的啓示意義。第一，書中對自然之「自」獨立開來進行理解，並佐以史料及哲學上的充分論證具有重大的價值與必要性。因爲，在英文中自然被譯爲「nature」，並非作爲複合字，而僅僅是一個概念而已。即便將自然譯作「self so」，依舊難以將「自」的獨特意蘊與價值凸顯出來。「自」作爲中國哲學中一極其重要的獨立概念，此一點從「自正」、「自化」、「自息」、「自成」等構詞上便可見得。中國哲學整體傾向於注重物事自身的自主性，強調生生不息的內在性力量，而不像西方哲學強調外在神的一種創造力，側重物事的被動「創生」而非主動「生生」機制。由此，對「自」的重視與理解得以貼切地體現中國哲學的基本思想旨趣。此外，作者將「然」視爲指示代詞，指代各種具體的狀態或過程，具有一定的概括性，是自然成爲哲學概念的一個重要條件，這種解讀也頗具新意。從「自」的理解，到「然」的解釋，再到「自然」的哲學構造，三個層次的不斷發展構成了一邏輯清晰且詮釋完整的三部曲。它突破了以往的解釋路徑，而使讀者得以更深層次地理解「自然」概念本身，從而知覺老莊之自然並非一獨立、外在的存在，而是克服了二元對立的本體論與認知方式。第二，作者將自然解讀爲「物之自然」與「人之自然」的統一，即它一方面強調對萬物的尊重，另一方面也充分體現了人的能動性，由此便實現了自然之科學精神與人文精神統一。在現代性語境中，自然往往只是作爲客觀世界以及科學研究的對象來對待。現代漢語中的自然即是作爲科學研究和把握的對象，西方將其視作上帝賜予人類最好的一本書，認爲我們都要揭開其中之謎，同樣是此種意思。然而，在老莊的思想中，自然則具有雙重內涵，它既表達爲一種根源性的狀態，體現出理性的科學精神，同時也是對人之自主的張揚，包含有人文之情懷。換言之，當人在認識和把捉外在對象之時，本身就已帶有主體的主動性。比如，孩子在牙牙學語的過程中，首先學會的並不是自己的名字，而是父母、外在對象的稱號，只有當他（她）能說出自己名字之時，才形成有一種自我的意識。這種自覺性自然的生成與作用，預示著人們擺脫了純粹將自然視作一種不可知外在力量的困境，而於其中融入了人的主動性面向。第三，書中將老莊自然觀念與其各自思想體系中的諸多核心概念進行聯接和思考，進而分析出二者異同之所在。作者將老子之自然與道、無爲等相聯繫，將莊子之自然與天、逍遙遊、必然等相貫通。此般解釋路徑不僅使得自然觀念本身更加詳盡，而且對於讀

者理解老莊哲學中的其它範疇，以及整個文本和思想體系也是大有裨益的。

最後，此書所引發的問題意識，對於人們進一步思考道家哲學之人—物、天—人關係具有引導效應。

其一，作者將根源性自然與自覺性自然視作是自然的一體兩面，那麼此中的統一是如何實現的，即如何才能在物的必然性與人之主動性之間找到一種平衡？以《莊子·達生》所載的孔子觀於呂梁，問「蹈水之道」一事爲例，男子之所以能夠「隨波逐流」，最終達到「成乎命」的自然境界，除了需要「始乎故，長乎性」客觀或技術性機制的作用，還必須建基於他對水的絕對信任的前提之上，即他必然要在某種機遇之中獲取對外在之水的完全安心、放心的狀態，由此才可能消除主體與水的對抗，形成與水的完全合一。而此中的機緣是如何發生的，這種發生機制與結果是否蘊含有主體主動性？

其二，在西方文化背景下，人們在討論自然的相關問題時，往往會提出如下疑問：爲什麼說自然是包括人在內的萬物的最佳狀態？主體之人何以必須對之加以服從？如何才能鑒定自然的狀態？縱觀人類文明的發展歷程，人總是處於與自然相搏鬥的狀態之中。而且，人的這種反自然的傾向本身也可被視作一種自然的狀態，甚至私欲與邪念也都是人之自然的一種表現。反之，對自然的執著也是某種程度上的非自然的狀態。

其三，如果說自然蘊含有主體自覺、自由的面向，那這一面向是否適用於全部的主體生命？不同對象保有自覺性自然的程度上是否存有深淺之別，即一個嬰兒的自然性或主動性與一個老人的自然性或主動性是否具有一致性？這些都是在理解和闡釋自然過程中所難以逃避的問題，尤其是將其落實到現實人生之價值及行動中所必須面對的挑戰。

正是基於以上種種，我希望此書能夠爲更多的讀者所瞭解，同時特別期盼它能夠早日譯成英文出版。因爲，書中的大量史料和分析思想能夠對老莊的英文翻譯與解讀提供急需的幫助，並推動一種國際化的比較哲學研究。比如此書提及的《莊子》的「莫若以明」，它在中文的語境下強調的是事物之間沒有區分、無待的狀態。而西方學者任博克在「莊子是哲學家嗎？」一文中則將之比喻爲「wild card」，即野牌，指不規定價值，能在任何時候被賦予一定價值的一張牌。這種說法與本書所示之意有所差異，前者強調其中的可塑性，價值的無極性；後者表現的則是萬事萬物之間不存在界限，任何事物之間都存有某種雙重性的特質。「無爲」在通常的英文翻譯是「non-action」，即

沒有行為或者不強制行為。由此，西方常常將無為看作是一種失敗者，而非成功的標誌。其實，在西方的進攻性的進取、推崇冒險精神與價值觀下來講無為無疑是困難的，民眾對此的理解和接受自然也難以達到原文本之境界。西方古希臘文化中讚美的是英雄，中國傳統則推崇聖人，二者在對生命的定位、追求和目標方面無疑是不同的，這也就導致西方對無為境界的理解偏差。這一理解上的偏差進而又影響到對老莊自然觀念的把握，因為無為和自然作為一體之兩面，本就相輔相成的。反之，若是能在自然的翻譯上有所推進，則可以加深對無為以及中國哲學的認知。

不僅如此，此書的內容與思想對於促進中西文化的對話，以及世界性語境下比較哲學的研究也是大有助益的。書中對「自 V」結構的全面而又深刻的闡釋，不僅能夠代表老莊思想的構造，同時也足以表現出整個中國哲學的特質和旨趣，即強調物事自身內在、自主的發生與動力機制。然而，西方哲學則與此不同，如亞里斯多德的四因說，強調自我發展過程中外在形式因的塑造、動力因的推動；基督教將人的解脫訴諸於神的力量，惟有得到神的拯救才能實現自身的解脫；牛頓第一定律認為任何運動都是在外力推動之下發生的。由此足以見得，西方傳統文化並不注重物事內部自生、自化，自成，對此一內容的強調只是近代交叉學科所關注的問題，如發生學、複雜性科學等。此外，老莊自然觀念包含的根源性與自覺性的涵義，代表著事物都有一個根與源，它孕育並推動了它們的產生與發展，《道德經》正是由此而注重對根源、對母性的關懷。

概而言之，希望此書得以更為廣泛的傳播，以便可以讓更多的學者，以及愛好道家哲學和中國哲學的讀者分享其中的思想，並最終獲得一種心靈的享受以及境界的提升。

王蓉蓉（Robin R.Wang）

美國洛杉磯羅耀拉大學（終身）哲學教授

2015.5.20

引　言

　　「自然」是道家哲學中的一個重要觀念，學界對此進行了深入的研究，並圍繞此觀念在一些重要問題上逐漸形成了越來越廣泛的共識，這些共識成為道家哲學研究的基點。儘管如此，對「自然」及其相關觀念的研究至今仍然存在著諸多爭議，很多問題甚至成為道家哲學研究中的難題。前賢時彥豐厚的研究成果為我們進一步探討自然觀念奠定了堅實的基礎，本書旨在重新考察老莊「自然」觀念的基本含義，揭示自然觀念在早期道家哲學中的重要地位及其歷史影響。本引言主要完成以下兩方面的工作：考察老莊自然觀念研究的現狀及問題；探討本書的主要任務及研究方法。

一、老莊自然觀念研究的現狀及問題

　　老莊自然觀念的研究成果汗牛充棟，要想全面地綜述這些研究無疑十分困難。為了更加清晰地呈現當前研究的問題所在，下面將集中對學界圍繞自然觀念所形成的主要爭議及問題進行歸納，對每一爭議的重要觀點略加評述。

（一）「自然」一詞的詞性、結構與基本含義問題

　　傳統注疏主要闡釋自然的基本含義，並不涉及「自然」一詞的詞性、結構，現代研究者則在辨析「自然」一詞的詞性、結構的基礎上解析其基本含義。

　　關於自然的詞性，學界主要有以下幾種觀點：

　　第一種觀點認為自然是形容詞，這一主張最為廣泛。湯用彤先生認為，

自然本爲形容詞，用作名詞，乃後來之事〔註1〕。馮友蘭先生亦明確指出「自然」是一個形容詞〔註2〕。海外漢學家以及從事漢學經典翻譯的學者大都將「自然」視爲形容詞。如著名漢學家葛瑞漢（Angus Charles Graham，1919～1991）認爲，一般翻譯爲「spontaneous」的中文短語是「自然」，「so for itself」（自己如此）〔註3〕。劉殿爵多將「自然」譯成「natural」〔註4〕。第二種觀點認爲自然是副詞。日本學者多持此種觀點，如池田知久認爲古代漢語中的「自然」，在剛誕生的時候，在文法上是和「泰然」、「漠然」等相同的副詞之一〔註5〕。第三種觀點認爲自然是狀詞〔註6〕。如蒙培元認爲「自然」是一個狀詞而不是名詞，也不是形容詞〔註7〕。陳鼓應也認爲「自然」不是名詞，而是狀詞〔註8〕。第四種觀點認爲自然是名詞。劉笑敢先生認爲《老子》中使用的五次「自然」中，四次都是作爲名詞使用，《老子》中的「自然」不僅是一般的副詞或形容詞，而且具有了哲學概念的意義〔註9〕。此外，陳榮捷將「自然」譯

〔註1〕　湯用彤：《魏晉玄學聽課筆記之二》，《湯用彤全集》第四卷，石家莊：河北人民出版社2000年，第436頁。

〔註2〕　馮友蘭：《中國哲學史新編》第一冊，北京：人民出版社1962年，第251頁。

〔註3〕　葛瑞漢：《論道者：中國古代哲學論辯》，張海晏譯，北京：中國社會科學出版社2003年，第223頁。

〔註4〕　D. C. Lau, *Tao Te Ching*, the Chinese University Press, 2001, p.35, p.73, p.95. 有兩處譯爲「naturally」，分別是第十七章「百姓皆謂我自然」，「The people all say, 『It happened to us naturally.』」p.25, 第二十五章「道法自然」，「And the way on that which is naturally so.」p.39.

〔註5〕　池田知久：《道家思想的新研究——以〈莊子〉爲中心》，王啓發、曹峰譯，鄭州：中州古籍出版社2005年，第536頁。

〔註6〕　「狀詞」的說法向來頗有爭議。《馬氏文通》作「狀字」，有時候又作「狀詞」、「狀辭」。呂叔湘、王海菜在《〈馬氏文通〉評述》中認爲「狀詞」不是一個很正式的術語，有時也寫作「狀辭」。王海菜認爲狀詞沒有明確定義，在《馬氏文通》中，狀詞有時與狀字通用。參見《〈馬氏文通〉與中國語法學》，合肥：安徽教育出版社1991年，第53頁。此外，《馬氏文通》中講的「狀詞」（狀字）有副詞的涵義，但並不等於現代漢語的副詞，兩者有區別，這一點學界亦多有研究，參見張宜生：《狀詞與副詞的區別》，《漢語學習》1995年第1期；秦佳英：《〈馬氏文通〉狀字今解》，《松遼學刊》（社會科學版）1991年第1期。爲了顯示這種區別，不管學者們如何理解「狀詞」，本書暫且將「狀詞」單獨列爲一類。

〔註7〕　蒙培元：《論自然：道家哲學的基本概念》，《道家文化研究》第十四輯，陳鼓應主編，北京：三聯書店1998年，第21頁。

〔註8〕　陳鼓應：《老子今注今譯》，北京：商務印書館2006年，第49頁。

〔註9〕　劉笑敢：《老子古今：五種對勘與析評引論》（上卷），北京：中國社會科學出版社2006年，第276頁。

成「nature」，顯然是作名詞，但他給出的注解卻又表明自然一詞的形容詞或副詞特徵，他說：「Tzu-jan-literally『self-so,』means being natural or spontaneous。」〔註10〕最後，王煜則提出了一個折中的觀點，他認為：「《老子》所謂自然，非具體名詞自然界，而是形容詞或抽象名詞自己如此（self-so，naturalness, spontaneity）。」〔註11〕有主張為名詞的，亦有反對者，如張岱年先生就認為：「前人多解自然為一名詞，謂道取法於自然，此大誤。自然二字，《老子》書中曾數用之，如『功成事遂，百姓皆謂我自然。』『希言自然。』『道之尊德之貴，莫之命而常自然。』所謂自然，皆係自己如爾之意，非一專名，此處當亦同，不得視為一名詞。其意謂道更無所取法，道之法是其自己如此。」〔註12〕張先生認為「自然」乃「自己如爾」，表明「自然」作為一個古漢語詞彙，首先應該從自身的結構來理解。張岱年先生的這個論斷值得我們重視，因為如果僅將「自然」視為專名，一方面會忽視自然這個合成詞的原本結構及含義，另一方面很容易與現代語境中的「自然」相混淆，故對「自然」的理解還應分析這個詞彙的具體結構。

關於自然一詞的結構，學界研究相對較少，主要有以下幾種觀點：

第一，戴璉璋認為，「自然」一詞的字面意義或基本意義是「自己如此」，最初是一個副詞「自」加形容詞「然」所構成的謂語結構〔註13〕。劉笑敢先生取戴氏之說，並補充道：「或謂『自然』之『然』是副詞詞尾，此說不確，因為抹殺了『然』字之實義。或謂『自』是名詞，『然』是形容詞，『自然』內部構成主謂關係，但在句中可作謂語成分，此說似可接受，但較迂曲。」〔註14〕第二，王慶節認為，「自」主要有兩種用法，一是用作表示方向、地點和時間的介詞，一是用為具有反指、反身作用的代詞。如果「自」後面跟一個表示行動的動詞，諸如「自樂」、「自成」、「自治」、「自發」等詞時，這個自就應當被理解為具有自身反指作用的代詞。依照這一漢語語言學的規律或慣

〔註10〕 Wing-tsit Chan, *A Source Book in Chinese Philosophy*, Princeton: Princeton University Press, 1963, p.148.

〔註11〕 韋政通主編：《中國哲學辭典大全》，臺北：臺灣水牛出版社1989年，第255頁。

〔註12〕 張岱年：《中國哲學大綱》，《張岱年全集》第二卷，石家莊：河北人民出版社1996年，第51頁。

〔註13〕 戴璉璋：《阮籍的自然觀》，《中國文哲研究集刊》，第三期（1993），第305～334頁。

〔註14〕 劉笑敢：《老子古今：五種對勘與析評引論》（上卷），第273頁。

例，在「自然」一詞中，儘管跟在「自」字之後的「然」字在這裏可能不作「動詞」解，但它應該是對某一行為、動作狀態的認定和指稱〔註15〕。第三，日本學者森三樹三郎認為，自然的「然」是表示「那個樣子」或「成為那樣子」的助詞，所以「自然」一語意義中心是「自」〔註16〕。第四，一些漢學家或從事中西哲學比較的學者在翻譯「自然」時，通常將之看做一個短句結構或詞組，如葛瑞漢、陳榮捷、劉殿爵、王煜以及下文將論及的嚴靈峰等學者，王慶節將自然譯作「it-self-ing」〔註17〕。

關於「自然」的基本含義，馮契主編的《哲學大辭典》「自然」字條解釋最詳細，歸納出以下含義：（1）即自然界。（2）中國哲學史用語。①指萬物非人為的本然狀態。《老子》五十一章：「道之尊，德之貴，夫莫之命而常自然。」《莊子‧漁父》：「真者，所以受於天也，自然不可易也。」②指無意識，無目的，無為無造。③指道。④指人的自然本性和自然情感。與名教相對。⑤指必然。（3）中國美學史用語。（4）自然（nature）西方美學史用語。

方克立主編的《中國哲學大辭典》「自然」條認為，「自然」意思是「自己如此、自然而然」。「《老》、《莊》『自然說』的共同點在於把自然與無為聯繫起來，認為無為而自然，把自然與人為對立起來，認為任何人為都是對自然的破壞。」

《辭源》（1979）列舉了「自然」三種含義：①天然，非人為的。《老子》：「人法地，地法天，天法道，道法自然。」宋王安石《臨川集‧六八老子》：「本者，出之自然，故不假乎人之力而萬物以生也。」②不造作，非勉強的。③猶當然。

李叔還主編的《道教大辭典》對「自然」一詞解釋最簡單：「自然，謂天然也。《老子》：『人法地，地法天，天法道，道法自然。』《淮南子》：『因天地之自然。』」

學界據此大都認為「自然」一詞的基本含義就是「自己如此」或「自然而然」，強調依靠內在力量，不受外力影響，與「人為」相對。如熊十力認為：

〔註15〕王慶節：《解釋學、海德格爾和儒道今釋》，第145～146頁。
〔註16〕森三樹三郎：《回歸自然：老莊哲學》，姚百勤譯，臺北：臺灣敦理出版社1989年，第9頁。
〔註17〕王慶節：《老子的自然觀念：自我的自己而然與他者的自己而然》，《求是學刊》2004年第6期。

「何謂自然？以訓詁言之，自者自己，然則如此；自己如此，曰自然。」〔註18〕李泰棻延續了熊氏的基本觀點，認爲「自」是「自己」，「然」是「如此」，「故曰：『自然，自爾，豈有造之者哉？』（《曇濟傳》引他的《六家七宗論》）就是不加造作的意思，因而在《老子》書中，它是『人爲』的對立詞。」〔註19〕詹劍峰認爲，自然的基本涵義是「一存在物全部地或部分地自生或至少自行規定，而無需外在的原因」〔註20〕。王中江認爲「自然」是一合成詞，它由「自」和「然」組合而成。「自」有「自身」、「自己」等意義，「然」有「是」、「宜」、「成」等義。把這兩個字的意思合起來，「自然」的字面意義可以說就是「自是」（即自己所是的樣子）、「自宜」（自己恰如其分）或「自成」（自己成就）。在「自然」一詞的結構中，「自」字非常重要，它特別強調「不受外力的影響」而如何如何〔註21〕。池田知久認爲「自然」這個詞彙的原意是「自己」，就是「不用借助他者的力量，而通過內在於其自身的活動，成爲這樣那樣的情況，或者是這樣那樣的情況」的意思，換言之，就是意味著「萬物」、「百姓」通過自身內部具有的力量，自律地、自發地存在、變化〔註22〕。伊東俊大郎認爲「自」是自身，「然」作爲一個意味狀態的結尾詞，表示「猛然」、「欣然」那樣的狂猛的狀態或欣喜的狀態。因此，「所謂自然就是自身的、自主的狀態」。中國古代所說的「自然」，意味著「自我變化的狀態」、「不受外力約束而根據自身內力運動的變化狀態」〔註23〕。或謂「自然」指事物的本然狀態、本性或本質。如趙明認爲「自然就是天然、自成、自然而然」〔註24〕。郭沂認爲自然的本義爲「初始的樣子、本來的樣子、本然」〔註25〕。謝揚舉認爲老子的自然是指最佳態勢，就是常態〔註26〕。

〔註18〕　熊十力：《熊十力全集》，第6卷，郭齊勇主編，武漢：湖北教育出版社2001年，第558頁。

〔註19〕　李泰棻：《老莊研究》，北京：人民出版社1958年，第102頁。

〔註20〕　詹劍峰：《老子其人其書及其道論》，武漢：湖北人民出版社1982年，第202頁。

〔註21〕　王中江：《道家形而上學》，上海：上海文化出版社2001年，第193～194頁。

〔註22〕　池田知久：《道家思想的新研究——以〈莊子〉爲中心》，第544～545頁。

〔註23〕　伊東俊大郎：《自然觀的轉變》，羅漢軍譯，《世界科學》1988年第2期，原載日本《讀賣新聞》1986年6月4日。

〔註24〕　趙明：《道家思想與中國文化》，長春：吉林大學出版社1986年，第33頁。

〔註25〕　郭沂：《郭店竹簡與先秦學術思想》，上海：上海教育出版社2001年，第675頁。

〔註26〕　謝揚舉：《老子「自然」概念的實質和理論》，《湖南大學學報》（社會科學版）2009年第1期。

通常以上兩種理解又結合在一起，如張岱年先生分析了《老子》中的自然概念，認爲「道法自然」就是道以自己爲法，自然即自己如此之意。而《莊子》中的自然指「本來的情況」，「人有人的自然，物有物的自然，都是指本來固有的容狀」〔註27〕。童書業認爲：「《老子》書裏的所謂『自然』，就是自然而然的意思，自然而然就是天然，沒有人爲的成分。」「《老子》書裏的所謂『自然』，和現在一般所說的『自然主義』的『自然』，大體上尙相符合。」〔註28〕牟宗鑒主張道家的自然內涵要在三種對立中把握：「一是與神相對立，非神所造，沒有主宰，自生自成；二是與人相對立，非人所造，沒有僞飾，自性天成；三是與社會相對立，非禮義所制，沒有繁文縟節，乃是山水靈秀的自然界。」〔註29〕朱哲先生認爲「自然」範疇是對天地人等一切事物的本然狀態、通常狀態和發展趨勢的一種確認，主張從三個層面理解「自然」一詞：自來如此、自然如此、自己如此。「自來如此」是就其歷史發展的由來說的；「自然如此」是就將來發展的趨勢說的；「自己如此」是區別人我彼此而說的〔註30〕。鄭開認爲「自然」不外是與生俱來的本質，或者率性而行而已，似乎難以深入地分析之〔註31〕。

也有學者主張對《老子》的「自然」含義進行區別，如嚴靈峰認爲，「自然」二字，在老子書中具有三種不同的意義。如「道法自然」，這個「自然」是指宇宙的窮極境界之原始狀態。含「本來如是」或「整個自然界」的意思，相當於英文：The Nature。如「希言自然」，「百姓皆謂我自然」；這兩句中的自然都是表示「逍遙自在」的意思；相當於英文：Natural。如「以輔萬物之自然」句中的「自然」二字，是指「自己如此」，有自我演化或發展的意思；同於「萬物將自化」的「自化」。相當於英文：Spontaneous development 或 self-transformation〔註32〕。

還有學者從主客兩方面、存在與價值兩個維度、歷史與邏輯兩個視角、

〔註27〕 張岱年：《中國古典哲學概念範疇要論》，《張岱年全集》第四卷，第 534 頁。
〔註28〕 童書業：《先秦七子思想研究》（增訂本），童教英增訂，北京：中華書局 2006 年，第 130 頁。
〔註29〕 牟宗鑒、胡孚琛、王保玹：《道教通論：兼論道家學說》，濟南：齊魯書社 1997 年，第 74 頁。
〔註30〕 朱哲：《先秦道家哲學研究》，上海：上海人民出版社 2000 年，第 127 頁。
〔註31〕 鄭開：《道家形而上學研究》，北京：宗教文化出版社 2003 年，第 195～196 頁。
〔註32〕 嚴靈峰：《老莊研究》，臺北：臺灣中華書局 1979 年，第 77 頁。

道之體與用兩個層面等來理解自然。如高晨陽認為，自然是一個本體論範疇，它與人為或人為之物相對待，意為自然而然、自己而然，本來如此。以客觀方面說，自然是指天地萬物的天然本性及支配萬物生化的所以然之理，從主觀方面說，自然內在於主體，指稱作為個體自我而使人之所以為人的純真本性〔註33〕。王焱則主張將自然區分「存在自然」和「價值自然」〔註34〕。楊家友從歷史和邏輯兩個角度考察自然的名詞性意蘊，認為老子的自然分別是指「一種漫長的原始文明生活所形成的『集體無意識』的平等、無私、無欲的生活狀態」和「在人類社會及天地等自然事物的基礎上抽象而成的指引事物按照平等、無私、無欲等規律、規則生成、發展、運行的一種絕對真理狀態」〔註35〕。張理峰認為，從「道」之體的層面考察，「自然」主要以「無為」為呈現方式，具有超越性；從「弱者道之用」的層面考察，「自然」表現為貴柔、處下等選擇趨向，從而實現由超越義向現實義的過渡〔註36〕。王邦雄認為老子自然的意義有二：一是相對於人文而說的，人文在道家的瞭解是人為造作，人為造作產生了許多問題，會變成矯飾虛偽，禮為之僵化，反成人性的束縛。自然的第二個意義是相對「他然」說的，根據道家的觀察，人的生命是受外在條件決定的，「然」是如此，他然就是外在條件使他如此，等於外在決定論，沒有自己了。自然即指生命的本真，我存全自己真實的生命，而不被外在所牽引所決定的。道家講自然，是價值的意義。「道家的反省即發現周文流於形式而成虛文，故反對人文，是走向返自然的路。」〔註37〕

　　此外，還有幾種觀點特別值得我們關注：

　　牟宗三先生認為，「道家的自然是個精神生活上的觀念，就是自由自在，自己如此，無所依靠」，「精神獨立才能算自然，所以是很超越的境界」〔註38〕。他進一步指出，老子針對周文疲弊而發，把周文看成是形式的外在的，所以嚮往自由自在，就一定要把這些虛偽造作通通去掉，由此而解放解脫出來，

〔註33〕　高晨陽：《儒道會通與正始玄學》，濟南：齊魯書社2000年，第15頁。
〔註34〕　王焱：《道家哲學中「自然」的雙重維度》，《中國地質大學學報》（社會科學版），2006年第3期。
〔註35〕　楊家友：《老子自然意蘊的再探討》，《哲學分析》2011年第4期。
〔註36〕　張理峰：《以道觀之：「自然」的雙重維度——對《老子》「自然」觀念的再思考》，《原道》第十五輯，陳明、朱漢民主編，北京：首都師範大學出版社2008年，第280頁。
〔註37〕　王邦雄：《老子的哲學》，臺北：東大圖書公司1980年，第14～15頁。
〔註38〕　牟宗三：《中國哲學十九講》，上海：上海古籍出版社1997年，第86頁。

才是自然。葛瑞漢指出,從木匠斫輪的故事得出道家的自然並非「不經意」(heedless)意義上的「無思無慮」(thoughtless),相反,它要求全神貫注於所處的境遇〔註39〕。董光璧認為,老子是一位自然人道主義者,或者更廣泛地說是一位自然人文主義者〔註40〕。譚宇權認為:「老子講的自然是指『人為世界』的自然。」〔註41〕陳榮灼認為:「道家中『自然』義並不是那種與『人文世界』相對立之『野生自然界』。」〔註42〕王慶節提出從兩個層面來解讀老子之自然。首先「自然」應當在「本然」的意義上來理解。天地間萬物的「自然」作為「自己而然」乃是一個非目的論式的、動態的、開放性的、不斷成為自己和不斷認定自己的過程。「自然」的這一意義應當被視為其「肯定性的」、「積極性的」或「自我性的」意義。自然的第二個方面的意義是「否定性的」、「消極性的」和「他者性」的意義。即自然不僅蘊含著承認「自身」同非自身的「他者」之間的區別,而且也蘊含著反對任何「他者」對我以及我對任何「他者」的「自生」、「自成」、「自認」之「自然」的干擾、干涉,甚至強迫、壓制〔註43〕。劉笑敢先生近二十年來對老子的研究頗深,成果豐碩。其先後發表的相關論文大都收入《老子:年代新考與思想新詮》、《老子古今:五種對勘與析評引論》兩本論著中。他獨創性地提出「人文自然」概念來詮釋老子之自然,認為老子之「自然」本質上或其核心意義是「人文自然」〔註44〕。劉氏認為古代《老子》所講之自然,《莊子》所講之自然,《淮南子》所講之自然,都不大相同。「人文自然不同於天地自然,也不是物理自然,不是生物自然,也不是野蠻狀態,或原始階段,不是反文化、反文明的概念。」〔註45〕在他看來,老子之自然首先是一種最高價值,是一種終極關懷,表達了老子對人與自然宇宙的關係的終極關懷。其次,老子之自然作為一種價值也表達了對群體關係的關切,即對現實生活中人類各種群體之相互關係及生存狀態的希望和期待。最後,老子之自然也表達了老子對人類的各種生存個體存在、發展狀態的關切。李大華認為,在老莊那裏,「自然」表達

〔註39〕 葛瑞漢:《論道者:中國古代哲學論辯》,第222頁。

〔註40〕 董光璧:《當代新道家》,北京:華夏出版社1991年,第124頁。

〔註41〕 譚宇權:《老子哲學評論》,臺北:文津出版社1992年,第185頁。

〔註42〕 陳榮灼:《王弼與郭象玄學思想之異同》,《東海學報》第三十三卷(1992),第131頁。

〔註43〕 王慶節:《解釋學、海德格爾與儒道今釋》,第146頁。

〔註44〕 劉笑敢:《老子古今:五種對勘與析評引論》(上卷),第46頁。

〔註45〕 劉笑敢:《老子古今:五種對勘與析評引論》(上卷),第49頁。

的是一個自主性的自我完成的過程，即自己成爲這個樣子的。「自然」既不是對象，也不表現爲本體，它是本體實現自己合目的性運動的形式。道之所以要「法自然」，是因爲道就是按照自然而然的形式來運轉這個世界的，是道最合理的體現〔註46〕。在《自然與自由》一書中，他認爲自然包含了兩層含義：一是「自在」，即自己獨立存在，不仰仗他物；二是「自爲」，自己就是行動，就是目的，自己成就自己〔註47〕。

以上諸種觀點均強調了自然觀念中的人文精神，尤其是老莊自然觀念中蘊含的人之主體性問題，而這正是道家自然觀念研究中極易被忽視的問題。闡發老莊自然觀念中的人文意蘊正是本書的宗旨，也是重新詮釋自然觀念的動力所在。

（二）自然與道的關係問題

道與自然的關係是道家自然觀念研究中的首要問題，學界主要圍繞老子的「道法自然」命題進行辨析，形成了以下諸種觀點。

第一種觀點主張不僅道要效法自然，天、地、人都要效法自然。但這裏的「自然」往往又被認爲是自然界的法則或規律，或是自然界存在之狀態，因此效法自然的原則實際上被轉化爲遵循自然界的規律與秩序，或回歸自然本性的生活。侯外廬等主編的《中國思想通史》認爲，老子說的天、地、人、自然諸觀念雖然蒙混，但是人的社會之秩序適應物的自然秩序，這種關係表示的十分明白〔註48〕。此外，他對《老子》中的很多「天之道」進行分析，認爲這都是在講「自然法」，老子根據這樣的自然秩序，這樣的自然體的性質，來規範人類社會的秩序〔註49〕。詹劍峰在《老子其人其書及其道論》一書中認爲，《老子》首章中「道可道」之道指的是「大道」，即「整個自然界及其變化的規律」，老子之道即自然。他批判了那種否定老子之道意味著自然法則、老子之『自然』可指大自然的觀點〔註50〕。

蕭萐父先生、李錦全先生主編的兩卷本《中國哲學史》對80年代之前「道法自然」的研究進行了總結和批判。首先總結了兩種觀點：第一種認爲道是

〔註46〕 李大華：《自由、自然與境界》，《中國哲學史》2003年第3期。

〔註47〕 李大華：《自然與自由：莊子哲學研究》，北京：商務印書館2013年，第290頁。

〔註48〕 侯外廬、趙紀彬、杜國庠：《中國思想通史》（第一卷），第299頁。

〔註49〕 侯外廬、趙紀彬、杜國庠：《中國思想通史》（第一卷），第300頁。

〔註50〕 詹劍峰：《老子其人其書及其道論》，第202～212頁。

自然界（「域中」）的四大之一，它沒有超出自然而成為自然的主宰，還要「法自然」，遵循自然界的法則。這種觀點認為老子的道是自然界本身所固有的本源及其規律性的概況，它以自然為法，而不是以自己的意志強加給自然界。第二種觀點認為老子的「道法自然」不是說道按照自然界客觀規律而行事，在《老子》中，四大不是平列的，「道」是超出於天地之上，而天地都要遵循「道」的法則而行事。但「道」之上沒有更高的主宰，所以道所遵循的只能是一種自然而然，無為而又無不為的法則罷了。在總結兩種觀點的基礎上，他們認為老子的道雖然也有主宰的作用，但不同於傳統的人格神，在《老子》中，天地一般作為自然界的概念來使用，道的主宰作用只是讓萬物順其自然而無為，作為超自然的主宰，也只是變成一個普遍存在的自然無為的法則在起作用〔註51〕。這種觀點實際上主張自然就是道的法則與秩序的體現。

顏世安在《莊子評傳》中對老子的「自然」、「道」與莊子的「道」進行了比較研究。他認為先秦自然道論的根本問題是「效法自然以改善人類的生存狀態」，「效法自然的思想，含有否定人類認知能力以及整個知性思維習慣的意思，否定了這個習慣，人才能退回到生命原初的可能性上，重新開始與自然世界相互溝通的努力」。「老子自然之道所要解決的問題，是向自然學習，汲取一種最高的智慧以改善人的生存狀態。」〔註52〕莊子的道與老子之道相比，最顯著的不同就是「道不再是一個萬物之外或萬物之先的獨立實體，而是回到了自然萬物本身，道就在自然之中，或者更乾脆地說，道就是自然」。莊子的道在自然本身，實際上是以具體的自然物來表現自然世界異於人的存在品質。道當然是自然本身，不獨莊子，整個道家對自然的崇拜，都是對自然本身的崇拜。可是道被設想為自然本身時，它已經就有烏托邦性質，已經是一種世界的理想狀態的假定。所以道既是自然本身，又是理想寄託，二者混為一體〔註53〕。

當然也有學者認為道要效法自然這個原則，但並不完全將此原則解釋為自然界的法則或規律，而是同時理解為一種價值原則。如陳鼓應和白奚合著的《老子評傳》認為，「自然是一個普遍的、根本的原則，任何具體的事物，

〔註51〕 蕭萐父、李錦全主編：《中國哲學史》上卷，北京：人民出版社 1982 年，第108～110 頁。
〔註52〕 顏世安：《莊子評傳》，南京：南京大學出版社 1999 年，第 189～192 頁。
〔註53〕 顏世安：《莊子評傳》，第 220 頁。

都要與所處的客觀環境保持和諧，順遂外界的變化而不干涉，不破壞外界事物之自然，這樣，其自身的存在也就保持著自然的狀態了」〔註54〕。「所謂『道法自然』，其一是說，『道』以它自己的狀況爲依據，以它內在的原因決定了本身的存在和運動，而不必靠外在的其他原因；其二是說，『道』對待萬物也是遵循這一自然的原則。可見『自然』既不是我們今天所說的自然界、大自然，也不是一個具體存在的東西，而是形容事物自己如此、本來如此、自然而然的一種狀態。」「自然作爲最高的道所遵循的基本原則，當然也就是宇宙萬物間最普遍的原則。它具有普適性的價值，普遍地適用於處理道與萬物、人與自然、人與社會、人與人之間以及個體的身心和諧等各種關係。」〔註55〕崔宜明認爲，老子講「道法自然」，這個「自然」只能被理解爲價值原則〔註56〕。他同時又指出這種理解的不足之處：「固然『法』字使得這一表述有點問題，即作爲終極存在的『道』居然還要另外效法某一價值原則，從而與『道』的終極性相矛盾，但老子以終極存在具有價值屬性這一點是無疑的。」〔註57〕但他並沒有對老子的道與自然的關係作進一步的闡述，以解釋這個「矛盾」，而是將它留給莊子去解決。

　　第二種觀點認爲「自然」就是對道的本性或本質的描述，這種觀點實本於河上公的注：「道性自然，無所法也。」〔註58〕陳鼓應認爲「道法自然」是說「道以自然爲歸，道的本性就是自然」〔註59〕。這裏不僅說「道」要「法自然」，其實天、地、人所要效法的也是「自然」。所謂「道法自然」，是說「道」以它自己的狀況爲依據，以它內在原因決定了本身的存在和運動，而不是靠外在其他的原因〔註60〕。童書業認爲所謂「道法自然」就是說「道」的本質是自然的，「自然」也就是「道」，而「道」是天地萬物的根源，宇宙的本體〔註61〕。李錦全、曹智頻亦認爲河上公之注比較符合老子的本義，即「自然是道

〔註54〕　陳鼓應、白奚：《老子評傳》，南京：南京大學出版社 2001 年，第 92 頁。

〔註55〕　陳鼓應、白奚：《老子評傳》，第 93 頁。

〔註56〕　崔宜明：《生存與智慧：莊子哲學的現代闡釋》，上海：上海人民出版社 1996 年，第 207 頁。

〔註57〕　崔宜明：《生存與智慧：莊子哲學的現代闡釋》，第 207 頁。

〔註58〕　河上公：《老子道德經河上公章句》，王卡點校，北京：中華書局 1993 年，第 103 頁。

〔註59〕　陳鼓應：《老子今注今譯》，第 175 頁。

〔註60〕　陳鼓應：《老子今注今譯》，第 49 頁。

〔註61〕　童書業：《先秦七子思想研究》（增訂本），第 130 頁。

的性質，而道無所不在，無時不在，貫穿於世界萬物之中，也滲透到社會人事之中，因而天地人皆有其生長、化育的經歷，即爲自然。自然以萬物爲體，其本身不能作爲一定之體」。「道和自然是二而一的關係，自然之體現在於道的存在和作用，而道的作用又在於天地萬物的變易遷移」〔註62〕。此外，他們也承認自然還有作爲行動之原則和方法的意義。趙明認爲，「道法自然」的意思無非就是說，「道」的本性是自然的，離開了自然也就不成其爲道〔註63〕。李霞認爲在生命本質觀上，老莊將生命與自然緊密聯繫在一起，「道」的本質是自然，故「道」所產生的生命，其本質也是自然〔註64〕。

　　第三種觀點認爲道並不是以自然爲法則，而是效法自身，或曰以自己爲法，或曰自然即道之存在狀態。這種觀點避免了將「自然」置於「道」之上或之外。錢穆先生認爲：「《老子》本義，人法地，地法天，天法道，道至高無上，更無所取法，僅取法於道之本身之自己如此而止。故曰道法自然。非謂於道之上，道之外，又別有自然之一境也。」〔註65〕張岱年先生認爲：「道無所法，是自然的，而天之法道，亦法其自然而已。人究竟言之，也是法道，即當法其自然。」〔註66〕「老子提出『自然』觀點，宣稱一切都是自然的，於是推倒上帝的創世主的地位，這是老子的劃時代的理論貢獻。『道法自然』不能理解爲『道以自然爲法』，而應理解爲『道法自己』，即道以自己爲法。」〔註67〕蒙培元認爲老子所說的「自然」既不能理解爲實體，也不能理解爲屬性。因爲「道」不是實體，故所法者也不是實體，也無所謂屬性。道是一個存在範疇，本體範疇，而「自然」則只能是一種存在狀態或樣態，就是道的存在狀態。所謂「法自然」，就是自己如此，本來如此，沒有什麼比自己更高的東西可以效法，可以說是效法自己的存在狀態。〔註68〕

　　還有一種觀點則從自然與目的論、主宰論的角度來闡釋自然與道的關係。馮友蘭先生認爲，自然只是形容「道」生萬物的無目的、無意識的程序。

〔註62〕 李錦全、曹智頻：《莊子與中國文化》，貴陽：貴州人民出版社2001年版，第113頁。

〔註63〕 趙明：《道家思想與中國文化》，長春：吉林大學出版社1986年，第33頁。

〔註64〕 李霞：《生死智慧：道家生命觀研究》，北京：人民出版社2004年，第43頁。

〔註65〕 錢穆：《莊老通辨》，北京：三聯書店2005年，第430頁。

〔註66〕 張岱年：《老子哲學辨微》，《張岱年全集》第五卷，第383頁。

〔註67〕 張岱年：《老子哲學辨微》，第243～245頁。

〔註68〕 蒙培元：《論自然：道家哲學的基本概念》，《道家文化研究》第十四輯，第21～22頁。

老子的「道法自然」的思想跟目的論的說法鮮明地對立起來〔註69〕。老子提出的「道法自然」的思想意味著人不應該將自己的意識和作為強加於自然界使之為自然界的屬性。在中國古代哲學史上，這是第一次從理論上否定「天人感應」的迷信〔註70〕。蒙培元認為，在老子看來，「道」之生長發育萬物，本來如此，永遠如此，不是為了什麼目的，它並無目的，不是萬物的「主宰者」，當然用不著居功。但是其中又有某種目的性，可稱之為「自然目的性」，即無目的的目的性。「自然」既是「道」之本然，又是生長發育萬物的秩序和「目的」的實現〔註71〕。李大華認為自然既不是本體，也不是根源，而是作為本體或根源的道實現自身的活動，它以非目的性的方式實現目的性，即看起來是盲目的，非可靠控制的，卻在過程中實現了道的目的性。作為道的存在方式，自然不是道本身〔註72〕。

還有一種觀點認為「自然」高於「道」，如林希逸認為：「人則法地，地則法天，天則法道，道又法於自然，是自然又大於道與天地也。其意但謂道至於自然而極。」〔註73〕這種觀點其實是沒有看到自然內在於道，而不是脫離於道的獨立實體或價值觀念。

（三）自然與無為的關係問題

自然與無為是老莊哲學中兩個重要觀念，對於兩者的關係，學界主要有以下幾種觀點：第一，自然與無為是「合二而一」的關係或一致的。陳鼓應認為，自然無為是老子哲學最重要的一個觀念，「自然」這一觀念是老子哲學的基本精神〔註74〕。「老子提出『自然』一觀念，來說明不加一毫勉強作為的成分而任其自由伸展的狀態。而『無為』一觀念，就是指順任事物本身的情狀運行而不加私意專斷作為的意思。」〔註75〕他進而指出，「自然」常是對天地的運行狀態而說的；「無為」，常是對人的活動狀況而說的。「無為」的觀念，可說是「自然」一語的寫狀。「自然」和「無為」這兩個名詞，可說是合二而

〔註69〕馮友蘭：《中國哲學史新編》（第一冊），第251頁。
〔註70〕馮友蘭：《中國哲學史新編》（第一冊），第252頁。
〔註71〕蒙培元：《「道」的境界：老子哲學的深層意蘊》，《中國社會科學》1996年第1期。
〔註72〕李大華：《自然與自由：莊子哲學研究》，第296頁。
〔註73〕林希逸：《老子鬳齋口義》，上海：華東師範大學出版社2010年，第28頁。
〔註74〕陳鼓應：《老子今注今譯》，第175頁。
〔註75〕陳鼓應：《老莊新論》（修訂版），北京：商務印書館2008年，第150頁。

一的〔註 76〕。在《老子評傳》中，他和白奚進一步認為，自然是一種觀念、態度和價值，也是一種狀態和效果，「無為」則是一種行為，是實現「自然」的手段和方法。「自然」與「無為」密不可分，相得益彰：「自然」的觀念、態度、狀態必然要求「無為」的行為，「無為」的行為必然體現「自然」的觀念，必然實現「自然」的價值和效果〔註 77〕。朱伯崑認為，老子說的「自然」，謂自己而然，非使之然，即「無為」之義〔註 78〕。崔大華先生認為，人的無為在本質上與產生萬物的天地的本性是一致的，人的無為來自人的自然本性的根源〔註 79〕。余明光認為，「無為」就是自然一詞的另一種表述，或者說兩者是同義的。老子的「無為而無不為」思想，完全是聽任萬物自然發展變化的意思〔註 80〕。羅安憲認為，合而言之，自然即無為，無為即自然〔註 81〕。

第二，以自然來詮釋無為。牟宗三先生認為「講無為就涵著講自然」，老莊所說的自然就是自己如此，自己無待。「自然是從現實上有所依待而然反上來的一個層次上的話，道家就在這個意思上講無為。」〔註 82〕黃釗先生主編的《道家思想史綱》一書將自然理解為無為而治思想的內涵，認為「無為」即「因任自然」。老子嚮往道法自然，即聽任萬物自然而然地生長發展，不用人為改變自然物，這就是老子嚮往的自然主義〔註 83〕。陳榮捷將「無為」譯為「non-action」，進一步理解為：「taking no action that is in contrary to Nature」，「letting Nature take its own course」〔註 84〕。科技史家李約瑟則將「無為」解釋為「不做違反自然的活動」〔註 85〕，同樣也是如此。

第三，以無為來詮釋自然。崔宜明認為莊子所說的自然作為價值原則，

〔註 76〕 陳鼓應：《老莊新論》（修訂版），第 152 頁。

〔註 77〕 陳鼓應、白奚：《老子評傳》，第 88 頁。

〔註 78〕 朱伯崑：《道家的思維方式與中國的形上學傳統》，《道家文化研究》第二輯，陳鼓應主編，上海古籍出版社 1992 年，第 17 頁。

〔註 79〕 崔大華：《莊學研究》，北京：人民出版社 1992 年，第 238 頁。

〔註 80〕 余明光：《黃帝四經與黃老思想》，哈爾濱：黑龍江人民出版社 1996 年，第 120 頁。

〔註 81〕 羅安憲：《虛靜與逍遙——道家心性論研究》，北京：人民出版社 2005 年，第 64 頁。

〔註 82〕 牟宗三：《中國哲學十九講》，第 86 頁。

〔註 83〕 黃釗：《道家思想史綱》，長沙：湖南師範大學出版社 1991 年，第 57 頁、74 頁。

〔註 84〕 Wing-tsit Chan, *A Source Book in Chinese Philosophy*, p.136.

〔註 85〕 李約瑟：《中國科學技術史》第二卷，何兆武等譯，上海：上海古籍出版社 1990 年，第 76 頁。

其內涵就是「無爲」。「莊子借助於某種歷史觀打通了其認識論和價值論，即在認識論中講的無知之知的真知，就是在價值論中講的無爲之爲的自然，這就是『古之人』生活的歷史生活，也就是『至一』之『道』。」「道之爲絕對存在就是絕對價值，道無須效法、也根本沒有一個在道之外的價值原則。」〔註86〕這樣他所認爲的《老子》「道法自然」中「道」與「自然」同時作爲終極性的矛盾就在《莊子》中得到了解決：「自然」就是「道」本身的價值原則，其內涵和核心內容就是「無爲」。葉海煙認爲，「自然是無爲之本，而無爲是自然之相」〔註87〕，這實際上是主張「無爲而自然」，即以無爲作爲自然的重要內涵。

第四、無爲與自然是平行的兩個觀念，兩者之間是因果關係，即分別代表著「主體的無爲」與「客體的自然」之間的因果關係。池田知久認爲「自然」這個詞彙是道家爲了否定人爲、作爲而開始使用的一對概念——有關主體的「無爲」和有關客體的「自然」——中的一半〔註88〕。無爲與自然的關係可以用「主體→客體、原因→結果」的模式來概述，而「自然」正是表示主體無爲而帶來的客體之自然〔註89〕。

總之，就兩者關係而言，我們常常在「自然」與「人爲」對立的前提下來詮釋「無爲」，通常得出「無爲就是順應自然」的結論。而當問及什麼是「自然」或如何才能「自然」時，我們便不假思索地認爲自然就是反對人爲，因此「自然就是要無爲」。這樣便存在著自然與無爲相互詮釋的問題，這一點王慶節曾明確指出〔註90〕。總之，要理清自然與無爲的關係問題，必須明確這兩個觀念各自的內涵以及在老莊哲學中的地位。

（四）自然與天的關係問題

這個問題主要集中在《莊子》哲學。「天」是莊子最重要的觀念之一，也是最複雜的觀念之一，如何詮釋《莊子》中的「天」以及天人關係是莊學研

〔註86〕崔宜明：《生存與智慧：莊子哲學的現代闡釋》，第208頁。

〔註87〕葉海煙：《老莊哲學新論》，臺北：文津出版社1997年，第66頁。

〔註88〕池田知久：《道家思想的新研究——以〈莊子〉爲中心》，第536頁。

〔註89〕池田知久：《道家思想的新研究——以〈莊子〉爲中心》，第539～540頁。

〔註90〕他説：「一方面，但我們問什麼是『自然』時，我們用『無爲』來解釋『自然』，但另一方面，但我們試圖問什麼是『無爲』時，我們又不得不用『自然』來解釋『無爲』。這就進入了一種概念循環論證的遊戲。」參見《解釋學、海德格爾與儒道今釋》，第159頁。

究中最重要的問題之一。長期以來，我們基本上遵循了郭象的注，認爲莊子之所謂「天」即「自然」。殊不知郭象所言之「自然」並非現代自然科學語境中的「自然」。可我們在詮釋這個「天」時往往將此「自然」指自然界、自然現象以及自然界的存在狀態「天然」。這種詮釋形式上遵循了郭象之注，而實質上卻以現代自然科學語境中的「自然」來詮釋莊子之「天」。

　　第一種觀點，將天詮釋爲自然、自然現象或天然。胡哲敷認爲，莊子所謂的「天」仍只是自然現象，不過他把自然力量看得過大些，人力幾乎無施展的餘地。所謂眞宰、眞君，都是一個自然〔註91〕。道家最後的目標，原在取法自然。自然是無爲無言，四時行百物生，人類恃之以生，萬物恃之以長，含生賦氣之類皆各得其所了，自然界仍是行其自然，全不見有爲。老莊之意就是要順此自然而不要有爲〔註92〕。馮友蘭先生認爲，莊子之「天」即自然之義，而「道兼於天」即《老子》所說「道法自然」之義，這表明道之作用也是自然的。「道即表現於萬物之中，故萬物之自生自長，自毀自滅。一方面可謂係道所爲，而另一方面亦可謂係萬物之自爲也。」〔註93〕朱伯崑認爲，莊子以自然的東西或自然所給予的東西爲天，以天爲「天然」，即自然而然，非人力所能爲〔註94〕。李申認爲，莊子所說的「何謂天？何謂人」中的「天」就是自然而然的意思，這層天來源於天地萬物之總名及其存在狀態，「天」和「自然」是同義語，天也就是「天然」。而莊子所說的「牛馬四足之謂天」之「天」就是指本來性質，這樣自然和本性又成了同義語〔註95〕。

　　第二種觀點，將莊子之「天」分梳爲兩層內涵。任繼愈先生認爲：「莊子不承認在現實世界之外、之上還有所謂超自然的神的力量，所以他認爲自然界本身就是支配自然界的唯一力量。這種力量即莊子所謂的『天』。莊子著作中的『天』有兩種用法。一種意義是和『天地』相對應的『天空』；還有一種意義是和『人爲』相對應的『自然』或『天然』。後一種『天』的意義是莊子哲學中極爲重要的概念。天（自然）的發展和變化是任何人也阻擋不住的。」

〔註91〕　胡哲敷：《老莊哲學》，臺北：臺灣中華書局1979年，第63頁。
〔註92〕　胡哲敷：《老莊哲學》，第199頁。
〔註93〕　馮友蘭：《中國哲學史》（上卷），上海：華東師範大學出版社2000年，第171頁。
〔註94〕　朱伯崑：《道家的思維方式與中國的形上學傳統》，第17～18頁。
〔註95〕　李申：《中國古代哲學與自然科學》，上海：上海人民出版社2002年，第102頁。

〔註 96〕莊子肯定了自然界在獨立發展著，不是任何人的主觀意志所能改變的。莊周認識到客觀世界發展變化的規律性和普遍性，這是莊子的哲學思想中最有價值的部分。但是任先生也對莊子的思想進行了批判，他說：「他（莊子）只看到自然現象和自然規律對人類的決定作用，而不能認識人對自然現象有改變力量，莊子的錯誤在於混同了自然現象和社會現象的區別，把社會現象也看成自然現象。」〔註 97〕劉笑敢先生認爲：「莊子所謂天有兩個新義，一是指自然界，一是指自然而然的情況。」〔註 98〕天的第一個意義是包括地在內的大自然，即自然界，這時的天常與人相對稱。莊子在中國哲學史上第一個以天與人相對待，從而明確提出了人類和自然的矛盾問題。以天爲大自然是莊子的獨創。他認爲郭象注《莊子・齊物論》云「故天者，萬物之總名也」，即是莊子之天的第一個意義的明確表述。天的第二個意義即自然而然，也就是今日所說之天然。不過這裏的天不是自然界實有之物。以天爲自然（天然）也是莊子的獨創。天一方面是自然界，一方面是自然而然，二者意義不同而一致。自然界是山河大地之統稱，自然（天然）是萬物之本然，自然界是實有，自然則是實有之性狀，與實有之天對稱之人指人類，與性狀之天對稱之人指人爲，這說明天的兩重意義確是不同的〔註 99〕。

　　第三種觀點，從天與人的共融性與對立性角度分析莊子之天。侯外廬等人研究了莊子的自然哲學思想。在天人關係問題的解讀上，他認爲：「莊子所說的天，又指『使其自己』的天籟或『和其是非』的天鈞。這個『天』是絕對的一，而和『多』對立，……天是眞實，物是假象，天存本根，人失本性。」「凡自然而然不加人力變易的是『天』或『神』，而有所認識、發展與創設的是『人』，因此，神既不能爲人所把握，又不能爲人所變革，而放棄對自然的認識就是所謂的『人與天一也』。」〔註 100〕他批評莊子的這種自然觀，認爲莊子把「自然與自然的關係和人類與自然的關係視同一律，然他的主觀理論上的形式的統一，與事實上的不統一是不能相容的。……自然的『天』與社會的『俗』混而同之，於是四時之序和貴賤貧富之序相等，一切高下長短的自

〔註 96〕　任繼愈：《莊子的唯物主義世界觀》，《新建設》1957 年第 1 期。

〔註 97〕　任繼愈：《莊子的唯物主義世界觀》，《新建設》1957 年第 1 期。

〔註 98〕　劉笑敢：《莊子哲學及其演變》（修訂版），北京：中國人民大學出版社 2010 年，第 126 頁。

〔註 99〕　劉笑敢：《莊子哲學及其演變》（修訂版），第 126～127 頁。

〔註 100〕侯外廬、趙紀彬、杜國庠：《中國思想通史》（第一卷），第 324～325 頁。

然和一切不平等的階級都是合理的，人類只要順俗而生，就是『天』了。」〔註101〕楊國榮在《莊子的思想世界》一書中對天人關係問題進行了分析，認為莊子以「天」為人的內在規定性，人通過「天」而達到了自身的真實規定，「天」則體現了人的價值理想而並非隔絕於人。事實上，莊子認為天人之間沒有分際與界限，「他以質疑的方式對天人之間的界限進行消解：合乎自然和回歸自然的過程同時也是達到人的本真形態的過程，揚棄物化或超越世俗形態與現實人性化的存在方式，具有內在的一致性」〔註102〕。在莊子那裏，天不僅關乎人的本真之性，而且被賦予自然法則的涵義，天人之辨，也不僅僅指向合乎人性的存在，也是同時涉及人的行為與自然法則的關係〔註103〕。他進一步分析了天的雙重涵義，其一是就存在的規定而言，具體表現在事物的本然之性。如「牛馬四足之謂天」。其二是直接地與人的行為方式相聯繫，如「無為為之之謂天」。《齊物論》中的「自己」、「自取」強調過程的自然性質〔註104〕。

　　以上諸種觀點主要強調了莊子之「天」與「人」的對立、「天」的兩層內涵。其實莊子之「天」十分複雜，首先必須釐清老莊之「自然」與自然科學語境中的「自然」之區別，而不能籠統以「自然」詮釋莊子之「天」。此外不得不提及的就是莊子之「道」與「天」、「自然」的關係問題，對此學界已有相關研究。如徐復觀先生認為，《莊子》中的很多「天」字，「郭象《注》皆以『自然』釋之。在『自然』一詞的本身意義上，郭象與老莊有出入，但在以天為自然的這一點上，大體上是對的；而此處之所謂自然，即老子之所謂『道法自然』的自然，亦即是道。所以他在《齊物論》中之所謂『天鈞』、『天倪』，與他所說的『道樞』實際是一個意義。因為他常常好以『天』字代替『道』字。莊子所以用天字代替道字，可能是因為以天表明自然的觀念，較之以道表明自然的觀念，更易為一般人所把握」〔註105〕。王叔岷先生亦根據《莊子》佚文，認為《莊子》「以天代道」〔註106〕。曹礎基指出，《莊子》中的天與道是同義語，將自然界的天來形象地表述恍惚虛無的道，由於天是自然而然的，

〔註101〕侯外廬、趙紀彬、杜國庠：《中國思想通史》（第一卷）。
〔註102〕楊國榮：《莊子的思想世界》，北京：北京大學出版社2006年，第29頁。
〔註103〕楊國榮：《莊子的思想世界》，第33頁。
〔註104〕楊國榮：《莊子的思想世界》，第34頁。
〔註105〕徐復觀：《中國人性論史・先秦篇》，《徐復觀文集》（修訂本）（三卷），李維武編，武漢：湖北人民出版社2009年，第205頁。
〔註106〕王叔岷：《先秦道法思想講稿》，北京：中華書局2007年，第39頁。

故把產生支配這種自然而然的現象的道也稱之爲天〔註107〕。朱哲先生認爲莊子的天論有兩個方面，一是從「天」與「人」即「自然」與「人爲」的關係看，莊子「天」範疇的一個極重要的涵義就是「自然」。二是從「天」與「道」的關係來看，莊學派是把「天」與「道」作同等看待，兩者共同之處就是「自然」。把「天」規定或釋爲自然，則「天」就具有最高本體的地位〔註108〕。在老子那裏，天從屬於道，天和道還不是同一個層次上的範疇，天是自然之天，道是抽象之道。而在莊子這裏，莊學派已經把自然之天抽象爲自然，這樣，道、天、自然這三個本有區別的範疇在莊學中已融通爲一了。天不再只是自然之天體，而是道或者說莊子之天已經超越了自然之天體而到達了道〔註109〕。徐小躍認爲，莊子將「天」與「道」同等看待，莊子將「天」提升到與最高本體「道」一樣的位置，使「天」獲得了本體意味〔註110〕。此外，吳汝鈞、陳引馳等人亦提到莊子以天代道的做法〔註111〕。

　　總之，「天」的觀念必須結合「道」的觀念來加以理解，單獨說「天」實難眞正詮釋莊子天人關係，這一點在本書中將重點討論。

（五）自然與自由的關係問題

　　道家的自然與自由的關係問題比較複雜，蒙培元曾指出，「在中國哲學史上，莊子是第一個提出自由與自然的關係問題的哲學家」〔註112〕。當前的研究主要集中在《莊子》的哲學上，而實際上「自然」觀念從老子哲學中誕生開始，就已經面臨著與自由的關係問題。學界通常認爲莊子的自由觀念主要通過逍遙遊來表達，但莊子的自由並非現實生活中的自由，亦不同於現代政治法律框架內的自由。莊子的自由基本上還是精神的一種超脫，亦即精神自由。那麼莊子的自由與自然觀之間是什麼關係呢？對此，學界主要形成了兩派觀點：一種觀點認爲莊子的自然意味著必然，並不蘊含自由。如吳怡在《逍遙的莊子》一書中認爲，「按照中國哲學對『自然』兩字的用法，本是指宇宙

〔註107〕曹礎基：《莊子學派的分野》，《莊子研究》，《復旦學報》編輯部編，上海：復旦大學出版社 1986 年，第 102～103 頁。

〔註108〕朱哲：《先秦道家哲學研究》，第 99～100 頁。

〔註109〕朱哲：《先秦道家哲學研究》，第 99～100 頁。

〔註110〕徐小躍：《莊子天人觀與齊物論思想新探》，《江蘇社會科學》1997 年第 6 期。

〔註111〕參見吳汝鈞：《老莊哲學的現代析論》，臺北：文津出版社 1998 年，第 88 頁；陳引馳：《〈莊子〉「天」「性」脈絡與美的生成》，《學術月刊》1994 年第 8 期。

〔註112〕蒙培元：《心靈超越與境界》，北京：人民出版社 1998 年，第 208 頁。

人生的必然法則，由於這種法則，不是出於天帝的安排，也不是由於人為的設施，而完全是它本身自己如此的，所以自然在宇宙來說，是指物性的自己如此。物性的如此是其物性的本然，其本身沒有價值的因素」〔註113〕。葛瑞漢認為，莊子的一個較有特點的用語也許似乎與「自然」相對照，「不得已」，比「cannot do otherwise」（別無選擇）、「inevitable」（必然）寓意更為豐富〔註114〕。他進一步認為莊子不同於尋找正確選擇根據的墨家和楊朱學派，莊子的理想是根本就不選擇，因為用完美的清澈反映外界情況，你只能從一條路回應。如果「自然」表示自由而「不得已」（必然）表示強制，它只是我們應該捨棄的另一個二分法〔註115〕。劉笑敢先生分析了莊子之「天」的兩層內涵，並進而指出：「大自然中的一切都是人類不應該干預的，自然而然的一切都是人力無可奈何的，所以莊子所謂自然實含有必然之意。」〔註116〕總之，天對萬物的決定作用是一種必然性的力量，這種必然性力量不是神的一致，也不是事物的內在規律，而是一種抽象的自然而然的必然性〔註117〕。于民雄認為，自由不直接等同於「自然」，因為「自然」是本體原因，它本身就是超越的，「自然」無所謂限制，故無超越可言。「自然」是一種天然的、無差別的、無意識的存在狀態，而自由既是一種存在狀態，同時也是一種價值選擇〔註118〕。徐克謙認為，莊子融「自由」於「自然」，實即消解了「自由」〔註119〕。莊子試圖通過「與天為一」、以人合於天將人性合於自然性的途徑來解決人性解放的問題。但按照這種理論邏輯來推論，「人性」問題非但沒有向個人自由方向有所發展，反而要使「人性」倒過來向「自然性」和動物性回歸。莊子叫人「順物自然」，完全服從於自然，順從於自然本性。「自由」完全回歸「自然」，實際上也就是在「自然」裏消解了「自由」，使人成為失去了自由的自然物〔註120〕。

〔註113〕吳怡：《逍遙的莊子》，桂林：廣西師範大學出版社 2006 年，第 8 頁。

〔註114〕葛瑞漢：《論道者：中國古代哲學論辯》，第 223 頁。

〔註115〕葛瑞漢：《論道者：中國古代哲學論辯》，第 223 頁。

〔註116〕劉笑敢：《莊子哲學及其演變》（修訂版），第 128 頁。

〔註117〕劉笑敢：《莊子哲學及其演變》（修訂版），第 128 頁。

〔註118〕于民雄：《自然與自由——莊子「相忘於江湖」解》，《原道》第 7 輯，陳明、朱漢民主編，貴陽：貴州人民出版社 2002 年，第 219 頁。

〔註119〕徐克謙：《莊子哲學新探：道‧言‧自由與美》，北京：中華書局 2005 年，第 160 頁。

〔註120〕徐克謙：《莊子哲學新探：道‧言‧自由與美》，第 161～162 頁。

　　另一種觀點則認為，莊子的自然觀念蘊含著自由。崔大華先生指出，莊子關於自然的基本概念、觀念和思想是莊子進行人生哲學思考時的思想元素、立論依據或邏輯前提〔註121〕。他著重提及莊子哲學中的「自化」概念，他認為，「自化」在莊子思想中是一個非常重要的觀念基礎。「自化」本身明確地意味著對必然和規範的否定傾向，所以它是莊子人生哲學的自由觀、社會思想的無為論的自然觀依據〔註122〕。付粉鴿認為自然即自己如此，自然而然。既是自己如此，自然而然，就意味著沒有外在的強制和干涉，對物自身而言，就是按自己本性存在，即是自由〔註123〕。田探認為，「自然」的根本意蘊就是以「無為」保證事物依其自性而自由自主地發展。這意味著「自然」的根本價值就是自由〔註124〕。

　　針對這兩種觀點，學界也有新的看法，主張區別對待莊子的自然，而不是簡單斷定自然是否意味著自由。如趙志軍認為道家的自然有「作為理想狀態的自然和作為實體的自然」兩種含義，由此蘊含著自由和必然兩個義項〔註125〕。李大華認為，自然和自由表達的都只是實體或物的存在方式或狀態，而不是實體或物本身。當自然表示必然關係的時候，自然的未必就是自由的。因為有兩種自然的東西：一是作為自然的道，它是自在與自為的，因而它是超越的、自由的；二是作為自然的物，它是被決定的，因而不是自由的〔註126〕。

　　總之，以上觀點一方面看到了莊子自然觀念中蘊含的必然性，這無疑是十分正確的。莊子主張尊重「物」的本然性，反對人為，走到極端便是放大「物」的本然性，強調各種必然性非人力所能改變，這便是「命」的觀念。因此，莊子的自然必定要涉及「命」、必然性與偶然性等問題。但另一方面，莊子的自然卻又蘊含著自由，目前這一種主張得到了越來越多的認同，但仍略顯粗糙，缺乏深入的論證。僅將「自然」理解為對事物的一種純本然、本性的描述，那麼莊子的自然就完全變成了必然性，一點也不自由了。如果只看到自然的必然性，而忽視了自由與老莊之「自然」的共通性問題，即忽視

〔註121〕崔大華：《莊學研究》，第 105 頁。

〔註122〕崔大華：《莊學研究》，第 117 頁。

〔註123〕付粉鴿：《自然與自由：老莊生命哲學研究》，北京：人民出版社 2010 年，第 134 頁。

〔註124〕田探：《老子「自然」思想的內在矛盾》，《華夏文化》2006 年第 1 期。

〔註125〕趙志軍：《作為中國古代審美範疇的自然》，北京：中國社會科學出版社 2006 年，第 24 頁。

〔註126〕李大華：《自然與自由：莊子哲學研究》，第 297 頁。

了老莊之「自然」本身蘊含的人之自主性、自覺性，那麼我們對莊子自然觀念的理解就會出現偏差，這一點正是莊子自然觀念中的重要內涵。

（六）自然與自然界的關係問題

老莊哲學中的「自然」並不是指自然界，也不是對象化的實體性存在，在道家哲學中，表示自然界的概念通常是「天」或「天地萬物」，這一點幾乎已成為道家哲學研究中的共識。但時至今日，主張老子的「自然」就是自然界的看法依然大有人在。其實這種觀點也是淵源有自。如郭沫若曾認為，「所謂『自然』當然是指天地中一切雲行雨施的變化，讓『道』來取法乎它是連『道』也失掉了它的至上性了」〔註127〕。詹劍峰亦認為，《老子》書中的「自然」，是自然之性，是自然界，是大自然，是整個自然（自然的本性，自然的現象）〔註128〕。李澤厚在《華夏美學》一書中也認為，莊子和道家哲學強調自然有兩種含義，一種是自自然然即不事人為造作，另一種即是自然環境、山水花鳥〔註129〕。近來尹振環亦曰：「自然是什麼？它就是今本《老子》二十五章法地、法天、法自然之『自然』。它就是大自然──日月星辰、風雨雷電、日蝕月蝕、山崩地裂、萬物的生生滅滅等自然界的種種現象。」〔註130〕他進而將「希言自然」譯成「少說關於大自然方面的話」〔註131〕。至此，關於道家的自然與自然界的關係，我們至少得重新思考以下問題：一是道家的自然是否完全與自然界無關？二是道家的自然在中國傳統文化中是否表達過自然界（天地萬物）的意蘊？對於第一個問題，蒙培元曾指出：「在一定意義上，老子所說的『自然』，是指自然界，他描述自然界的各種變化時，就是從這個意義上來說的。但是老子所說的『自然』又不是純粹的自然界，不是與人相對而立的自然界，老子說的自然既然是描述道的存在狀態的，因此從根本上說是與道聯繫在一起的。」〔註132〕應該說這一看法是比較中肯的。也有學者

〔註127〕郭沫若：《先秦天道觀之進展》，《青銅時代》，北京：中國人民大學出版社 2005 年，第 30 頁。
〔註128〕詹劍峰：《老子其人其書及其道論》，第 212 頁。
〔註129〕李澤厚：《美學三書》，天津：天津社會科學院出版社 2003 年，第 280 頁。
〔註130〕尹振環：《帛書老子釋析：論帛書老子將會取代今本老子》，貴陽：貴州人民出版社 1995 年，第 342 頁。
〔註131〕尹振環：《帛書老子釋析：論帛書老子將會取代今本老子》，第 344 頁。
〔註132〕蒙培元：《論自然：道家哲學的基本概念》，《道家文化研究》第十四輯，第 22 頁。

指出，自然界是「自然」的外在呈現，「自然」（或「道」）是自然界存在的依據〔註133〕。至於第二個問題，其實可以表述爲：道家的自然何時開始具有自然界的含義？這一問題學界一直有爭議。徐復觀先生認爲，「魏晉時代，則對人文而言自然，即指非出於人爲的自然界而言。後世即以此爲自然界之通義。」〔註134〕張岱年先生認爲阮籍的《達莊論》以「自然」爲包含天地萬物的總體〔註135〕。趙志軍也認爲體現人類本質的作爲理想狀態的自然本來就內蘊著實體性的自然，並且在魏晉時期實體性的自然這一義項已逐漸凸顯〔註136〕。但戴璉璋認爲阮籍「並非說自然是一至大的集合體」〔註137〕，陸玉林、戴建平、羅安憲等都認爲在阮籍那裏，「自然」一詞還沒有實體性的含義〔註138〕。劉笑敢贊同戴璉璋的說法，認爲「自然」一詞何時開始明確指代大自然，還有待進一步的考察〔註139〕。實際上，考察老莊哲學文本可知，老莊的自然並沒有實體性的含義，不是指對象性的存在物，但老莊的自然確實形容或描述過天地萬物的存在狀態，從這個角度來說，作爲道家哲學所推崇的理想價值「自然」與作爲天地萬物整體的自然界之間仍然有著內在的關聯，天地萬物的自然存在狀態促使老莊思考人的本性以及人的存在狀態。至於這種「自然」何時具有了實體性自然界的含義，則有待對道家自然觀念史作進一步地考察。

（七）「自然」與西方哲學中的「φύσις」、「nature」的關係問題

學界較早地比較了老莊哲學中的「自然」與西方的「nature」概念，但一直有不同的見解。一種觀點強調兩者相同或相近。詹劍峰曾明確質疑那些否認老莊中的「自然」不是「大自然」的觀點。他分析了西方哲學中的「自然」一詞的詞源：「自然界」即德文的 natur，一般譯爲「自然」。考德文和英、法

〔註133〕王素芬：《順物自然——生態語境下的莊學研究》，北京：人民出版社 2011年，第 70 頁。

〔註134〕徐復觀：《中國藝術精神》，《徐復觀文集》（修訂本）（四卷），第 138 頁注。

〔註135〕張岱年：《中國古典哲學概念範疇要論》，《張岱年全集》第四卷，第 535～536頁。

〔註136〕趙志軍：《作爲中國古代審美範疇的自然》，第 19 頁。

〔註137〕戴璉璋：《阮籍的自然觀》，《中國文哲研究集刊》第三期（1993），第 310～311 頁。

〔註138〕陸玉林：《老莊哲學的意蘊》，北京：經濟管理出版社 1999 年，第 19 頁。戴建平：《魏晉自然觀研究》，南京：南京出版社 2002 年，第 35 頁。羅安憲：《虛靜與逍遙——道家心性論研究》，第 56～57 頁。

〔註139〕劉笑敢：《老子古今：五種對勘與析評引論》（上卷），第 273 頁。

文 nature，均來自拉丁文 natura，natura 來自希臘文的 phusis，而 phusis 從 phuo 變出。Phuo 之義爲生長、生成。他還引用亞里士多德在《形而上學》中對自然一詞進行的分析，最後得出結論：natur 或 nature 用作哲學術語，有「本性」，「本質」，「天生」或「天性」，「存在的總體」，「呈現的秩序」，「隨規律而自生或實現爲一定的範型的事物總體」等意義。不過自然這詞的基本涵義是：一存在物全部地或部分地自生或至少自行規定，而無需外在的原因，叫做自然〔註 140〕。鄭開認爲，道家標榜的自然比較接近古希臘的 Physis（自然、自長）。古希臘 Physis 這個語詞當中疊加了以下三層含義：（1）「自然而然的」，與「人工製造的」相對應；（2）「本性使然的」，與「人爲約定的」相對應；（3）「自然界的」，與「社會（共同體）的」相對應。第（1）方面即「自然」和「人工」的區別與對立，近於道家「道」（樸）與「器」（樸散則爲器）的區別與對立；第（2）方面即「本性」與「人爲」的區別與對立，近於道家「眞」與「僞」的區別與對立；第（3）方面，我們是否可以從道家批判人類社會得以建構於其中的仁義禮法、回歸「同與禽獸居」的旨趣中看出端倪呢？實際上道家思想中的「天」、「人」對立，正相當於古希臘思想中的自然（Physis）與社會（Nomos）的對立。顯然，道家所說的自然也包含「自然而然」、「本性使然」和「自然界」三層涵義，從而與「人工製造」、「人爲約定」和「社會文化」（制度）相反〔註 141〕。

另一種觀點則相反，否認兩者相同或相近。如牟宗三先生認爲，「道家所說的『自然』，不是我們現在所謂自然世界的自然，也不是西方所說的自然主義 Naturalism。自然主義和唯物論相近，就是一種唯物主義，指的是自然科學所對的自然世界，自然科學所研究的都是物理現象，所指的是物理世界的自然。就西方宗教講，自然是被造物 Creature，被上帝所創造的有限物屬於自然，上帝是超自然 super-nature，自然和超自然相對反。道家的自然是個精神生活上的觀念，就是自由自在，自己如此，無所依靠」〔註 142〕。他進一步認爲，西方人所講的自然界中的現象，嚴格講都是他然、待他而然、依靠旁的東西而如此。自然界的現象都在因果關係裏面，你靠我我靠你，這正好是不自然不自在，而是有所依待〔註 143〕。劉笑敢先生認爲，在希臘時期，「自然」常與

〔註 140〕詹劍峰：《老子其人其書及其道論》，第 202 頁。
〔註 141〕鄭開：《道家形而上學研究》，第 196 頁。
〔註 142〕牟宗三：《中國哲學十九講》，第 86 頁。
〔註 143〕牟宗三：《中國哲學十九講》，第 86 頁。

「約定」、「技術」對稱，在近代歐洲，自然的意義常與文化、精神相反，老子所說「自然」完全沒有這種明確與「技術」、「約定」、「文化」、「精神」相對的意思〔註144〕。郭沂認爲，老聃的「自然」與自然哲學的「自然」，有天壤之別。後者很可能只是借用中國傳統哲學中的「自然」一詞對西文「nature」一詞所作的翻譯，其內涵爲「nature」，非老聃之「自然」也——儘管二者都有「本然」之義，但西文的「nature」具有明顯的客觀性或物質性，而在老聃的「自然」中，則首先蘊涵著主體性、主觀性、精神性的宏旨〔註145〕。

　　上述兩派觀點其實都是在中西方文化交流中產生出來的，而目前我們迫切需要解決的問題就是，如何翻譯道家的「自然」，如何理解西方哲學中的「φύσις」、「nature」。對於前者，我們在向西方世界介紹道家哲學時，眾所週知的翻譯是「nature」，如陳榮捷先生就將「希言自然」翻譯爲「Nature says few words」〔註146〕，以陳先生的學養，我揣測陳先生本人並不一定認爲老子的自然就是現代意義上的自然界（nature），但要如何才能準確地將老子之「自然」介紹給西方世界呢？把道家之「自然」譯成「nature」反映了中國學者向西方介紹老莊哲學時面臨的語言困境。誠然，這一翻譯中存在的問題已經引起了學界的關注〔註147〕。爲了更貼近《老子》的「自然」，有的學者嘗試將「自然」翻譯爲「the Self-so」〔註148〕，「It is so by virtue of its own」〔註149〕或直接將以漢語拼音「Ziran」來解讀〔註150〕。前文提及的嚴靈峰、葛瑞漢（Angus Charles Graham）、王煜、劉殿爵（D. C. Lau）、王慶節等人都有一些特別的翻譯。對

〔註144〕　劉笑敢：《老子古今：五種對勘與析評引論》（上卷），第 47 頁。

〔註145〕　郭沂：《郭店竹簡與先秦學術思想》，第 675〜676 頁。

〔註146〕　Wing-tsit Chan, *A Source Book in Chinese Philosophy*, p.151.陳先生還將其他的「自然」均譯作「nature」，如「道法自然」譯作「And Tao models itself after Nature」，「百姓皆謂我自然」譯作「Nevertheless their people say that they simply follow Nature」。

〔註147〕　參見孫岳：《〈道德經〉中的「自然」觀念及英譯》，《首都外語論壇》2006 年第 6 期。符蓉、胡東平：《〈道德經〉英譯的忠實倫理研究——以「自然」一詞的翻譯爲例》，《湖南科技學院學報》2014 年第 6 期。章媛：《西譯本對老子「道法自然」誤讀考辯》，《宗教學研究》2012 年第 2 期。

〔註148〕　Waley, Arthur.（trans.）*Lao Tzu: Tao Te Ching*, Beijing: Foreign Languages Press, 1999.

〔註149〕　Chan, Wing-Chuek,「On Heidegger's Interpretation of Aristotle: A Chinese Perspective」, *Journal of Chinese Philosophy*, 2005, 32（4）, pp. 539〜557.

〔註150〕　Callahan, W. A.,「Discourse and Perspective in Daoism: A Linguistic Interpretation of Ziran」, *Philosophy East & West*, 39, no.2, p.171〜176.

於後者，自從日本學者借用道家的「自然」翻譯「nature」後，我們已經很難不使用這一約定俗成的譯法。但同時，「nature」又被翻譯為「本性」、「本質」等〔註 151〕，這或許也表明「nature」在西方文化中的複雜性。

事實上，我們恐怕不能完全忽視兩者之間的相通性，換言之，我們不能完全否認「自然」與「nature」互譯的合理性。從詞源角度追溯，老子的「自然」有自己而然的意思，這是一種動態的過程，同時又有本性的意思，而「nature」一詞的希臘語「φύσις」恰好也有生長、產生的意思〔註 152〕，或許正是在這一點上，兩者是相通的。

總之，將老莊之自然與西方文化中的「nature」等詞進行比較當然有重要意義，但是這種比較的難度是可想而知的。因為兩個詞在各自的文化中承載了太多的內容，尤其是「nature」一詞，在西方文化中十分複雜〔註 153〕，不對兩個詞各自的內涵及其歷史演變進行一番深入地考察而匆忙比較，不僅難有準確的結論，還很可能會陷入各種誤解之中。

（八）日本學者以「自然」翻譯「nature」與道家「自然」在日本文化中的演變問題

這個問題國內學者關注相對較少，已有的研究也多半是從事日譯西學以及中日文化交流研究的學者們的成果。其實日本學者借用老子的「自然」來翻譯西方文化中的「nature」（最初是用來翻譯荷蘭語 natuur）與他們自己對「自然」的理解緊密相關。換言之，道家之「自然」在日本文化中有一個演變的過程〔註 154〕。對此，日本學者很早就有關注，如溝口雄三、伊東俊大郎〔註

〔註 151〕亞里士多德的《物理學》、《形而上學》兩書的翻譯就是例子，參見《物理學》，張竹明譯，北京：商務印書館 1982 年，第 271～272 頁。《形而上學》，吳壽彭譯，北京：商務印書館 1959 年，第 348 頁。

〔註 152〕這一點亞里士多德的《物理學》中曾明確指出。他說，第三種解釋把自然說成是產生的同義詞，因而它是導致自然的過程。參見《物理學》，第 46 頁。海德格爾也曾指出「φύσις」在古希臘語中的真正意思是「出生」、「誕生」。參見《形而上學導論》，熊偉、王慶節譯，北京：商務印書館 1996 年，第 15 頁。

〔註 153〕陳嘉映主編：《西方大觀念》，北京：華夏出版社 2008 年，第 1016～1023 頁。

〔註 154〕目前筆者所看到的專門探究這一問題的文獻主要是陳瑋芬的《日本「自然」概念考辨》，《中國文哲研究集刊》第三十六期（2010）。

〔註 155〕分別參見溝口雄三：《中國的思想》，趙士林譯，北京：中國社會科學出版社 1995 年；伊東俊大郎：《自然觀的轉變》，羅漢軍譯，《世界科學》1988 年第 2 期，原載日本《讀賣新聞》1986 年 6 月 4 日。

155〕。一些學者則重點關注「自然」翻譯西方文化中的「nature」的過程，如著名語言翻譯家柳父章。還有一些學者主要通過研究中國古代思想中的自然觀來闡釋他們對道家自然觀念的理解，如福永光司、栗田直躬、笠原仲二、鈴木喜一、內山俊彥、森三樹三郎、池田知久等學者。國內學者對這些研究成果關注較少，究其原因，一方面限於文獻，一方面限於語言。全面地梳理這些研究成果並非本書的目的，但這項研究的意義無疑是值得肯定的。

　　綜上所述，我們可以看出學界在老莊自然觀念研究上存在的主要爭議及問題，並且在有些問題上還存在著相當大的分歧。這其中又以「自然的基本含義」、「自然與道的關係」、「自然與無爲的關係」、「自然與天的關係」、「自然與自由的關係」爲主。所有這些問題的解答其實都有賴於對「自然」一詞哲學內涵的重新詮釋，這就向本書提出了一個重大的挑戰。

二、本書的主要任務及研究方法

　　以上我們簡要綜述了老莊自然觀念的研究現狀，並且適時地指出了一些問題所在，那麼已有的研究存在的主要問題是什麼呢？我認爲主要存在兩個方面的問題，一方面，我們常常將「自然」詮釋成爲一個客觀對象，一個外在的原則、規律，或僅將「自然」理解爲事物的本性、原初性狀，或將「自然」看作對象性的描述語。所謂「遵循自然界的規律」、「遵守自然法則」、「自然即事物的本然、本性」等等都反映了這種理解的盛行。這種理解往往忽視了對自然作爲人的內在原則的關注。另一方面，在研究方法上，我們常以科學自然觀爲研究範式，或採取自然哲學的研究進路，甚至從自然辯證法的角度來分析老莊自然觀，由此，宇宙生成論、時間與空間、運動等等成爲研究的重要內容。很顯然，這種自然觀反映的是老莊對自然界的看法，是科學自然觀，是自然哲學，而非老莊哲學中獨特的人文自然觀、哲學自然觀〔註156〕。

〔註156〕　值得注意的是，史華慈在《古代中國的思想世界》一書中，專門撰寫了「老子的自然和『科學的』自然主義」一節，質疑李約瑟將老子之自然觀看成「科學的」自然主義取向的觀點，進而從神秘主義角度進行詮釋，認爲「《老子》中存在著持續的而又壓倒一切的對於人類生命的關懷」，「似乎可以發現他與他的前輩們都贊同『道德主義』甚至『人文主義』（humanism）的內容」。參見《古代中國的思想世界》，程鋼譯，南京：江蘇人民出版社2008年，第272頁、276～277頁。儘管史華慈和本書將要探討的「自然」之內涵仍有差異，然而他的這一思想對於辨析老莊之自然與科學自然觀具有重要意義。

總的來看，以上解讀都建立在「自然」與「人爲」對立的基礎上，完全將人的意識與作爲排除在「自然」之外。如果這就是老莊之「自然」，那麼我們很難看出其與現代自然科學語境中「nature」概念的區別。是故，完全將老莊之自然以科學自然觀來規範，那麼老莊之自然的眞實意蘊很可能從此遺漏。如果繼續遵循通行的解讀方式，我們實難推進老莊自然觀念的研究。

　　值得慶幸的是，學界亦曾注意到這一問題，前文在分析自然的基本含義時曾特別強調了一些學者的觀點。事實上，學界已經開始重新詮釋老莊的自然觀念，如劉笑敢先生獨創性地提出「人文自然」這一概念來詮釋老子之自然，開啓了老子自然的人文精神，對此研究進路，筆者深表贊同。但我們又不得不思考這樣一個問題：是否必須創造出一個新概念來詮釋老子以及道家的自然觀念呢？如果僅僅是爲了避免誤解，那麼創造一個新的概念恐怕會帶來更多的誤解。何謂也？因爲如果老莊之自然觀念本身就蘊含著人文精神，而不是一個簡單描述性的詞語，那麼新概念的創造似乎並無必要；相反，還可能增加一種理解危險：老莊之自然原本就是自然界或純天然、本然的意思，要不何必添加一個「人文」呢？

　　針對當前老莊自然觀念研究的現狀與問題，結合學界已有的研究成果，本書嘗試通過對「自然」一詞基本含義的分析，探求自然的哲學意蘊，進而全面考察老莊的自然觀念。

　　首先，本書的研究採取了哲學語義學（philosophical semantics）的分析方法，即通過對自然一詞基本結構、含義的分析來闡發其中的哲學意蘊。這種研究方法在中國傳統學術中並不罕見，清代的樸學在某種程度上與之相似，而近幾十年來的中國哲學史研究更是表明此種研究方法的盛行。其實西方哲學研究中也會採用此種方法〔註157〕，美國哲學家洛夫喬伊曾專門指出：「觀念的歷史學家的另一部分工作，如果他想要認識那些在更大的思想運動中眞正起作用的因素的話，那就是追尋那種可以被稱做哲學語義學的東西。這種哲學語義學也就是對一個時期或一種運動中的神聖語詞和成語的一種研究，用某種觀點去清除它們的模糊性，列舉出它們各種各樣的含義，考察

〔註157〕西方哲學家要理解一個哲學概念也往往需要追溯其詞根與詞源以及語法，以便瞭解這個詞形成發展的過程以及在這個過程中添附的和遺漏的意蘊。海德格爾就曾專門分析過一些重要的詞彙的詞源結構。參見海德格爾《形而上學導論》中的「追溯『在』這個詞的語法和語源」，第15～16頁。

在其中由模糊性所產生的混亂結合方式，這些模糊性曾影響到各種學說的發展，或者加速某一流行的思想由一個向另一個，或許正好是向其反面不知不覺的轉化。」〔註158〕這一主張對老莊自然觀念的研究頗有啓發，之所以要從哲學語義學角度對思想史上的一些語詞進行分析與研究，主要是因爲這些語詞在不斷地演變中形成了新的內涵，這些內涵的不斷層積使得最初的哲學意蘊可能被遮蔽。「自然」作爲老莊哲學中最重要的觀念之一，無疑面臨著這樣的困境。這個詞首先在《老子》中以合成詞的形式作爲一個重要的觀念登上思想史的舞臺。然而自此以後，這個詞本身是由兩個單純詞構成的事實卻逐漸地被淡忘，而兩個單純詞所蘊含的哲學意義也因合成詞的固定用法而被遺忘。儘管現代研究者大都承認老莊之「自然」並非自然科學語境中的自然界或大自然，但因爲「自然」一詞本身確實包含事物本性的內涵——這一點正文部分將詳細解析——因而該詞在先秦的使用就已開始了一種對象化的傾向。近代以來，受日譯西學的影響，日本學者以老莊之「自然」翻譯西方文化中的「nature」深刻地影響了國人的觀念體系〔註159〕，「自然」作爲與人相對立的自然界的觀念就完全確立了。從當前的研究來看，我們可以說，以「自然」翻譯「nature」已經減損了「自然」這個古漢語詞彙的原初內容，毀壞了它本來的哲學的命名力量〔註160〕，至此，「自然」一詞的古今中外諸種含義混而不清〔註161〕。「自然」這一觀念之所以會造成種種誤解，

〔註158〕洛夫喬伊：《存在巨鏈：對一個觀念的歷史的研究》，張傳有、高秉江譯，鄧曉芒、張傳有校，南昌：江西教育出版社2002年，第13～14頁。

〔註159〕張汝倫指出，雖然人們並未完全忽略中國思想中「自然」的傳統意義，但接受日本人以「自然」這兩個漢字爲nature的譯名，不可避免地會以近代西方nature概念的意義來理解傳統的自然概念，將它簡單化，雖然程度有所不同。這樣，傳統的自然概念就成了一個非常特殊的歷史概念，而非具有普遍哲學意義的概念。另一方面，西方近代的「自然」概念被我們作爲一個中性的、普適的概念接受，不僅影響了現代中國哲學，也影響了現代中國人對自己的存在及其條件的基本態度。參見《什麼是自然？》，《哲學研究》2011年第4期。

〔註160〕這裏筆者套用了海德格爾的話語，他說：「對存在者整體本身的發問真正肇端於希臘人，在那個時代，人們稱存在者爲 φύσις，希臘文裏在者這個基本詞彙習慣於譯爲『自然』。在拉丁文中，這個譯名，即natura的真正意思爲『出生』、『誕生』。但是，拉丁譯名已經減損了 φύσις 這個希臘詞的原初內容，毀壞了它本來的哲學的命名力量。」參見《形而上學導論》，第15頁。

〔註161〕很多學者對「自然」一詞中夾雜的各種內涵進行過辨析，如柳父章的《翻譯語成立事情》一書第7章，岩波書店1982年。鈴木喜一的《東洋における自然の思想》一書的第一章，創文社1992年。

其原因甚多，但主要在於：這個詞首先出現在道家的思想世界，並且是道家對制度文明進行批判與反省時提出來的重要觀念，因此，作爲制度文明的對立面，「自然」便理所當然地被構想爲一種反文明、反制度的東西，「回歸自然」便成了嚮往原始的生活方式和像自然物那樣的生存。更有甚者，現代人開始將道家打扮成爲一個環保主義者，道家的「自然」儼然成爲生態保護的代名詞〔註162〕。現代人的實用與功利已經到了無以復加的地步，而自然觀念中眞正的人文精神卻被遺忘〔註163〕。本書的首要任務將是重新辨析「自然」的眞實內涵，而依據古漢語的結構與語法，對「自然」一詞的詞義與結構進行分析顯然是研究的基礎，這一開啓「自然」眞正意蘊的工作當然要通過哲學語義學來完成。

儘管借助哲學語義學進行思想史或觀念史的研究並不新鮮，但這種研究方法同樣飽受批評，這其中以徐復觀先生對傅斯年先生的名著《性命古訓辯證》的批評最爲人知〔註164〕。當然，細觀傅氏之研究與徐氏之批評，我們實不能得出「哲學語義學的研究方法斷不能採用」之結論。其實關鍵在於如何正確地對待語義學研究，而不是將哲學思想的研究完全附在語義學上。對古漢語文字的研究與分析，必須要有「史」的意識〔註165〕，還需注意同一個名詞在同一個時代也常由不同的思想賦予不同的內容。如果僅僅追溯到某一個字詞的原始含義，便以爲找到了哲學觀念的根了，這種做法實不可取。因爲該字詞之原始含義很可能在當初並未形成一重要觀念，而其後的重要含義是

〔註162〕 筆者並非完全否定對老莊哲學進行創造性的詮釋，以開啓其現代意義，但如果忽視老莊哲學中一些重要觀念的獨特內涵，僅僅因爲形式上的符合而妄作引申，反而扭曲了老莊哲學，談不上創造性的詮釋。

〔註163〕 這一點正如牟宗三先生所說，我們現在只知道那借用中國老名詞來翻譯西方的概念這個「自然」之意義，而我們原來本有的「自然」一詞之意義倒忘掉了，這中間有個曲折需要拆開，要返歸到自己原有的意義上來。參見《中國哲學十九講》，第86頁。

〔註164〕 徐復觀說：「幾十年來，中國有些治思想史的人，主張採用『以語言學的觀點，解釋一個思想史的問題的方法』。其根據係來自西方少數人意味『哲學乃語言之副產品』的一偏之論，以與我國乾嘉學派末流相結託。關於哲學與語言的關係，亦即是思想與語言的關係，乃是互相制約、互相影響的關係，這裏不進一步去涉入到此一問題。我現在所要指出的是，採用這種方法的人，常常是把思想史中的重要詞彙，順著訓詁的途徑，找出它的原形原音，以得出它的原始意義；再由這種原始意義去解釋歷史中某一思想的內容。」參見《中國人性論史·先秦篇》，第12頁。

〔註165〕 徐復觀：《中國人性論史·先秦篇》，第14頁。

在不斷地演變之中逐漸形成的。這樣不斷層積起來的含義便形成了一個觀念演變的歷史，因此我們又可以說，不僅觀念之演變有其歷史，即觀念史、思想史，觀念的承載者——語詞——亦有其歷史，並且這個歷史通常又是觀念史研究的基礎。故結合文本所處之時代而進行哲學語義學的研究，應該成爲觀念史或思想史研究的重要方法。

其次，本書採取了觀念史的研究方法，具體而言，就是單元觀念（unit-ideas）理論與大觀念（great ideas）理論。單元觀念（unit-ideas）理論是上個世紀美國哲學家洛夫喬伊（Arthur Oncken Lovejoy）提出來的。他首先提出了觀念史（history of ideas）研究〔註166〕，用以分析思想史上一些重要觀念的形成、演變及作用。他主張對思想史上的一些基本觀念進行分析，而這些基本觀念往往又分成一系列的單元觀念（unit-ideas）〔註167〕，對這些單元觀念進行分析從而進一步展示由之構成的基本觀念的內涵，這就是觀念史研究的基本任務。

大觀念（great ideas）理論是美國哲學家艾德勒（Adler M·J·）提出來的。什麼是大觀念呢？按照艾德勒的意思，在日常生活中，我們或多或少會進行哲學的思考，而我們思考時通常就是在使用一些基本的觀念，這些觀念對於瞭解我們自己，我們的社會，以及我們居住的世界，是基本而且不可缺少的〔註168〕。這些觀念構成了每一個人思想的詞彙，但這些詞彙不同於特殊的學科的概念，都是日常使用的詞彙。它們不是術語，不屬於專業知識的私人術語〔註169〕。艾德勒所謂的大觀念無疑是針對日常生活中許多零散的但同時又集中反映了一個或幾個主題思想的小觀念而言。這些小觀念就是人們日常生活中所使用的那些基本詞彙，雖然不是每一個人都能清楚地概括它們的

〔註166〕觀念史與思想史有何區別？一般說來，history of ideas 既可譯成觀念史，也可譯成思想史，似乎兩者沒什麼區分。實際上，兩個術語的內涵以及涉及的研究對象還是有區別的。在英語學界，通常 history of ideas 指的是觀念史，而 intellectual history 指的是思想史。但即使這種區分在學界也有不同的理解。通常情況下思想史所指更爲寬泛，而觀念史相對較窄。參見《什麼是思想史？》，丁耘主編，上海：上海人民出版社 2006 年，第 95 頁腳註。

〔註167〕洛夫喬伊對單元觀念進行了較深入的分析，參見《存在巨鏈：對一個觀念的歷史的研究》，第 5～14 頁。另可參見《觀念史論文集》，吳相譯，南京：江蘇教育出版社 2005 年，第 7 頁。

〔註168〕艾德勒：《六大觀念》，郗慶華、薛笙譯，北京：三聯書店 1991 年，第 3 頁。

〔註169〕艾德勒：《六大觀念》，第 3 頁。

含義，但是如果我們標出這些詞彙共同反映的最根本的那個觀念或核心觀念（大觀念）時，我們大多數人便擁有了共同的理解基礎。比如說，「美」的意思的表達往往因人而異，我們可以使用不同的詞彙，如「漂亮」、「帥」、「時髦」、「酷」、「靚」、「迷人」等等，雖然我們可能在使用具體描述性的詞彙上產生分歧甚至爭執，但只要我們提出「美」這個大觀念，我們便馬上心領神會，達成一致，即我們所要表達的正是這個意思。

除此之外，艾德勒還指出大觀念並不止一個，而是多個。他主要提出了六個大觀念：眞、善、美、自由、平等、正義。這些大觀念之間也存在著各種複雜關係。因此在研究一個大觀念時，我們不能孤立地只看某一個大觀念，而要結合不同的大觀念進行研究。

將大觀念（great ideas）與單元觀念（unit-ideas）結合起來，對於我們研究早期道家思想有很重要的意義。與西方哲學的表達方式很不一樣，早期道家思想家們並沒有嚴格地確定一些概念，然後圍繞概念建立一套哲學體系。相反，道家尤其是莊子總是通過比喻、寓言、詩歌等方式來說哲學，這種浪漫筆調下湧現的詞彙實難作嚴格的概念與範疇的分析。然而近代以來，受西方哲學的影響，中國哲學的研究逐漸走向了嚴格的概念範疇分析，甚至還借用西方哲學中的一些概念來詮釋古代經典。這種研究的一個重要特點就是概念清晰、邏輯嚴謹。但這種研究近年來已經引起學界的反思，因爲中國先秦的思想家們大都沒有嚴格的概念化思維，很少進行純粹的概念範疇的研究，大概名家與後期墨家略有不同。如果將這些思想家們使用的一些語詞純粹概念化，甚至以西方哲學的某些概念來詮釋，那麼在這個過程中是否會產生遮蔽甚至誤解呢？將道家思想家們表達思想的詞彙概念化，幫助他們建立一套概念範疇的系統，實際上是方便了有傳統文化隔膜的現代人的理解，卻偏離了哲學家們眞正要表達的意蘊，因爲這些純粹的概念系統其實在道家那裏並不存在。當然，這並不是說道家思想家們在思考一些問題時缺乏邏輯，而是說他們沒有按照邏輯在純粹概念、範疇之間建立起關係。爲了更加準確地理解道家的思想，本書的研究沒有使用概念範疇分析法，亦即不將老莊所使用的一些語詞概念化，而是嘗試直接從這些語詞所包含的意蘊出發，探析其內在的眞實意蘊（meaning），然後將這些意蘊貫串起來，形成比較完整的觀念。

　　「自然」正是一個大觀念，早期道家代表人物老子莊子通過很多詞彙、比喻、寓言來表達「自然」的觀念。在老莊文本中，雖然很多時候他們使用的具體詞彙、比喻等有差異，但所要表達的意思卻相當一致，我們可以通過分析這些具體詞彙（單元觀念）來考察「自然」觀念的眞正內涵。

第一章　自然：一個觀念的意蘊與歷史的考察

　　要對自然觀念作一種歷史考察，我們首先要做的工作必將是對「自然」的基本含義進行界定，在此基礎上，我們才能進一步追溯自然觀念的起源，考察其歷史演變，進而探究這種觀念如何發展成爲老莊哲學的主題，以及圍繞「自然」形成了哪些重要的觀念。

　　考察先秦的經典文獻，我們不難發現「自然」作爲一個合成詞，最早出現在《老子》一書中。雖然關於老子其人其書的具體時代長期以來爭論不休，但是隨著上個世紀九十年代湖北荊門郭店楚簡《老子》殘篇的出土，這個爭論暫時得以平息。地下出土的竹簡文獻以無可爭辯的事實告訴我們，《老子》文本的抄寫本早在戰國中期就已經流傳，而更早的形態大概可以上推至戰國初期甚至春秋末年〔註 1〕。郭店竹簡的《老子》甲篇、《老子》丙篇中分別出現了兩個「自然」的事實也充分說明「自然」這個詞至遲在戰國中期已經形成。而早期其他經典文獻，如《尚書》、《詩經》、《易經》、《左傳》、《論語》，均沒有出現「自然」一詞，因此我們可以說，到目前爲止，「自然」一詞最早是由《老子》提出來的。通行本《老子》中，「自然」一詞一共出現了五次，其中「道法自然」是老子哲學的重要命題，歷來爲研究者關注。然而，「自然」一詞究竟表達了什麼意思？「自然」作爲一個哲學觀念何以可能？「道」與

〔註 1〕　丁四新認爲，竹簡甲組「至少是公元前 4 世紀上半葉流行的，而其抄寫時間上推到公元前 400 年前後是頗爲可能的」。「眞正的原始本應該向公元前 5 世紀去尋找。」參見《郭店楚墓竹簡思想研究》，北京：東方出版社 2000 年，第 7 頁。

「自然」之間究竟是何關係？諸如此類問題的解決實有賴於對「自然」一詞本身進行研究。下面我們將嘗試以哲學語義學的方法，從古漢語文法以及語詞結構分析出發，重新考察「自然」的基本含義及其歷史起源。

第一節 「自然」一詞的結構與意蘊

一、「自然」的結構分析

我們知道，漢語詞彙的發展歷史，是先有單純詞，然後才出現合成詞。具體到「自然」這個合成詞，它是由「自」和「然」兩個單純詞構成，下面我們不妨先從兩個單純詞的分析入手。

（一）「自」的結構與含義

首先從字形和結構上看。許慎的《說文解字》收有兩個「自」。第一個是「自」，《說文解字》曰：「鼻也。象鼻形。𦣹，古文自。」第二個是「白」（音 zi），甲骨文作「𦣹」，《說文解字》曰：「此亦自字也，省自者，詞言之氣，從鼻出，與口相助也。」爲什麼兩個「自」在字形上有差異呢？通常有兩說。其一，「自」和「白」的部首之下分別有所屬之字，字形的差異是爲了解決不同部首之字的歸屬問題。如徐灝在《說文解字注箋》中曰：「此字直從自省，不須重述其義，所以別爲一部者，使『皆』、『魯』等字有所屬耳。」商承祚在《殷墟文字》中亦曰：「許既以自、白爲一字而分爲二部者，以各部皆有所隸之字故也。卜辭中自字作 ，或作 ，可爲許書之證。但白部諸字，以古文考之，多非從白，魯字、者字均從 ，或從 ，智字等亦然。」其二，只是異體字，兩「自」中間的筆畫多少是不確定的。如清人饒炯的《說文解字部首訂》曰：「白亦鼻之古文。鼻上紋理無定，多少隨便，故字有繁簡。」林義光《文源》亦曰：「按自字中畫象鼻上腠理，本無數。古文有 字，亦與自同用，然則 即自之異體。」

總之，「自」是一個象形字，指鼻子。從字形上看，甲骨文中「自」寫作「 」（見甲 192）〔註2〕，或「 」（見臣卿簋），底部均有開口，正好表徵鼻孔通氣之處。逐漸地，「自」演變成「 」（見余卑盤）和「 」（古陶文），直

〔註 2〕 本文使用的甲骨文、金文材料除特別指出外，均引自臧克和、王平：《說文解字新訂》，北京：中華書局 2002 年。

至「🔲」（見睡虎秦簡）和「🔲」（石篆）。在此演變過程中，「自」的字形發生的一個重要變化就是下面的口給封住了，「自」在睡虎地秦簡中已基本定型。

其次從字義和詞性上看。段玉裁的《說文解字注》對「自」進行了解釋：

此以鼻訓自，而又曰：「象鼻形。」王部曰：「自讀若鼻，今俗以作始生子爲鼻子是。」然則許謂自與鼻義同音同，而用自爲鼻者絕少也。凡從自之字，如尸部：「𡰪，臥息也。」言部：「詯，膽氣滿聲在人上也。」亦皆於鼻息會意。今義從也，己也，自然也，皆引申之義。

「自」作爲一個象形字，從字形可以看出，指的是鼻子，這是「自」的本義。但以「自」爲「鼻子」的用法極少，如《甲骨文合集 11506》：「出疾自，隹出屯。」而以「自」作爲部首構成的字，通常與鼻子呼吸功能相通，這也是「自」諸多引申義的基礎。關於「自」的引申義，段玉裁給出了三種，而實際上「自」還有一種建立在其本義基礎上的重要引申義，鼻子有「始」的意思〔註3〕。《說文解字》解「皇」字曰：

皇，大也。從自。自，始也。始皇者，三皇，大君也。自，讀若鼻，今俗以始生子爲鼻子。

可見「皇」字上面的「白」讀作「自」，非「白色」之「白」。自者，鼻也，「鼻」訓爲「始」在古文中很常見。如《漢書‧揚雄傳》曰：「或鼻祖於汾隅。」鼻祖亦即始祖。揚雄《方言‧十三》曰：「鼻，始也。獸之初生謂之鼻，人之初生謂之首。梁益之間謂鼻爲初，或謂之祖；祖，居也。」郝懿行《爾雅義疏》曰：「人生從鼻始，百體由之。」朱駿聲的《說文通訓定聲》作了一個總結性結論：「自之通訓當爲始……《方言‧十三》，梁益之間謂鼻爲初，或謂之祖。《說文》皇篆下自，始也。俗以始生子爲鼻子，爲自子。後世俗說，謂人之胚胎，鼻先受形。」〔註4〕「自」訓爲「始」在先秦典籍中亦不乏見，如《韓非子‧心度》：「故法者，王之本也；刑者，愛之自也。」這裏的「自」當訓爲「始」。

總之，「自」有「始」、「初」之義，引申開就有根源（的）、初始（的）意涵，作名詞或形容詞，這是「自」的第一層引申義。這層含義對於「自然」一詞的理解產生了十分重要的影響，這一點我們隨後將論及。

〔註3〕笠元仲二對此有詳細分析，參見《中國人の自然觀と美意識》，東京：創文社1982 年，第 6～7 頁。

〔註4〕朱駿聲：《說文通訓定聲》，武漢：武漢市古籍書店 1983 年，第 610 頁。

　　「自」的第二層引申義。從鼻子的呼吸與嗅覺功能出發，各種氣味正是從鼻子開始進入人體內，因此表徵鼻子的漢字「自」又有了一個新含義，即「從」、「由」等。《爾雅・釋詁》：「遹、遵、率、循、由、從，自也。」這時「自」作介詞使用，後面通常帶一個表地點、方位或時間的名詞。「自」作「從、由」解時，往往又包含著「開始」之涵義，即表示「從……開始」、「由……始」。如《禮記・中庸》：「知風之自，知微之顯，可以入德也。」鄭玄注曰：「自，謂所從來也。」意即從何處開始。由此可知，「自」的第一層引申義與第二層引申義實際上緊密相關。

　　「自」的第三層引申義。「自」可以指自己，即段玉裁所說的「己也」。本義為鼻子，怎麼引申為「自己」呢？關於這一點常有不少推測，徐灝《說文解字注箋》曰：「自即古鼻字，ϑ象鼻形，中畫其分理也。人之自謂或指其鼻，故有自己之稱。」人們最初是指著自己的鼻子稱呼自我〔註5〕，即當我們聲明某些行為的施事或受事為自身時，通常用手指著本人的鼻子，同時說出本人的名字或指代本人的代詞。「自」指代的是施事或受事自身，因而是人稱代詞。但「自」不是普通的人稱代詞，「自」是對事物本身的回返指代或重複指代，這種人稱代詞在語法上被稱作反身代詞〔註6〕。

　　「自」的第四層引申義，即段氏所說的第三種引申義：自然也。王力先生在《古漢語字典》中也認為，「自」有「自然」之義，意思是「順其勢以成，非靠外力的」〔註7〕。他以《老子》第五十七章為例：「我無為而民自化，我好靜而民自正。」將「自」引申為「自然」從語義上看沒問題，但前提是「自

〔註5〕 鄒曉麗指出，因為人們說到自我時，常指自己的鼻子，所以後來「自」成了「自己」的「自」。參見《基礎漢字形義釋源》，北京：中華書局 2007 年，第 39 頁。W.A.Callahan 說：「中國人往往用手指著鼻子，而不是像西方人那樣指著心口，來指稱我自己」，「Discourse and Perspective in Daois: A Linguistic Interpretation of Ziran, *Philosophy East & West*, 39, no.2, pp.171～176.」

〔註6〕 馬建忠認為互指代字必含動字，以明其互為賓主也。該動字之行，有施有受，施者為主，而受者為賓，故有賓、主之次。互指代字，即「自」與相、交諸字，先於動字，即以表施者受者之為一也。參見《馬氏文通》，北京：商務印書館 1983 年，第 87 頁。黎錦熙認為，「自」是複稱用法，複指上面的代詞。參見《新著國文法》，北京：商務印書館 1984 年，第 89 頁。王力認為，《馬氏文通》把「自、相」二字都歸入互指代字是對的，「自」和「相」都是反身代詞，用作狀語，不應分屬兩個詞類。參見《漢語語法史》，北京：商務印書館 1989 年，第 59 頁。

〔註7〕 王力：《王力古漢語詞典》，第 1019 頁。

然」一詞已經約定俗成且作為副詞廣泛使用，而這一條件對於「自然」一詞出現相對較少的先秦文獻來說，是難以理解的。因此，「自」的「自然」義很有可能比其他引申義晚出。並且從詮釋哲學觀念的角度來看，將「自」引申為「自然」對於解釋「自然」這個觀念仍顯得不足，這一點下文將詳述，暫且放下。

（二）「然」的結構與含義

關於「然」字，《說文解字》解釋曰：「𤇜，燒也，從火肰聲。𤑶，或從艸、難。」金文中已經有此字，作「𤈦」（見者減鍾），「𤇾」（見中山王鼎），「𤇜」是睡虎地秦簡中的「然」字。從這幾個字形變化不大的古文字可以看出，「然」的底部本來是「火」，上面是燒烤的野鳥之類的動物，這也意味著「然」的最初意義確實與「火」緊密相關，有燒烤、燃燒之義。而表示燃燒之「燃」則是在「然」的本義逐漸隱退之後創造的一個新詞。對於「然」，段玉裁注曰：「通假為語辭，訓為如此，爾之轉語也。」「然」訓為「如此」與「然」的初始義燃燒之間有何關聯之處呢？我推測，「如此」、「這樣」很可能是對火向上燃燒的狀態的描述。

「然」的含義繁多，詞性也頗為複雜，下面僅列舉幾個重要的用法〔註8〕。

（1）「然」的本義是燃燒，又通「燃」，後來人們又依據「然」造了「燃」字，專指燃燒，而起先的「然」反而不再作燃燒之義。總而言之，「然」最初是表示動作狀態的詞，應屬於動詞。

（2）「然」訓為「如此」，亦即「這樣」。楊樹達認為「然」可作指示代名詞，近稱「如此」、「如是」義〔註9〕。王力亦認為「然」可作指示代詞〔註10〕。至於語法功能，楊伯峻認為可以作謂語和狀語〔註11〕。

（3）「然」還可以引申為「是的」、「對的」，這是應對之詞，即應對副詞〔註12〕。在這個基礎上，「然」還引申為「認為⋯⋯是對的」以及「應允、許諾」，這些都是作動詞使用。

（4）作為形容詞的詞尾，意思是「⋯⋯的樣子」，這一用法在上古頗多。如《詩經・邶風・終風》：「終風且霾，惠然肯來。」

〔註8〕 「然」的其他用法可參看裴學海《古書虛字集釋》，北京：中華書局1980年。
〔註9〕 楊樹達：《高等國文法》，北京：商務印書館1984年，第64頁。
〔註10〕 王力：《漢語語法史》，第124頁。
〔註11〕 楊伯峻：《古漢語虛詞》，北京：中華書局1981年，第122～123頁。
〔註12〕 楊伯峻：《古漢語虛詞》，第123頁。

（三）「自然」的結構與含義

基於以上對「自」和「然」兩個單純詞的分析，我們不妨對「自」和「然」的幾種詞義進行搭配，「自然」一詞有以下四種說得通的詞義組合：

	自	然	詞 義
組合一	始	樣子，狀態	初始狀態，原始的樣子
組合二	自己	如此，這樣	自己如此，自己這樣（那樣）
組合三	自己	是，對	自己是，自己對
組合四	自然	如此，這樣	自然如此，自然這樣（那樣）

在「初始狀態」、「原始的樣子」中，「自」意為「本源的、初始的、原始的」，「然」則意為「樣子」或「狀態」。「自然」即「初始狀態」、「原始的樣子」，意指一種根源性狀態、原初性狀態，這是自然的第一層含義，也是我們通常將自然詮釋為「本性」的基礎。這時「自然」是一個名詞性詞組，「自」為形容詞，起限定作用，規定了「然」的性質，「然」作名詞，表存在的狀態。合成詞「自然」同時又可以作名詞。《老子》第二十五章中的「道法自然」表明道所要效法的是一種根源性的、原初性的狀態，那麼這是否意味著在道之上還有一種名為「自然」的更原始的對象呢？顯然不是，因為「道」在老子哲學中就是最根本的概念，如老子將「道」界定為「萬物之宗」、「象帝之先」、「先天地生」就充分證明了這一點。那麼我們要如何理解「道」所要效法的「自然」呢？「自然」究竟與「道」是什麼關係？

我們必須求助於「自然」一詞中「自」的另外一層含義。「自」作為反身代詞，指代自身、自己〔註13〕，而「然」則是指示代詞，指代如此的、這樣的狀況。「然」其實是一個特殊的指示代詞，因為它指代的並非某一個事物，而是指代事物所處之狀態，並且指的是動作或行為帶來的一種狀況。「然」的這種用法在短語和句中可以作謂語。「自然」就是「自己如此」〔註14〕、「自

〔註13〕 王慶節較早提出了這種觀點。參見王慶節的《老子的自然觀念：自我的自己而然與他者的自己而然》，該文最初以「On Laozi's Concept of Ziran」為名刊登在 *The Journal of Chinese Philosophy*, 24（1997）上。後以「It-self-so-ing」and「Other-ing」in Laozi's Concept fo Ziran 為名收入牟博編 *Comparative Approaches to Chinese Philosophy*。後譯成中文收入《解釋學、海德格爾與儒道今釋》。

〔註14〕 郭沂認為將自然之「然」解釋為「如此」，那麼老子必說明「此」何所指，否則，這個「此」令人莫名其妙，但事實上老子並沒有作這種說明。參見《郭店竹簡與先秦學術思想》，第674～675頁。

己這樣或那樣」，這是一個表示行爲者實施動作和行爲的主謂結構。在「道法自然」的命題中，「自」同時又是反身代詞，指代「道」，「道法自然」表明道所效法的「自然」（原初狀態）不過是其自身的根源性狀態，意即道效法自身的原初狀態，或曰道的根源性狀態其實就是自己而然，本性如此。

在「自然」這個詞中，「然」所指代的狀態引發了我們對「所以然」的進一步追問。因爲任何一種狀態或結果終究有原因，追問這種狀態或結果產生的原因使我們將焦點集中到「自」身上。因此，「自然」的關鍵與核心主要在「自」〔註15〕，「自」限定和主導了「然」，沒有「自」，也就無所謂「然」。「自」所指代的對象正是造成「然」的原因。但如果我們進一步追問「自」的原因，我們便發現再也無法追溯下去了，因爲「自」有「始」義，表示一種原初性、本源性，「自」就是最原始的、最根本的原因。由此，「自然」便截斷眾流，將最終原因直接歸結爲「自」所指代的那個對象自身。至此，我們不難看出，在自然一詞中，一方面，事物之本性是事物自身的行爲造就的，或曰終極原因根源於事物自身；另一方面，事物只有眞正自己而然，自己如此才能形成自身本性。「自然」的兩層內涵保持著融貫。自然既是對事物存在狀態的描述，同時又是對事物存在狀態之原因的追問。

此外，我們還得考察下「自然如此」、「自然這樣（那樣）」以及「自己是」、「自己對」這兩種字義組合。先看自然如此，自然這樣（那樣）。顯然這種解釋是不完美的，因爲我們追問什麼是「自然」，可是我們又使用「自然」來解釋「自然」，這是典型的循環解釋，並沒有眞正解釋清楚「自然」。再看「自己是」、「自己對」，這種含義實際上已經不再表達「自然」的觀念，《莊子·秋水》中就有一例：

> 以趣觀之，因其所然而然之，則萬物莫不然；因其所非而非之，
>
> 則萬物莫不非。知堯、桀之自然而相非，則趣操睹矣。

結合上下文，不難看出「自然」與「相非」對仗，表達的是「然自」的意思，這是一個倒裝結構，即「以自己爲是」，「以自己對」。由此可見，自然一詞的含義主要是兩層：原初狀態；自己如此。

〔註15〕這一點不少學者業已指出，池田知久認爲「自然」的意義的中心要素在「自」。參見《自然的思想》，黃華珍譯，《中國觀念史》，鄭州：中州古籍出版社2005年，第43頁。王中江認爲，在「自然」一詞的結構中，「自」字非常重要，它特別強調「不受外力的影響」而如何如何。參見《道家形而上學》，第194頁。

二、「自然」何以成爲哲學觀念？

在道家哲學中，自然顯然不是一個普通的詞彙，從它誕生的那一刻起，它就注定要成爲一個重要的哲學觀念。那麼，「自然」作爲一個哲學觀念何以可能？或曰「自然」一詞具備成爲一個哲學觀念的條件嗎？問題似乎首先是界定成爲哲學觀念的條件。劉笑敢先生曾專門提出哲學概念的四個標準：第一，具有普遍意義，第二，具有固定的語言形式，第三，具有名詞的屬性，第四，被用作判斷的主詞或賓詞〔註16〕。這些標準大體可以接受，除此之外，我們還必須注意兩點：其一，哲學本來就是使用抽象的概念，借助邏輯思辨進行理論建構。因此哲學概念必須具有一定的抽象性、概括性，而不能是具體名詞。其二，一個詞要升格爲一個哲學概念，還必須被哲學家反覆使用，偶而使用幾次並不能使一個詞成爲一個哲學觀念。這是我們在探討「自然」一詞時必須注意的地方。

「自然」作爲一個合成詞，純粹從字面上來理解，既表示「原初狀態」、「原始樣子」，又表示「自己如此」、「自己而然」。通常我們只將「自然」詮釋爲「本性」〔註17〕，「原初性」，認爲「自然」就是不受外力影響，只有反對「人爲」，才能實現這種本性，於是，「自然」與「人爲」對立，「自然」與「他然」對立。然而這種理解都缺乏對「自然」的深入追問：「自然」作爲事物之本性是如何形成的呢？是外在的上帝或神靈創造的？抑或是事物自身先天具備的？要回答這些問題，必須重新考察「自然」一詞所具有的哲學意蘊。

首先，「自」有「始」義，指的是原初性、本根性，代表事物發展的開端、根源。這層含義本身就具有濃厚的哲學色彩。「當人們接觸到自己所生活的世界並嘗試認識它時，總會產生一些問題：宇宙萬物是什麼？它們究竟起源於哪裏？它們是怎麼產生的？這就是事物的根源問題。早期人類就是這樣提出問題的。他們面對種種自然現象，感到驚異，也要追問它們的根源。」〔註18〕帶著這些疑問，人類開始對宇宙萬物之本源進行思考與探索，這種思考促使人類文明開拓出兩大重要領域：一是科學，一是宗教、神話、哲學、藝術等。

〔註16〕 劉笑敢：《老子古今：五種對勘與析評引論》（上卷），第 274～275 頁。

〔註17〕 值得指出的是，我們通常將「自然」詮釋爲「本性」，確實準確地把握了自然觀念的第一層內涵，本書爲了行文更加精鍊，除非特別有必要，一般使用「本性」來概稱「原初狀態」、「原始樣子」、「初始性狀」。

〔註18〕 汪子嵩、范明生、陳村富、姚介厚：《希臘哲學史》第一卷，北京：人民出版社 1988 年，第 151～153 頁。

當然早期兩大領域並沒有明顯的區分，而是交雜在一起。在人類認識的初級階段，宗教、神話、哲學等無疑統領了整個文化形態，而那些具有「初始」、「根源」含義的詞往往被早期哲學家、宗教學家用來指稱宇宙萬物之本源，或最初始的結構與單元。以古希臘哲學為例，至少有兩個重要的詞被哲學家們所使用，第一個就是「arche」。古希臘的泰勒斯第一個用抽象的哲學語言提出萬物的根源或來源的問題，而阿那克西曼德則最早使用「arche」這個詞來講述萬物的根源，「arche」一詞有「開始、發端、起源」的含義。亞里士多德在《形而上學》第五卷中詳細分析了三十個哲學範疇，其中第一個就是 arche 〔註19〕。「arche」，舊譯為「始基」，現多譯為「本原」〔註20〕。亞里士多德主要分析了「arche」這個詞的六種含義，並最終總結道：「所謂『原』就是事物的所由成，或所從來，或所由以說明的第一點；這些，有的是內含於事物之中，亦有的在於事物之外，所以『原』是一事物的本性。」〔註21〕第二個重要的詞就是「physis」。「physis」首先意味著一個萬物發生和成長的過程，由此引申出萬物的起始和事物的始基的意思〔註22〕。更為有意思的是，「physis」的拉丁文譯名就是「natura」，即英文「nature」，19 世紀被日本學者翻譯成「自然」。與亞里士多德探討「arche」相似，早期道家也在思考著萬物本原問題〔註23〕，如果說「道」是對宇宙萬物本源問題的直接回答的話，那麼「自然」則是對這個本源究竟是如何生成宇宙萬物的一個回答。「自然」就是最初始的樣子，本原狀態，這代表著對事物存在原因的終極追問與思考。「自」的「初始」、「本原」含義是「自然」成為哲學觀念的重要原因。

　　其次，「自」作為反身代詞，意為「自己」，指代的是事物自身。「自己」的含義對「自然」一詞成為哲學概念影響極大，而通常我們忽視了這一點，從而造成對「自然」的種種誤解。下面將著重剖析反身代詞「自」的獨特用法及其獨特意涵，並且指出這種用法及其意涵對「自然」一詞成為哲學觀念究竟起著什麼樣的作用。

〔註19〕　亞里士多德：《形而上學》，吳壽彭譯，北京：商務印書館，第 83 頁。
〔註20〕　北京大學哲學系外國哲學史教研室編譯：《西方哲學原著選讀》（上卷），北京：商務印書館 1981 年，第 15 頁。
〔註21〕　亞里士多德：《形而上學》，第 84 頁。
〔註22〕　張汝倫：《什麼是「自然」》，《哲學研究》2011 年第 4 期。
〔註23〕　高亨以一系列疑問句概述了早期道家對宇宙本源問題的思考，參見《老子正詁》，《高亨著作集林》第五卷，北京：清華大學出版社 2004 年，第 21～22 頁。

　　第一，反身代詞「自」的形式上獨立使用與普遍指代功能。一般人稱代詞可以獨立使用，如「我」、「你」、「他」、「她」等，這些人稱代詞在單獨使用時意義特定，但「自」作爲反身人稱代詞，卻不能眞正獨立使用〔註24〕。在句子或詞語中，「自」（自己）這個詞必須要指代一個對象，否則無法呈現出意義。我們不妨比較以下兩個句子：

　　（1）我自己打開了電腦。

　　（2）自己打開了電腦。

　　句子（1）表示打開電腦的人是我自己，而不是「我」之外的其他人。這裏的「自己」強調了行爲的實施者是「我」，同時也依賴於「我」才能呈現其確切意義。這個句子的句義明晰。而句子（2）則無法呈現具體的含義，是誰自己打開了電腦呢？這裏的「自己」在句中沒有明確的指代對象，亦即找不到具體的主詞。嚴格來說，如果沒有上下文，孤零零的這個句子是一個病句。由此可知，「自己」這個詞在獨立使用時，並不能表達任何具體意義，它必須有一個指代的對象，故有學者又將「自」稱爲「重指代字」〔註25〕、「互指代字」〔註26〕，或稱爲「複稱」〔註27〕，即重複指稱前文的代詞或主語。但值得指出的是，這種被指稱的主詞既可以是現實的，也可以是潛在的。所謂現實的主詞，意味著句中有明確的主詞存在，如：「上自將擊滅布。」（《漢書·淮南衡山濟北王傳》）這裏「上」就是「自」所指代的主詞。再如「天行健，君子以自強不息。」（《易經·乾卦·象傳》）這裏的「君子」就是「自」所指代的主詞。所謂潛在的主詞，是指當「自」形式上獨立使用時，雖然句中缺省主詞，但有一個或一些潛在的指代對象。如：「天作孽，猶可違，自作孽，不可活。」（《孟子·離婁上》引《尙書·太甲》，《禮記·緇衣》亦引，略有不同。）這裏的「自」作爲反身代詞，在句中並沒有指代一個具體的主詞，

〔註24〕王力認爲，「自」字實際上是一個末品代詞。它非但永遠不能居於主位，嚴格地說，它也永遠不居於目的位。「自」字在古代，永遠在敘述詞的前面，就只是借用代詞作一種方式限制，表示那行爲只是施於主事者自己，並不影響及於別人或東西。參見王力：《中國語法理論》，《王力文集》（第一卷），濟南：山東教育出版社1984年，第284頁。楊伯峻也認爲：「自」作代詞，就是今天說『自己』『自家』。不過古人用『自』字，常放在動詞前，形似副詞。參見《古漢語虛詞》，第372頁。

〔註25〕馬建忠：《馬氏文通》，第55頁。

〔註26〕馬建忠：《馬氏文通》，第87頁。

〔註27〕黎錦熙：《新著國文法》，第89頁。

因而屬於形式上的獨立使用。但實際上，「自」並不能真正獨立使用，必須指代一個潛在的主詞，儘管這個主詞在句中缺省了。主詞缺省併沒有妨礙我們對這句話的理解：誰作孽，誰就不可活，亦即作孽者最終使得作孽者本人不可活。這裏的「自」指代的是不特定的人。與此相似的還有很多成語，如「自強不息」、「自力更生」等。至此，我們發現了「自」的一個重要特徵：當「自」在句子或詞組中有具體的指代對象時，它表達具體的意義；而當「自」在句中沒有具體指代對象，在形式上獨立使用時，它所指代的對象其實是潛在的，對一切合適的主詞是開放的〔註28〕。正是在這種情形之下，反身代詞「自」所構成的詞組或句子恰好表達了一種普遍性的意義〔註29〕，這就是「自」的普遍性指代功能，而這正好符合哲學觀念的抽象化思維要求。「自然」一詞在哲學上的意蘊正是借助了反身代詞「自」的這一用法和功能，從而形成了抽象的觀念，表達一種普遍性意義。

第二，反身代詞「自」消解了二元對立的思維模式，消解了無限的因果鏈追問，體現了言說者對自身的追問與思考，對自身的存在及其作用的強調。其他人稱代詞（第一、二、三人稱代詞）都是在一種二元對立格局中形成的，也只有在對待中使用才能呈現其意義。如「我」總是與「我」之外的「他者」（第二、三人稱代詞，如「你」、「他」等）相對待而成立的〔註30〕，「我」與

〔註28〕 有學者分析「自」作為代詞時指出，隨著指代範圍的擴大，由「自指」義擴展為無定性複指代詞，有很強的靈活性。參見劉平：《古漢語中虛詞「自」的語法化歷程》，《蘭州教育學院學報》2006年第2期。

〔註29〕 反身代詞「自」的這種用法與「己身稱」（楊伯峻語）「己」字用法相似，《論語‧顏淵》曰：「己所不欲，勿施於人。」這裏的「己」在句中亦無明確的指代對象，但卻具備普遍指代的功能，表達普遍的意義。

〔註30〕 王力先生從語音角度對人稱代詞進行了分類：第一類代詞相互間是雙聲關係，也就是聲母相同，韻母不同，即第一、第二人稱，第二類代詞相互間是疊韻的關係，也就是韻母相同，聲母不同，即第三人稱。他認為從三種人稱代詞的語音系統表可以看出，上古人稱代詞具有相當整齊的系統，各個代詞均有對應關係：第一人稱的「吾、余、予」和第二人稱的「汝」相應，都是古韻魚部字；第一人稱的「我」和第二人稱的「爾」相應，都是古韻歌部字；第一人稱的「臺」和第二人稱的「而」、「乃」（「乃」是「而」的變體）相應，又和第三人稱的「其、之」相應，都是古韻之部字；第一人稱的「卬」和第二人稱的「若」相應，是古韻陽鐸對轉；第一人稱的「朕」和第二人稱的「戎」相應，都是古韻侵部字。參見《漢語語法史》，第41～42頁。王力認為這種現象不是偶然的，而我們則可以從這種奇妙的語音現象中印證第一、第二、第三人稱代詞都是相對待而產生的，即必須有一個參照對象彼此才能成立。這種現象在反身代詞那裏卻不存在，這也正好說明了反身代詞的特殊性。

「他者」是兩個不同的獨立存在者。我們不妨把上文的例句稍作改變來考察這一點：

（1）甲：我打開了電腦。

（2）甲：我自己打開了電腦。

當「甲」說出「我」這個詞時，他意指有一個「乙」在對立面，不管這個「乙」指的是人還是物。用結構表示就是：

甲 ⟷ 乙

句子（1）表明打開電腦的人是「我」，而不是「我」之外的與「我」同樣存在著的其他人或物。甲和乙是兩個不同的具體存在者。而反身代詞「自」（自己）在使用時則不然，首先它不是在一種二元對立的語境中形成的，而是一種重複指代，返回指代，即所指代的對象正好是事物本身。用一種結構圖表示就是：

甲 ⟲

在句子（2）中，當「甲」說出「我自己」時，「自己」這個詞使得甲的意識指向了他本人，甲意識到是他本人實施了某行為，並且進一步強調了行為的實施者。言說者與指代者實現了同一。由此可知，反身代詞「自」本身不能獨立使用為存在主格詞，它要由其他人稱代詞或名詞（對象）來賦予意義，故「自」並不與獨立存在的「他者」形成對待。真正與「他者」相對待的是「自」所指代的具體對象「我」，而當我們說出「自」時，我們的意義僅在於自身，並不涉及外在的他者。通常我們忽視了這一點，在探討「自然」時一直受日常思維影響，將「自」與「他」對舉，劃分出「自己」與「他人」相對，以及所謂的「自然」與「他然」。這種理解都誤認為「自己」與「他者」對立，從而想當然地將「自」置於一個主客對立的結構中。其實所謂的「自己」與「他人」相對立，不過是「自己」所指代的對象與「他」的對立，而「他然」也是一種「自然」，不過不是屬於「我」的「自然」，而是屬於「他」的「自然」。正是因為反身代詞「自」與一般人稱代詞的如上區別，故其意義非同一般。「自」對主詞的複指消除了二元對立的思維模式，體現了「自」「所指對象」的自主性與能動性，表明了施事對自身行為的掌控與主導。「自然」一詞在哲學上的意蘊也正是借助了反身代詞「自」這一特殊功能，從而蘊含

了一種面向自身的思考與追問〔註31〕，「自然」不是一種對象性的描述詞彙，不是一種外在原則，而是個體自身的內在原則。

第三，反身代詞「自」與人的主體性建構。無論是「自然」理解為「原初狀態」、「初始樣子」，還是解作「自己如此」、「自己而然」，純粹從語義學角度來看，「自然」就是指天地萬物自身內在本性，並且形成這種本性的最終原因是事物自身，即天地萬物通過自己而然，造就了自身的本性。在「自然」一詞中，反身代詞「自」有普遍性指代功能，「自」可以指代一切事物，亦即一切事物都通過自己而然來形成這種本性。

與此相應，在自然科學的視域中，天地萬物自身的客觀存在是不言自明的〔註32〕，換言之，自然科學主張天地萬物各有其本性且不隨人的意志而轉移，自然科學就是要探究這種客觀存在的一切事物（包括作為生物體的人的軀體以及精神）的結構、屬性，尋找其規律。所以在自然科學研究者看來，天地萬物當然各有其自身，具體而微地研究天地萬物自身的結構、規律是自然科學的任務。

但從哲學上來看，這種不言自明的前提必須重新接受考問，因為並非一切事物都真正擁有其自身，並非所有事物都能自覺地意識到「自己」，進而自覺地作出抉擇，自己而然。當我們認為玫瑰花自己在綻放時，這個「自己」對於玫瑰花來說毫無意義。同理，當我們認為馬戲團的猴子自己在鑽火圈或舞槍弄棍時，即使並沒有人在馴服它們，純粹是它們自己在耍弄，但猴子並沒有意識到它們正在鑽火圈或舞槍弄棍。很顯然，它們的「自己」及其觀照系統都是我們建立的，它們並沒有真正意義上的「自己」〔註33〕，也不能認識「自己」，更遑論有自覺意義上的「自己而然」。廣而言之，一切沒有自我意識的事物並沒有「自己」，它們的「自己」並不存在，它們的「自然」也不

〔註31〕 王英傑亦指出，「自身」之「自」，究其字源意義看，已經帶有了強烈的反省意味，已經是省察自己身體的由來而得到的一個反身代詞。參見《自然之道——老子生存哲學研究》，北京：人民出版社 2010 年，第 84 頁。

〔註32〕 陳其榮將這種「客觀存在」表述為，「自然」作為對象是被給定的、現成的，它的存在是無可置疑的、自明的，無需對它提出追究，「自然」已不在追問之列。參見《自然哲學：自然科學與形而上學的交融》，《自然辯證法研究》1999 年第 6 期。

〔註33〕 鄧曉芒指出，因為無機物沒有「自」。什麼是「自」？「自」具有一種自我保持的特性，是一個內在目的，所以它是屬於有機物的。參見《什麼是自由？》，《哲學研究》2012 年第 7 期，第 64 頁。

是精神獨立與自覺、自由意義上的「自己而然」，「自己如此」，它們只是本性使然，不得不然〔註34〕。我們之所以賦予了它們「自己」的內涵，認為它們正在如其所是地向我們顯現，是因為它們作為意識的對象進入到我們的意義世界，被稱謂的對象已經構成了言說者自身所處情境的一部分。換言之，天地萬物已經非對象化，而與我們處在一種緊密的關聯之中。這種說法或許會被認為是「移情」（empathy）或「擬人」（Personification）〔註35〕，但從哲學的角度來看，「人」始終在將「物」納入自身的視域之中，純粹的客觀存在物不僅不「客觀」，也不存在，更無意義。這種思想無論是在康德那裏還是在馬克思那裏都有經典的表達，康德的「人為自然立法」廣為人所熟知，而馬克思在《1844年經濟學哲學手稿》中也指出：「被抽象地理解的，自為的，被確定為與人分隔開來的自然界，對人來說也是無。」〔註36〕

由此可知，作為事物本性的「自然」並不是純粹對象化的自然界，事物的本性始終是從人類生存的角度來觀照的，道家始祖老子推崇天地萬物之本性，倡導自然，看重的正是天地萬物之本性對人類生存與發展的意義與價值。然而，老子更關心作為理性存在者的人的本性，這種本性是怎麼形成的呢？是不是像天地萬物一樣，處在一種自我意識缺位、沒有任何自覺意識的本性使然、不得不然的狀態之中呢？事實上，只有「人」才是「自己」這一稱謂真正意義上的承受者。只有「人」才能在稱謂「自己」時意識到自身的行為，從而自覺地實施行為，這才是真正意義上的「自己如此」、「自己而然」。「自」

〔註34〕 恩格斯在《德維希‧費爾巴哈與德國古典哲學的終結》一書中指出，社會發展史卻有一點是和自然發展史根本不相同的，在自然界中（如果我們把人對自然界的反作用撇開不談）全是不自覺的、盲目的動力，這些動力彼此發生作用，而一般規律就表現在這些動力的相互作用中。在所發生的任何事情中，無論在外表上看得出的無數表面的偶然性中，或者在可以證實這些偶然性內部的規律性的最終結果中，都沒有任何事情是作為預期的自覺的目的發生的。反之，在社會歷史領域內進行活動的，全是具有意識的、經過思慮或憑激情行動的、追求某種目的的人：任何事情的發生者都不是沒有自覺的意圖，沒有預期的目的。」參見《馬克思恩格斯選集》第四卷，北京：人民出版社1974年，第243頁。

〔註35〕 卡西爾認為，人文科學是無法否認其擬人主義（Anthropomorphismus）和人類本位主義（Anthropozentrismus）色彩的。其對象並不是如如的一世界，而只是世界的一個別的領域，而這一領域自純粹空間觀點之下看來，簡直是微不足道的。參見《人文科學的邏輯》，關子尹譯，上海：上海譯文出版社2004年，第123頁。

〔註36〕 馬克思：《1844年經濟學哲學手稿》，北京：人民出版社2000年，第116頁。

作為反身代詞在哲學上的意蘊主要在於它凸顯了人的主體地位〔註37〕，「人」才是哲學的終極關懷與本體性存在，也是哲學存在與反思的起點。「自然」作為一種價值或原則是從人類自身出發，而不是從外在的「客觀存在的自然界」的原則或規律出發。天地萬物之「自然」只是一種本性呈現，是一種必然，誤將天地萬物的無意識存在狀態，即現代自然科學上所說的自然界的「自然狀態」，以及對這種狀態的探尋與研究作為哲學的起點，這是典型的本末倒置，是自然（界）的本體化誤置〔註38〕。這樣做的後果必然導致人的自覺意識與獨立精神的喪失與沉淪。

再次，我們還得簡單考察一下「然」這個字。如前所述，「然」作為指示代詞，並非特指某一具體行為狀態或過程，而是各種具體狀態或過程的概稱，因而具有一定的概括性，這種概括性恰恰是哲學概念所要求的。在傳統哲學中，有很多帶「自」的詞，如自化、自正、自強等等，雖然這些詞被一些思想家們反覆使用，如郭象注《莊子》就曾多次使用「自得」、「自化」、「自爾」〔註39〕這些詞，但它們都很難說是一個獨立的哲學概念，關

〔註37〕 蒙培元認為，就道家思維的主流而言，它所提倡的「自然」，並不是與人相對而存在的自然界及其外部事物的性質和規律，當然也不是作為認識和改造對象的自然界。它只是取其「自然」之義，以說明人的存在，以說明人性。「自然」是內在於人而存在的，「自然」就是人的內在本性。因此，道家的「自然說」，實際上是從「天人合一」出發，最後仍落到人的主體性問題上。參見《老莊哲學思維特徵》，載《道家文化研究》第二輯，陳鼓應主編，上海：上海古籍出版社 1992 年，第 112 頁。

〔註38〕 吳國盛指出，近十多年來，中國哲學界痛感過去的哲學忽視了人，從許多方面力圖將「人」引入哲學。時至今日，反對哲學應關注人、應有人的位置的人是沒有的，但哲學如何才能夠關注人，「人」在哲學體系中處於什麼位置，依然是爭論的焦點。問題已不在於應不應該以及怎樣將人引入哲學，因為「人」已經進入了哲學，而在於，是把關懷人的存在和命運作為哲學的最高使命，還是將把握宇宙的物質存在和客觀規律作為哲學的最高使命，是把人的生存實踐活動作為哲學的邏輯起點，還是將世界的客觀歷史行程作為哲學的邏輯起點，或者簡而言之，是把人作為本體，還是將世界作為本體，已成為根本分歧所在。參見《追思自然：從自然辯證法到自然哲學》，瀋陽：遼海出版社 1998 年，第 234 頁。另見《自然本體化之誤》，長沙：湖南科學技術出版社 1993 年。

〔註39〕 郭象的《〈莊子〉注》中出現了很多帶「自」的詞組，如「自得」一詞出現了 90 多次，「自爾」一詞出現了 40 多次，「自生」、「自為」一詞均出現了 30 多次。考察「自爾」一詞，「爾」這個詞也是一個指示代詞，意為這樣、如此，段玉裁認為是「爾」是「然之轉語」，故與「自然」之「然」的指代功能相同，因此「自爾」一詞與「自然」一詞最接近。但與「自然」相比，仍略嫌不足。

鍵就在於「自」後所帶的這些詞概括性還不夠強，還不足以成爲一個哲學觀念。而「然」的這種高度概括性是「自然」能成爲一個哲學觀念的重要條件。

最後，「自然」作爲一個合成詞被老子反覆使用，旨在表達一個恒定的意思。儘管從字面上看，「自然」一詞在《老子》中只出現了五次，談不上多。但老子在使用自然一詞的同時，還使用了很多帶「自」的詞組，如「自正」、「自化」、「自賓」、「自樸」等等，這些詞組與「自然」的結構形式相似，都表達了「自然」的意思，這一點我們將在下文詳細分析。

綜上所論，「自然」一詞絕不是一個普通詞彙，它具備成爲哲學觀念的一切條件，老子反覆使用這個詞旨在進行一系列重要的哲學追問：一方面追問宇宙萬物的存在狀態，探究萬物本性的根源；一方面追問人性，反思人的生存現狀，探尋人的自由。這兩方面的追問共同體現了早起道家自然觀念的雙重哲學意蘊。

三、「自然」的雙重哲學意蘊

回到老子哲學，首先，「自然」是指天地萬物的「原初性狀」，《老子》使用很多比喻來表達對事物本性的推崇：

> 專氣致柔，能嬰兒乎？〔註40〕（第10章）
>
> 見素抱樸，少私寡欲。（第19章）
>
> 不欲琭琭如玉，珞珞如石。（第39章）
>
> 含德之厚，比如赤子。（第55章）

「玉」的本性就是石頭，經過人爲雕琢之後才形成精美的玉器。素，是指未染色的絲織物，樸，是指未加工的樹木，都代表原初的性狀。「石」、「素」、「樸」都是宇宙間保持了各自本性的事物，而嬰兒、赤子則是人類生命體的最初形態，是人類自身發展的初始階段，在這個階段，人的本性質樸、純眞、無知無欲，肢體柔弱卻精力旺盛，德性充盈。總之，從「石」、「樸」到「赤子」、「嬰兒」，這些事物都代表了事物質樸的、原初的存在狀態，老子以此表

參見拙作《郭象〈莊子注〉自然義新探》，載《黌門菊燦》，黃黎星、崔波、丁四新主編，長春：吉林文史出版社2009年。

〔註40〕 本文所引《老子》依據東京文求堂影印的武英殿聚珍版本王弼《老子注》，只注明章次，個別差異較大的文本除外。

明對一切事物之初始本性的認可和推崇。在他看來，事物只有保持自身的內在本性才是最善的，也是最符合道的。以水爲例，老子認爲水的本性是柔弱與處下，滋養萬物，故曰：「上善若水，水善利萬物而不爭，處眾人之所惡，故幾於道。」（第 8 章）「自然」的這一層內涵強調了天地萬物包括作爲生命體的人根源於自身的內在本性，我們不妨稱之爲「根源性自然」，亦即「物之自然」。

那麼這種物之自然是如何被老子發現的呢？《老子》第十六章曰：

> 致虛極，守靜篤。萬物並作，吾以觀復。夫物芸芸，各復歸其根。歸根曰靜，是謂復命。復命曰常，知常曰明，不知常，妄作凶。知常容，容乃公，公乃王，王乃天，天乃道，道乃久，沒身不殆。

郭店楚墓竹簡《老子》此章作：「至虛，恒也。守中，篤也。萬物方作，居以須復也。天道員員，各復其根。」摒棄各種成見，保持內心的虛靜，老子洞察到宇宙萬物之生成與演變的一個根本原則或規律，老子把這種根本的原則或規律稱之爲「天道」或「天之道」，天地萬物最終都要回歸到依照自身本性發展的正途上，回歸到生命的根源。天地萬物只有按照自身內在本性來發展，才能實現和諧共處，破壞了事物的本性，則完美的天道秩序紊亂，事物走向滅亡。老子以客觀冷靜的理性思維考察宇宙萬物生存演變之道，主張尊重事物自身的內在本性，並且把它們看作是一種常規，一種客觀存在，這體現了老子哲學中的科學精神，而「自然」觀念中的「根源性自然」（物之自然）內涵則是早期道家科學精神的集中體現。

其次，「自然」還指「自己如此」，「自己而然」。老子主張尊重天地萬物之本性，因而提出了自然觀念，然而老子哲學的重心在於追問人的本性，反思人的生存現狀。如果說事物的本性就是事物自己而然形成的，那麼人的本性也應當是人類自己而然造就的，自己如此才是本性。「自然」的這一層內涵是指人的一種自覺行爲狀態，是源於個體的自由意志，我們不妨稱之爲「自覺性自然」，即「人之自然」。人自覺地作出決斷，自由地實施行爲，體現了人的自覺意識與獨立精神，借用牟宗三先生的意思來表達，只有個體精神獨立與自覺，才是「自然」[註41]。郭店楚墓竹簡《老子》曰：「猶乎其貴言也。成事遂功，而百姓曰：

〔註41〕牟宗三先生曾指出，道家講的自然就是自由自在、自己如此，就是無所依靠、精神獨立。精神獨立才能算自然，所以是很超越的境界。見《中國哲學十九講》，第 86 頁。

『我自然也。』」〔註42〕治理者悠然自得，很少發號施令，沒有干涉老百姓的生活，上下相安無事，國泰民安，老百姓怎麼看待自己的生存狀態呢？他們只是說，我自己如此而已。這是一種眞正的自由生活方式，生活在這種狀態下，人的主體性得到了肯定，人的本性得以眞實呈現，人可以自由決斷，按照自身意志去作爲，這種生存狀態是自然的，也是自由的。「自覺性自然」蘊含著人性的關懷，是對人的主體性精神的尊重，體現了老子自然觀念中的人文精神。

通常我們只看到了道家對「根源性自然」或「物之本性」的強調〔註43〕，因而認爲道家之自然就是要回歸純粹的原初性狀、崇尚本性，卻忽視了「自然」中反身代詞「自」蘊含著人對自身的反思與追問，即「人之自覺性自然」。只看到「自然」描述一切事物（包括作爲純粹生物體的人）本然性、根源性的意義，則一味強調人要順從物之自然（根源性、本性），卻將人之自然（自覺性、主動性）遺忘，使得人的主體精神消弭，導致主體性淪喪，最終人並不自然，亦不自由。事實上道家並未主張放棄人的自覺性而徹底順物之自然。一方面，從物與人的關係來看，道家強調「自然」作爲「物」之本源性、根源性的意義，但他們從未將這個「物」視爲與「人」對立的純粹客觀事物，他們也反對辨析與追逐外物，而是認爲「物」與「人」一樣，都根源於大道。「天地萬物」是融入我們生命之中的「物」，「物」與「我」共同浸潤在大道之中。是故，「物之自然」（物之本性）只能在「物」「我」相融的境遇中才能呈現其價值與意義。老子以天道明人道的思維方式正說明了這一點，天道就是宇宙萬物自身發展所呈現出的根本規律，人作爲萬物之一，顯然也在天道之中，也必然要體現天道、遵循天道。另一方面，人的本性是自由，人選擇順應物之自然（本性）的行爲就應當出於人的自由選擇，經過人的反思，因此，這種自覺性自然絕不是簡單地放棄任何作爲，一味選擇順從屈就。換言之，人類選擇尊重物之自然的行爲本身就是一種「自然」，亦即「人之自然」（自覺性自然）。總之，在自然觀念中，「根源性自然」（物之自然）蘊含著理性的科學精神，而「自覺性自然」（人之

〔註42〕荊門博物館：《郭店楚墓竹簡》，北京：文物出版社 1998 年，第 121 頁。

〔註43〕如陳徽認爲，「道」其實指的就是「自然」，即「道」即（是）「自然」也；且此「自然」乃爲「存在的自然」：世界和事物之存在是「自己如此」或「自己這樣」的，它既不是因爲外力推動之所致，又不是源於自己「有意」之所爲，乃是「無力」和「無心」之統一。參見《老子的「道」即「自然」思想及其「邏輯」展開》，《安徽大學學報》（哲學社會科學版）2006 年第 2 期。

自然）則蘊含著深厚的人文精神，道家的自然體現了科學精神與人文精神的統一，並且也只有在人這一理性存在者這裏才眞正實現了統一，這也表明老子提出的自然觀念有明確的價値導向。

在早期道家自然觀念的兩層內涵中，「根源性自然」體現了對天地萬物之本性的尊重，然而這種本然之性只有在人的世界中才能眞正呈現其價値與意義，若沒有人的自覺意識與精神，則「物之本性」並不能眞正被「發現」。因此，「自覺性自然」強調了人的反思與主體地位，目的在於自覺地持守「物之本性」（物之自然）。老子主張在「道」的根源性基礎上，借助「自」來張揚人的主體性，從而體現了強烈的將人的生存與命運作爲終極關懷的哲學意識，反映了人類對自身的反思，是一種面向自身之思。老莊哲學特別強調自我意識，尋求精神獨立，旨在反抗人類文明發展過程中日益嚴重的異化，反對「役於物」，亦即反抗淪爲強大的制度文明教化之下毫無自覺的卑微個體，而主張反思歷史，批判現實，自我超越，自主、自覺、自由地行動。同時，老莊哲學也強調要尊重物之本性（包括人的純樸本性），反對「役物」，反對一切違背事物本性的改造與變革，反對將「物」視爲沒有生命力的工具加以奴役。只有清醒地意識到一切存在者之本性均根源於「道」，才能自覺地去認識和尊重這種本性，進而與天地萬物和諧共處。至此，「自然」兩層內涵便有機地融合在一起，共同反映了早期道家對一切存在者生存命運的關注與重視，而這正是「自然」作爲道家哲學的重要觀念所體現出來的普遍價値，是早期道家對人類自身理性精神的開啓與弘揚。

四、「自然」的詮釋辨正

上文以哲學語義學的方法重點分析了「自然」，並詮釋出自然的兩層重要內涵。然而通行的理解卻往往忽視了「自」的反身代詞用法，而對「自」作其他的解釋，下面我們將逐一反思「自然」的各種流行解釋。

（一）對將「自然」之「自」理解爲副詞的反思

「自」作副詞〔註 44〕，其義爲「親自」、「自動」、「自發」等等。用這

〔註44〕 楊伯峻、何樂士認爲，「自」雖然表示己身，卻以代詞的意義作副詞用，經常放在動詞前面，它既不能作主語，縱使從句意來說是動詞賓語，也一樣在動詞前。由此，他們主張將「自」列入副詞類，而不將其列在代詞內。參見《古漢語語法及其發展》（修訂本），北京：語文出版社 2001 年，第 132 頁。

些詞義來理解「自然」一詞，則「自然」就是「自動這樣」、「親自如此」或「自發如此」等等。這種理解從文法上看並無不妥，句義也明朗，但關鍵是沒有從根本上彰顯「自然」一詞的眞義，尤其是遮蔽了「自然」觀念中「自」的核心意義。最重要的是這種理解還使得我們陷入「解釋循環」的困境：如果我們進一步追問用來解釋「自然」的詞彙——「親自」、「自動」、「自發」等——中的「自」時，我們就有可能陷入一個無窮的追問之中。因爲「自動」、「自發」等詞中的「自」又可以解釋爲「自動地」或「自然地」等等。也許有人會反駁：用來解釋「自然」中的「自」的詞都是現代漢語詞彙，完全能夠爲我們理解，沒有必要進一步去追問了。這種說法或許有道理。但請注意，在現代漢語中，這些副詞都是表示行爲方式或狀態的副詞，而在理解道家之「自然」時，最重要的是追問行爲或存在狀態的原因，即「自」所指代的對象是促成「然」（行爲狀態）的終極原因。將「自」理解爲副詞顯然遮蔽了這個施事，即「然」這種狀態、過程的促成者，也忽略了這個反指過程所蘊含的深意。日常生活中這種理解可能不會帶來任何影響，但在理解一個哲學觀念時則很可能導致誤解。而將「自」理解爲反身代詞，則所有的困境和危險都蕩然無存。「自」就是指「自己」、「自身」，即行爲的施事者。「自」作爲反身代詞超越了二元對立結構，實現了主客同一，故說到「自」就已經徹底消除了建立在二元對立基礎上的因果鏈，「自」是對事物所處狀態的原因的終極追溯，無法再進一步追問了。魏晉時期的王弼顯然洞察到了老子自然的這層深意，在注釋「自然」時曰：「自然者，無稱之言，窮極之辭也。」〔註45〕所謂「無稱」，即沒有對稱者、對立者，這正好是前文所析「自」這個詞的特性，「無稱」是消解了二元對立之後的狀態，「窮極」意味著追溯原因到了一個終極，盡頭，「自」即初始，根源，再也沒更原始的原因了。

〔註45〕 王弼：《老子道德經注校釋》，樓宇烈校釋，北京：中華書局 2008 年，第 64 頁。胡適曰：「道的作用，並不是有意志的作用，只是一個『自然』。自是自己，然是如此，『自然』只是自己如此（謝著《中國哲學史》云：「自然者，究極之謂也。」不成話）。」參見《中國哲學史大綱》，上海：上海古籍出版社 1997 年，第 40 頁。其實謝无量對「自然」的解釋是正確的，但並非獨創，而是化用了王弼的「自然者，無稱之言，窮極之辭也」。胡適對謝氏的批評並不準確。

（二）對將「自然」解釋爲「自然而然」的反思〔註46〕

　　現代研究者在解讀《老子》文本時常使用一些言簡意賅、通俗易懂的固定詞組或短語，以求語意明朗清晰，但如果在詮釋一些重要觀念時缺乏必要的自覺，則這些詞彙的使用往往適得其反，「自然而然」就是一個例子。通常我們在解釋《老子》的「自然」觀念時都不假思索地使用了這個詞語，認爲老子的「自然」就是「自然而然」。這種理解不能說錯，但用來解釋一個哲學觀念則失之寬泛、隨意，因爲被解釋的詞又重新出現在解釋用語之中，屬同義反覆，而沒有將「自然」本身解釋清楚。此外，如果我們要進一步追問「自然而然」中的「自然」，就會陷入語義循環的困境。實際上，「自然而然」這個詞在先秦兩漢文獻中還沒有出現過，最早出現在魏晉玄學的時代。據筆者掌握的資料和閱讀的文獻，「自然而然」最早出現在郭象的《莊子注》。郭象的注中使用了三次，而成玄英的疏使用了一次。

　　　　日夜相代乎前，而莫知其所萌。（《莊子‧齊物論》，本書所引《莊子》據郭慶藩的《莊子集釋》，以下只注篇名。）

　　　　郭注：「日夜相代，代故以新也。夫天地萬物，變化日新，與時俱往，何物萌之哉？自然而然耳。」〔註47〕

　　　　其動，止也；其死，生也。其廢，起也。此又非其所以也。（《天地》）

　　　　郭注：「此言動止死生，盛衰廢興，未始有恒，皆自然而然，非其所用而然，故放之而自得也。」〔註48〕

〔註46〕　馮春田曾指出，「把自然誤解爲自然而然」是把哲學範疇誤解爲普通詞語，即把「自然」理解成屬形容詞或副詞性質的「自然而然」。他進而批評《中國哲學史教學資料選輯》多次將哲學著作中的「自然」解爲「自然而然」，他認爲這是將「自然」範疇中表示事物自身或自己之詞的「自」理解成了形容詞的「自然」。這樣的解說不僅自相矛盾，而且是把作爲重要哲學範疇的「自然」作爲一般詞彙加以解釋了。參見《老莊「自然」觀的實證分析》，《東嶽論叢》1998 年第 5 期。馮氏指出「自然」範疇中指代事物自身的「自」不應解釋爲形容詞性的「自然」的觀點是正確的，但他沒有具體分析這種自相矛盾的地方，且他沒有看到「自然而然」並非現代用語，郭象《莊子注》和張湛的《列子注》已經出現過多次。故《中國哲學史教學資料選輯》以「自然而然」解釋「自然」原則上並無不當，關鍵是不能徹底解釋「自然」的眞實意涵，從而留下解釋的困境。

〔註47〕　郭慶藩：《莊子集釋》，郭象注，成玄英疏，王孝魚點校，北京：中華書局 2004年，第 55 頁。

〔註48〕　郭慶藩：《莊子集釋》，第 429 頁。

隨序之相理，橋運之相使，窮則反，終則始。此物之所有。
（《則陽》）

郭注：「皆物之所有，自然而然耳，非無能有之也。」〔註49〕

禮者，世俗之所爲也；眞者，所以受於天也，眞者，所以受於天
也，自然不可易也。（《漁父》）

成疏：「節文之禮，世俗爲之，眞實之性，秉乎大素，自然而然，
故不可改易也。」〔註50〕

「自然而然」從此之後成爲一個專用詞組被注釋家、研究者使用。郭象
雖沒有明確用「自然而然」直接詮釋「自然」，但實際上可以成立；而成玄英
使用「自然而然」來詮釋《莊子》中的「自然」顯然受郭象注的影響。值得
注意的是，「自然」概念經過郭象之注已經發生了改變，如郭象注《齊物論》：

我既不能生物，物亦不能生我，則我自然矣。自己而然，則謂之
天然。天然耳，非爲也，故以天言之。以天言之，所以明其自然也，
豈蒼蒼之謂哉！

郭象在這裏對「自然」作了一個鏈狀注釋：自然→自己而然→天然→天
→自然。這個注釋要結合郭象的哲學體系來理解，郭象的「自然」概念以天
地萬物的「自生」、「獨化」爲核心意蘊，徹底消解了老莊哲學中「道」的本
根地位，強調天地萬物自己獨立生成，這是進一步凸顯了「自」所指代事物
的獨立性、終極本源性。所以這裏的「生」不能從常識的角度來理解，也不
能從自然科學的角度來理解，而只能從哲學本體論的角度來理解。「生」、「化」
的本體是「自」，一切事物的本體就在於其自身。由此可見，郭象以「自然而
然」這個明顯帶有重複意味的詞彙來詮釋「自然」，正是爲了強化反身代詞「自」
之所指是一切「然」之總根據，亦即本體之所在。此外，張湛注《列子》也
出現了「自然而然」一詞。

東郭先生曰：「汝之言厚薄不過言才德之差，吾之言厚薄異於是
矣。夫北宮子厚於德，薄於命；汝厚於命，薄於德。汝之達，非智得
也；北宮子之窮，非愚失也。皆天也，非人也。」（《列子·力命》）

張注：「此自然而然，非由人事巧拙也。」〔註51〕

〔註49〕 郭慶藩：《莊子集釋》，第 915 頁。

〔註50〕 郭慶藩：《莊子集釋》，第 1032 頁。

〔註51〕 楊伯俊：《列子集釋》，北京：中華書局 1979 年，第 195 頁。

張湛以「自然而然」詮釋「天」，與「人爲」相對，很可能受郭象的影響。

魏晉南北朝時期，「自然而然」一詞多被道家道教以及佛教使用。如梁朝僧祐的《明佛論》（一名《神不滅論》）曰：「夫吉凶之與善惡，猶善惡之乘形聲，自然而然，不得相免也。」〔註52〕朱世卿的《性法自然論》曰：「惡人亦不能須臾而爲善，又體仁者不自知其爲善，體愚者不自覺其爲惡，皆自然而然也。」〔註53〕自唐以後，「自然而然」一詞普遍被使用於經典注釋以及日常對話。不僅道家、佛家使用，儒家也使用。到宋明時期，不少理學家都使用該詞。如程顥曰：「天地萬物之理，無獨必有對，皆自然而然，非有安排也。每中夜以思，不知手之舞之，足之蹈之也。」〔註54〕朱熹亦曰：「『天下何思何慮』一段，此是言自然而然。如『精義入神』，自然『致用』，『利用安身』，自然『崇德』。」〔註55〕王陽明亦曰：「我所欲也，出乎其心之所欲，皆自然而然，非有所強，勿施於人，則勉而後能。」〔註56〕到近現代，「自然而然」作爲通俗用語更加廣泛地使用。

總之，我們詮釋老莊哲學中的「自然」觀念還是要著重從老莊哲學文本出發，這樣才能發掘出「自然」的眞實意涵。理解老莊之「自然」，首先就要把「自然」之「自」作反身代詞理解，杜絕進一步追問的可能。在不考慮郭象哲學觀念具體內涵的前提下，我們不妨借用郭象所使用的「自己而然」來替換慣常用法「自然而然」，同時結合「本來如此」、「原初性狀」的解釋，這樣「自然」觀念的基本內涵就圓滿了。

（三）對將「自」解釋爲「自然」的反思

段玉裁的《說文解字注》認爲「自」有「自然」義，王力在《古漢語字典》中也寫明了「自」的這一引申義。既然「自」引申爲「自然」這一含義在語言學家那裏已經得到了認定與證實，因此筆者並不想在自己十分生疏的語言學領域展開論證，來討論將「自」引申爲「自然」在解釋「自化」、「自生」等類似結構詞組上的適當性問題，本書只想從詮釋哲學觀念的角度對這種解釋進行反思。

〔註52〕 僧祐編纂：《弘明集》卷二，上海：上海古籍出版社1991年。
〔註53〕 道宣編纂：《廣弘明集》卷二十二，上海：上海古籍出版社1991年。
〔註54〕 程顥：《明道先生語一》，見《河南程氏遺書》卷十一，收入《二程集》，王孝魚點校，北京：中華書局1981年，第121頁。
〔註55〕 朱熹：《朱子語類》卷七十六，北京：中華書局1986年，第1946頁。
〔註56〕 王守仁：《與黃宗賢》，《王陽明全集》卷四，上海：上海古籍出版社2014年，第167～168頁。

　　王力先生在談到「自」的「自然」引申義時引用了《老子》第五十七章：「我無爲而民自化，我好靜而民自正。」他認爲這裏的「自」引申爲「自然」，表「順其勢以成，非靠外力的」。很顯然，他所說的「自然」是作副詞，即「自然地」〔註57〕。但這個「自然」是否就是《老子》中的「自然」呢？在先秦哲學文獻中，「自」是否能作副詞解釋爲「自然地」呢？依照王力先生的解釋，「自正」、「自化」應解釋爲「自然地正」、「自然地化」。首先應當肯定這種解釋從語義上並沒有錯，完全符合現代漢語的理解方式。但問題在於，使用「自然」來解釋「自正」、「自化」並沒有眞正將「自正」、「自化」的內涵彰顯出來。並且將「自」理解爲副詞「自然（地）」，使得「自然地正」、「自然地化」這種解釋仍然有進一步追問的可能，即這裏的「自然」又是什麼意思？「自然」中的「自」又是什麼意思？這樣我們又回到了解釋「自然」的任務上。從哲學的角度來看，我認爲這種迂曲與費解完全可以避免，那就是將「自正」、「自化」中的「自」理解爲反身代詞，表示「自己」、「自身」，即指代「自」後面的行爲動作的施事，強調「正」、「化」這種行爲動作的發起者是施事「自己」、「自身」。「自正」、「自化」就是「自己端正」，「自己化育」。

第二節　自然觀念的歷史探源

　　通過上文對「自然」一詞哲學意蘊的分析，我們已經知道「自然」一方面指事物之本性、原初性狀，亦即事物自身內在地包含了它之所以是的原因，另一方面指人的自己如此、自覺而然，體現了人的自我意識，是生存個體面向自我之思。然而人的自我意識眞正覺醒有一個漫長的過程，人們對事物之所是的原因的追問由外在轉向事物本身也經歷了一個漫長的過程。在上古社會，人的思維能力還沒有完全展開，人們只能在這個語言發展的原始階段使用一些簡單詞語來表達他們的思想觀念，這些簡單觀念很可能不連續、不完整，但我們的分析無疑要從這些簡單觀念開始。本節的主要任務實際上是追溯個體自我意識逐漸覺醒與獨立的歷程，同時也是人們對事物存在狀態之原因的認識過程。

〔註57〕在《老子》的注譯中，將「自」翻譯爲「自然」極爲常見，如許抗生先生譯爲：「我無爲而民自然能淳化，我好靜而民自然能安定。我無所事事而民自然能富裕，我無所欲望而民自然能淳樸。」參見《帛書老子注譯與研究》（增訂本），杭州：浙江人民出版社1985年，第36頁。

一、殷商時期的宗教觀念

　　早期人類的生存環境十分惡劣，人們的思維水平還處在一個低級階段。列維・布留爾曾指出，原始人的思維本質上是神秘的〔註58〕。「原始人感到自己是被無窮盡的、幾乎永遠看不見而且永遠可怕的無形存在物包圍著：這常常是一些死者的靈魂，是具有或多或少一定的個性的種種神靈。」〔註59〕這其實正好解釋了早期各種宗教神學觀念產生的根源。處在這種思維水平之下，人們對外界事物的認知還處在一個模糊與畏懼的階段，對於宇宙萬物的各種現象往往不能從事物或現象自身去尋求解釋，而總是將各種現象的最終原因訴諸鬼神、天帝等具有人格意志的超越力量，人類處在一種以畏懼與迷信為核心的宗教統治之下。與這種宗教伴隨的就是巫、祝、卜、筮的分工與盛行〔註60〕。先民認為只有通過巫、祝、卜、筮的活動才能達到與上天的溝通，向鬼神等一切神秘的力量表達人類的祈願與忠誠。在殷墟的卜辭中，我們可以隨處發現這種濃厚宗教神學觀念的盛行。這一時期神秘的至上神「帝」主宰著人的一切生產與生活領域，人始終生活在一種不能完全自主的狀態下，這集中表現在卜筮這一活動上〔註61〕。「帝」這個字在卜辭中十分常見，學界一般認為殷人所說的「帝」是指至上神「上帝」，上帝主宰著年成、戰爭、作邑、王之行動等事情〔註62〕。當然還有一些活動是由一些風神、日神、月神等神靈以及帝之左右臣（由逝去的先公先王充任）做主。在這種原始宗教的籠罩下，人們普遍感到的是威嚴與恐懼，對事物自身的存在狀態缺乏客觀的理性認知，尤其是不能從事物自身內部去尋找原因，當然也就不能真正意識到人自身的力量所在。

　　但有一則材料頗值得我們注意，那就是卜辭中出現過「自」作為反身代詞的用法。據陳夢家分析，卜辭的反身人稱代詞有自：

〔註58〕　列維・布留爾：《原始思維》，丁由譯，北京：商務印書館1981年，第412頁。

〔註59〕　列維・布留爾：《原始思維》，第58頁。

〔註60〕　具體承擔著溝通人與天帝、鬼神任務的人又分為不同的職務，夏商周有專職的文化官，他們稱為卜、筮、巫、祝、史等。他們是三代天命觀的文化主體，三代天命觀就是通過他們來表現的。參見黃開國、唐赤蓉：《諸子百家興起的前奏：春秋時期的思想文化》，成都：巴蜀書社2004年，第27頁。

〔註61〕　卜筮出於有疑，但王者有疑問要考察五個方面的意見，分別是王者自己的內心意見、卿士的意見、庶人的意見、龜卜的結果、筮占的結果。但最終起決定作用都是卜和筮，王者自己和卿士庶民的意見都不是決定性的。參見陳來：《古代宗教與倫理——儒家思想的根源》，北京：三聯書店1996年，第66頁。

〔註62〕　陳夢家：《殷虛卜辭綜述》，北京：中華書局1988年，第571頁。

> 叀王自正**勹方**。粹 1184〔註63〕

這句話頗費解。「叀」即「專」，「王」很可能是指某一統治者，「勹方」應是某一地名或某一部族，「自正勹方」應該表示「自己或親自平定或征伐『勹方』」。「自」在卜辭中作介詞使用的很多，表示「從」的意思，但作反身代詞使用十分罕見。這裏的「自正」之「自」確實是作反身代詞使用，和《老子》中的「我好靜而民自正」的用法一樣。這段史料很可能來自於史官的記述，那麼我們是否可以說這裏的「自正」與《老子》中的「自正」有同樣的內涵呢？由於材料十分精簡，我們無法獲得更多的旁證，不宜妄測，我們不妨再看看《尚書・甘誓》中的相關觀念。《甘誓》篇曰：

> 有扈氏威侮五行，怠棄三正，天用剿絕其命。今予惟恭行天之罰。
>
> 左不攻於左，汝不恭命。右不攻於右，汝不恭命。御非其馬之正，汝
>
> 不恭命。用命，賞於祖；弗用命，戮於社，予則孥戮汝。

這是一段征伐之前的誓詞。其中的「天」、「天命」觀念固然是周人的思想，但從殷墟卜辭中，我們亦可得知殷人相信戰爭也是由上帝主宰，因此每逢戰爭前必定要占卜，以獲得帝命。具體到這個材料，從形式上來看，征伐並非禹本人自己作出的，而是帝命。事實上最初決定要討伐有扈氏的必然就是禹自己，上帝絕無主動昭示的可能。但是禹本人卻不能開載布公，而必須以帝命來促成自己的這種行為，這從一個側面反映了當時上帝觀念的統治地位。進一步分析，我們不難發現文中「汝不恭命」以及「用命」、「弗用命」中的「命」已經不完全是上帝的指示了，而是包含了禹的個人意志、命令因素在內。換言之，這裏的「命」乃天上人間兩種不同意志的混合。禹實際上已經擁有了較大的自主意志和權力，代行帝命。「予則孥戮汝」進一步表明禹具有生殺予奪的大權，主宰眾生之命。至此，我們大概可以看出這時候生存個體已經具備了較強的自主意識，能自主地發佈命令。但必須指出的是，這種行為的主導權與控制權還僅限於代替上帝行權的極少數部族首領，庶民還沒有覺醒，他們仍然籠罩在威嚴的上帝命令以及人間的王命之下，噤若寒蟬，唯命是從。

那麼這種自我意識是如何進一步展開的呢？這個過程比較漫長。整個殷商時代，上帝的觀念一直在主宰著殷人的生活世界。《尚書》中的《西伯戡黎》應該可以看作比較可信的反映殷商末期歷史的材料，雖然它也很有可能成書於周初。在這篇中，紂王的大臣祖伊分析了殷商的天命：

〔註63〕陳夢家：《殷虛卜辭綜述》，第 97 頁。

天子！天既訖我殷命。格人元龜，罔敢知吉。非先王不相我後人，
惟王淫戲用自絕。故天棄我，不有康食。不虞天性，不迪率典。今我
民罔弗欲喪，曰：「天曷不降威？」大命不摯，今王其如台？

當周文王戰勝了黎之後，祖伊驚恐萬分，他擔心上天將要終止殷商之命，
因爲無論是賢人還是占卜，都不能得到吉兆。爲什麼會導致這種情形呢？祖
伊開始反思殷商的現實命運。他認識到並非死去的先王不保祐後代子孫，而
是現實中的國王紂「自絕於天」〔註64〕，即紂王自己的荒淫行爲將導致自身
的滅亡。上天之所以放棄殷商，是因爲紂王不知天命、不循法典。作爲賢人
的祖伊追問殷商的命運，明確使用了「自絕」一詞，將原因追究到紂王自身，
這是一個很重要的歸因。然而庶民卻仍在期盼天命來懲罰商紂王，商紂也始
終沉迷不悟，不知反省自身，無知地認爲「我生不有命在天」（《尚書·西伯
戡黎》），依然迷信上帝之命決定了他的統治，最終應驗了祖伊之言。

縱觀殷商時代，宗教神學觀念始終占統治地位，上帝主宰著人間的一切
生活，加上自然科學知識的缺乏，人們在很大程度上還不能認識事物運動變
化的眞正原因，而是依賴各種巫術、卜筮等來應付實際問題。與此同時，人
的自我意識十分微弱，並沒有普遍的精神自覺。即使極少數個體掌握著生殺
予奪的權力並且能夠實施一些自主的行爲，但他們仍需借助卜筮的形式來恭
聽帝命。不過最遲在殷商末年，對事物及其現象原因之追問已經開始轉向了
人自身，這表明人們開始對自身的行爲方式進行思考與反省，這種觀念在周
初得到了進一步的發展。

二、西周時期的理性精神

周初，對各種社會現象之根源的追問明確地形成了「自己」這樣的觀念，
進而言之，行爲的動因、根源就在於行爲者自身。與此同時，「天」的觀念日
益盛行，那種無所不能的上帝觀念在周人革命後受到了某種削弱。當然這種
削弱並非出於積極地對天命或帝命本身的懷疑與否定，而是出於對創造了各
種結果與狀態的行爲者自身作用的強調。這種責任感式的自覺就是周人的「憂
患意識」，而背後濃縮的正是周人「敬」的觀念。但這種敬的觀念不同於殷民
的宗教虔敬，正如徐復觀先生指出的，「宗教的虔敬，是人把自己的主體性消

〔註64〕　孫星衍：《尚書今古文注疏》，北京：中華書局 2004 年，第 250 頁。

解掉，將自己投擲於神的面前而徹底皈歸於神的心理狀態。周初所強調的敬，是人的精神，由散漫而集中，並消解自己的官能欲望於自己所負的責任之前，凸顯出自己主體的積極性與理性作用」〔註65〕。周人清醒地認識到「天命不可信」，不可信當然不是說懷疑天命，而是說「離開了自己的行為而僅靠天命，則天是不易把握，是無從信賴的」〔註66〕。除了天命之外，人自身的自覺精神十分重要，這就是周初「德」的觀念引入。《尚書》中「德」字常見，如「克明德慎罰」（《康誥》），「惟不敬厥德」（《召誥》），「君惟乃知民德」（《君奭》）等等。這樣天命的觀念就注入了新的內涵。在文武革命之際，統治者已經開始對天命進行重新闡釋，在《泰誓》中，我們可以看到：

> 今殷王紂乃用其婦人之言，自絕於天，毀壞其三正，離逷其王父
> 母弟。四方之多罪逋逃，是宗是長，是信是使。乃斷棄其先祖之樂，
> 乃為淫聲，用變亂正聲，怡悅婦人。故今予發維共行天罰。勉哉夫子！

武王伐紂時再次使用了「自絕」一詞，以表明紂王自己的荒淫無度、離棄親人最終導致眾叛親離。周由一個小邦最終取代了殷商，在這個革命的過程中，小邦周統治者的自覺精神十分重要。雖然他們仍具有濃厚的天命觀念，但一方面，他們能夠清醒地認識到商紂王的暴政完全是自己在絕棄天命，另一方面，天命的轉移也是小邦周自己努力的結果，如周公曰：「厥亦惟我周太王、王季，克自抑畏」（《尚書・無逸》）。正是因為小邦周的統治者時刻警醒與反思自己的行為，為正確理解與繼承天命創造了條件。「共行天罰」表明代替上天來處罰，這種說法雖然是武王為自己的革命行為找尋根據，但也表示出，「人的行為和作用開始介入歷史過程」〔註67〕。周朝建立以後，統治者的這種自覺意識仍然不斷地持續，集中由周公來闡述。如《大誥》曰：

> 肆予沖人永思艱，曰：「嗚呼！允蠢鰥寡。哀哉！予造天役遺，大
> 投艱于朕身，越予沖人，不卬自恤。」

意識到自身的責任並自覺地承擔與反思，這就是周人理性精神的集中體現。當然，我們也不能過分誇大周初的這種自覺精神，事實上，天命的觀念仍然佔據著重要的地位。如《酒誥》曰：

> 惟荒腆於酒，不惟自息乃逸，厥心疾很，不克畏死……誕惟民怨，

〔註65〕 徐復觀：《中國人性論史・先秦篇》，第22～23頁。
〔註66〕 徐復觀：《中國人性論史・先秦篇》，第25頁。
〔註67〕 陳來：《古代宗教與倫理——儒家思想的根源》，第169～170頁。

庶群自酒，腥聞在上。故天降喪于殷，罔愛于殷，惟逸。天非虐，惟
民自速辜。

此處的「民自速辜」在一定程度上表明了周人已經認識到殷商的滅亡
乃是殷人自己的行為所致，具體說來是紂的殘酷統治。但周人依然沒有摒
棄「天」的觀念，在周取代殷的過程中，上天的眷顧和公正同樣十分重要。
殷人的行為遭受了上天的責難和懲罰，一個明顯的表現就是天命的轉移，
周人承受了這份天命。「天降喪於殷，罔愛於殷」表明了天命思想依然存在
於周人的心中。郭沫若先生曾認為「周人之繼承殷人的天的思想只是政策
上的繼承，他們是把宗教思想視為愚民政策」〔註68〕，我以為這並不符合
周初的情況。

綜上所述，我們可以看到自覺的理性精神在周人那裏的逐漸崛起，而這
正是真正實現個體自己而然的一個重要條件。無論是「敬」的觀念還是「德」
的觀念，其重要意義就在於人的自我意識之展開，對自我的反思。當然，我
們也應該看到這時候還不曾有真正意義上的個體「自己而然」，儘管他們已經
關注到行為實施者自身的作用，但他們始終都沒有擺脫外在天帝、天命觀念
的影響，這種外在的超越力量始終在主宰著人類命運，外在主宰與因果決定
的觀念仍然很濃厚。只有在追究和反省自身行為的基礎之上，再向前跨一步，
徹底衝破天帝這一層終極主宰，「自然」觀念才能真正地形成。

三、春秋時期的自然觀念

正如有學者指出，春秋時期天命觀仍是佔據統治地位的思想，人們依然
承認天命的主宰作用〔註69〕。但也正是在這一個時期，對天命觀的懷疑與否
定的思想亦得到了很大的發展，自我的覺醒程度以及覺醒者的範圍也遠遠超
過前代。造成這種情形的一個重要原因就是王權的逐漸削弱，以前那種集中
的天命觀念開始擴散開來。個體自我的覺醒可以從對自然世界各種現象的解
釋上發現朕跡。《國語・周語上・幽王二年》記載：

夫天地之氣，不失其序，若過其序，民亂之也。陽伏而不能出，
陰迫而不能烝，於是有地震。今三川實震，是陽失其所而鎮陰也。陽
失而在陰，川源必塞，源塞，國必亡。

〔註68〕郭沫若：《先秦天道觀之進展》，《青銅時代》，第15頁。
〔註69〕黃開國、唐赤蓉：《諸子百家興起的前奏：春秋時期的思想文化》，第35頁。

地震的產生不過是陰陽二氣的運動而已，對地震成因的探索已經不再尋求超越的外在至上神，而轉向事物自身，這顯然已經脫離了原始宗教的解釋方式，也擺脫了單純以占卜問天的形式。與此同時，人們也開始對「天」、「帝」等至上主宰產生懷疑，在《詩經》中常常可以見到這樣的例子：

> 旱既大甚，則不可沮。赫赫炎炎，云我無所。大命近止，靡瞻靡顧。群公先正，則不我助。父母先祖，胡寧忍予？
>
> 旱既大甚，滌滌山川。旱魃為虐，如惔如焚。我心憚暑，憂心如熏。群公先正，則不我聞。昊天上帝，寧俾我遯？
>
> 旱既大甚，黽勉畏去。胡寧瘨我以旱？憯不知其故。祈年孔夙，方社不莫。昊天上帝，則不我虞。敬恭明神，宜無悔怒。
>
> 旱既大甚，散無友紀。鞫哉庶正，疚哉冢宰。趣馬師氏，膳夫左右。靡人不周，無不能止。瞻卬昊天，云如何里！

（《大雅·蕩之什·雲漢》）

這段怨詞在天命觀念盛行的時代無異於晴天霹靂。在面對自然災害之時，老百姓對一直敬畏的上帝發出了質問與懷疑，對死去的父母先祖等一切神靈亦發出了疑問。對上帝的恭敬與祭祀並沒有任何的懈怠，為何上天還要降臨如此災難呢？如果上帝果真存在且有意志，那麼為何不眷顧下民呢？我們知道《詩經》中的很多詩歌直接採自民間，因此這些反映老百姓呼聲的詩歌可以看做是他們發自內心的情感與觀念。這種質疑與否定帶來的「破壞力」遠比統治者自身的理性精神要大。這種懷疑發展到後來就是對國家興亡的追問。

> 國將興，聽於民；將亡，聽於神。（《左傳·莊公三十二年》）

國家以民為主體，國家的盛衰理當聽命於百姓，「國將興，聽於民」表明人們已開始覺察到百姓在主導國家命運、掌控自己生活方面的作用；但同時將國家的滅亡仍然歸結為「神」，則表明在春秋時期天命觀仍然存在。不過重要的是人們已經邁開了對自身能力認識的步伐，並且也開始關注人類自身的各種活動，積極強調人自身在政治社會活動中的作用。《左傳》中就有不少這樣的例子：

> 天道遠，人道邇，非所及也。何以知之？（《左傳·昭公十八年》）

　　春秋時期天命觀念的逐漸淡漠伴隨著人的主體自覺性的發展，這是一個理性思維方式掙脫傳統宗教神學思維方式的過程，理性思維的形成最終體現在諸子學的興盛與繁榮，而《老子》正好成書於這一思維轉型的早期階段。徐復觀先生曾指出，「由宗教的墜落，而使天成爲一自然地存在，這與人智覺醒後的一般常識相符。在《詩經》、《春秋》時代中，已露出了自然之天的端倪。老子思想最大貢獻之一，在於對此自然性的天的生成、創造，提供了新地、有系統地解釋。在這一解釋之下，才把古代原始宗教的殘渣，滌蕩得一乾二淨；中國才出現了由合理思維所構成的形上學的宇宙論」〔註70〕。徐先生的論斷強調了作爲至上神的「天」向經驗性之天的轉變，是人對外在事物觀念的變換。而老子之自然觀念的形成，一方面固然如徐先生所說，發覺了自然性的天，而更爲重要的一方面是體現了人對自身活動及其意義的關注，自然是人的自覺精神產物。我們可以設想，在天地混沌之初，萬物生生滅滅，一切都無意識地演變著，一團混沌，這種狀態我們可以借用自然科學話語中的詞彙「自然」來稱之爲「自然存在的世界」，即自然界。但在這種「自然世界」中，沒有靈智之物出現，無物能夠認識到自身，無「自」的意識，更遑論「自然」之觀念，因此這種「自然世界」對於我們來說並沒有任何意義。只有人出現後，世界才爲之改觀。但人類一開始並未意識到自身的存在，也沒有意識到「物」的存在，甚至也沒有天、帝即天命的觀念，人苟存於世。逐漸地人才形成外向型的思維方式，將一切不爲人知的現象歸結爲超然物外的主宰者上帝的創設，人類作爲萬物之一，只是渺小卑微的存在者，噤若寒蟬地存活著。這是宗教的階段。逐漸地，人類開始反思外在上帝的存在，進而思考萬物的存在，開始從各種事物現象自身尋求存在根據，最終意識到作爲萬物之一的人自身之存在及作用。這個時候，「世界」才眞正形成，「自然界」（天地萬物）才眞正形成，即它們才眞正面向我們而展現自身，並爲我們的思考而存在，借用莊子的話說是「道行之而成，物謂之而然」（《齊物論》）。因此，只有當人最終反思自己的存在之時，人類才眞正作爲「人」而存在。人終於意識到了「自我」，發現了自己並自覺地行動。《老子》哲學就是這個階段人的理性思維的代表。「自然」觀念的重要價值就體現在人對自身的認識與反思上。

〔註70〕徐復觀：《中國人性論史・先秦篇》，第183頁。

小　結

　　本章主要以哲學語義學的方法對「自然」一詞的結構與基本含義進行了初步考察，尤其是考察了反身代詞「自」對自然一詞哲學意蘊的重要意義，進而解析了「自然」的兩層哲學意蘊，最後對自然觀念的歷史進行了簡要的追溯。作爲老莊哲學中的一個重要觀念，「自然」實際上蘊含了兩層內涵，這兩層內涵分別從「自」引出：一是根源性自然，來源於「自」這個詞的「根源、原初、本始」義，強調一切事物根源於道的原初本性，因此根源性自然的本質又是「物之自然」。老子通過虛靜觀物的方式，洞察到宇宙萬物各有其本性，物之自然意味著天地萬物應當依據各自內在的原則來生存發展，這體現了老子自然觀念中蘊含的科學精神。一是自覺性自然，建立在「自」作爲反身代詞「自己」義的基礎上，凸顯了人的主體性與自覺精神，因此「自覺性自然」又是指「人之自然」。「自覺性自然」意味著人對自身行爲的反思，彰顯人的自覺性與自主性，「自然」是人有意識、有目的的行爲狀態，由此，老子的自然觀念中又蘊含著濃厚的人文精神。所謂自然觀念的歷史，實際上是人的自我意識不斷覺醒的歷史，也體現爲人們對事物存在狀態之原因不斷探究的歷史。老子的自然觀念正是在上古社會漫長的個體意識進化過程中，人類理性精神崛起的產物，代表了主體自覺精神。然而通常對道家自然觀念的理解建立在一種主客對立的觀照模式之上，只看到道家以「自然」來闡述物之本然或天然，包括人的本然之性，誤認爲道家就是主張順物自然，徹底摒棄人爲，亦即完全順從物之本然性。這種理解將「自然」理解爲一個對象化的描述語，忽視了道家之自然首先應是人之自然，即自然首先是人的自覺行爲方式與過程，是以人的自我覺醒和精神獨立爲前提的。抽空了「自然」觀念中人的自覺意識與獨立精神，「自然」淪落爲一種本能性、本然性，這正是道家自然觀念研究中的不足。本章作爲本書的研究基礎，正是要從自然的基本詞義以及歷史的角度扭轉這種解讀方式，重新開啓自然觀念的眞實意蘊。

第二章 《老子》的自然觀念

「自然」一詞在通行本《老子》中一共出現了五次，分別出現在王弼本《老子》的第十七章、第二十三章、第二十五章、第五十一章和第六十四章。長沙馬王堆漢墓出土的帛書《老子》甲乙本的相應章節也出現了五次「自然」。在郭店竹簡《老子》中，「自然」一詞一共出現了四次，其中甲編出現兩次，丙編出現兩次。除此之外，《老子》中還有很多帶「自」的詞語，如「自正」、「自化」、「自樸」、「自富」、「自定」、「自均」等等。如何看待這些帶「自」的詞語呢？這些詞與「自然」一詞有何關係？下文我們將正式進入《老子》文本，從分析這些帶「自」的詞語與「自然」之間的關係入手，全面考察《老子》的自然觀念。

第一節 「自 V」結構與自然觀念

一、「自 V」結構及其兩種用法

《老子》中頻繁出現的帶「自」的詞語早就引起了研究者們的關注，只是在老子哲學研究方面，我們較少對這些詞語的結構進行分析。事實上，從事古漢語研究的專家們對反身代詞「自」帶一個動詞的這種結構進行了研究〔註

〔註 1〕 馬建忠認爲，「自」字可主可賓，而其居賓次者，必先乎賓之前，此類動字曰「自反動字」，如「自侮」、「自悔」、「自傷」諸動字，以其行之出乎己仍反乎己也，故云然。參見《馬氏文通》，第 56～57 頁。其實「自」可主可賓的說法不正確，因爲反身代詞「自」並不能獨立使用，故不能居於主位，嚴格說也不能居於賓位，關於這一點可參見王力：《中國語法理論》，第 284 頁。黎

1〕，他們稱之爲自動詞結構，即「自 V」結構，「V」就是指反身代詞「自」後的動詞（Verb），這種「自 V」結構在漢語中有兩種用法。

（一）照應用法（Anaphoric Use）

照應用法的反身代詞一般在句中作賓語，與一個已經出現的名詞性成分（反身代詞的先行詞）同指，表示行爲作用於發動者自身〔註2〕。從語義上分析，當反身代詞「自」表照應時，「自」是其後及物動詞的受事（Patient），動詞的施事（Agent）是「自」的先行詞。以「自殺」這個詞爲例，反身代詞「自」是動作「殺」的對象（受事），「殺」是一個及物動詞。「自殺」是一個動賓結構詞組〔註3〕，但在古漢語中，這個賓語前置了，這種情形在古漢語中十分常見。在句中，「殺」動作的施事乃「自」的先行詞，即句子的主語（Subject），「自」與之相照應。「自」的這種用法符合語言學上的「約束原則」〔註4〕。

（二）強調用法（Emphatic Use）

強調用法的反身代詞一般出現在狀語位置上，強調某一動作行爲是某人自己發出。強調用法的反身代詞可以去掉而不改變句義〔註5〕。從語義上分析，當「自」表強調時，其後的動詞既可以是及物動詞，也可以是不及物動

錦熙認爲，「自」表複稱，複指上面的代詞。只用在兩位，一是在同位（重指用法），如我自己送他到車站。在變式的賓位（反身用法），他真「自」殺了。還有一個在賓位的代名詞「自」字，習慣上常提在動詞之前，而成爲一種習慣熟語。「自知」、「自欺」等雖已成爲熟語，卻要知道「自」字也是這種變式的賓位。參見《新著國文法》，第 39 頁。

〔註 2〕 董秀芳：《古漢語中的「自」和「己」：現代漢語「自己」的特殊性的來源》，《古漢語研究》2002 年第一期。

〔註 3〕 陸美善認爲，「代詞『自』不是動詞『V』的主體，而是『V』的支配對象，『自』成了『V』的前置賓語，『自 V』之間構成動賓關係。」「『自 V』實質上就是一個動賓詞組，只是賓語位於動詞的前面罷了。」參見《淺談自 V》，《廣西右江民族師專學報》2003 年第 1 期。

〔註 4〕 諾姆·喬姆斯基提出了「約束理論」，其主要內容是：（A）照應成分在它的支配範疇中是受到約束的；（B）指代成分在它的支配範疇中是自由的；（C）指稱代詞是自由的。參見諾姆·喬姆斯基：《支配和約束論集：比薩學術演講》，周溪流、林書武、沈家煊譯，趙世開校，北京：中國社會科學出版社 1993 年，第 246 頁。

〔註 5〕 董秀芳：《古漢語中的「自」和「己」——現代漢語「自己」的特殊性的來源》，《古漢語研究》2002 年第一期。白琬琳認爲，從語義角度來看，表強調的「自」可以去掉而不改變句義。參見《〈馬氏文通〉中的反身代詞「自」字》，《安徽文學》2008 年第 2 期。

詞。接及物動詞時，動詞後面還要接賓語，如「自遺其咎」〔註6〕（第9章），此處的「自」表強調，及物動詞「遺」後面再接一個賓語「咎」。強調用法的「自」用在句中，其先行詞是「自」後動作的施事，通常可以在句中找到，也符合約束原則。

在強調用法的「自Ｖ」結構中，「自」在形式上處於主語位置，但實際上「自」不能獨立作主語，真正的主語是「自」的先行詞，即「自」所指代的對象，這個對象可能在句中缺省。強調用法的自Ｖ結構強調動作的發出者自己實施了行為。

總之，反身代詞「自」的兩種用法不同，照應用法的「自Ｖ」結構屬於賓語前置的動賓結構，而強調用法的「自Ｖ」結構則屬於主謂結構，「自」作形式上的主語，實際主語是「自」所指代的對象。有學者指出，反身代詞「自」不能出現在主語的位置上〔註7〕，這是就「自」在句中的語法功能而言，但在強調用法的「自Ｖ」結構詞組中，「自」形式上都處於主語位置。

二、《老子》中的「自Ｖ」結構

王弼本《老子》一共使用了三十三個「自」〔註8〕，除了第二十一章「自古及今」的「自」作介詞外，其他的「自」都作反身代詞「自己」解。這些反身代詞均與一個動詞結合構成自動詞結構。下面我們對《老子》中的「自Ｖ」結構詞組進行統計〔註9〕。

《老子》中的「自Ｖ」結構及其用法

章節（王弼本）	自Ｖ結構詞組	照應用法	強調用法	版本差異
天地所以能長且久者，以其不自生，故能長生。（第7章）	自生	√		

〔註6〕 帛書本、郭店竹簡本均作「自遺咎也」，北大漢簡本作「自遺咎」。

〔註7〕 董秀芳：《古漢語中的「自」和「己」──現代漢語「自己」的特殊性的來源》。

〔註8〕 王弼本亦有不同版本，出現的「自」字個數有差異，本書所據王弼本只有三十三個「自」。

〔註9〕 本統計表綜合了朱謙之《老子校釋》、高明《帛書老子校注》、劉笑敢《老子古今：五種對勘與析評引論》三書的研究成果，考察的版本主要是文本相對完整的王弼本、帛書本、北大漢簡本、河上公本、傅奕本、范應元本等。

章節（王弼本）	自V結構詞組	照應用法	強調用法	版本差異
富貴而驕，自遺其咎。（第9章）	自遺其咎		√	
悠兮其貴言。功成事遂，百姓皆謂我自然。（第17章）	自然		√	
不自見，故明；不自是，故彰；不自伐，故有功；不自矜，故長。（第22章）	自見，自是自伐，自矜	√		帛書本作「弗矜故能長」，北大漢簡本作「弗矜，故長」。（均無「自」）
希言自然。（第23章）	自然		√	
自見者不明；自是者不彰；自伐者無功；自矜者不長。（第24章）	自見，自是自伐，自矜	√		北大漢簡本作「矜者不長」。（無「自」）
人法地，地法天，天法道，道法自然。（第25章）	自然		√	
侯王若能守之，萬物將自賓。天地相合，以降甘露，民莫之令而自均。（第32章）	自賓，自均		√	
知人者智，自知者明。勝人者有力，自勝者強。（第33章）	自知，自勝	√		
以其終不自為大〔註10〕，故能成其大。（第34章）	自為大	√		傅奕本、永樂大典本作「自大」，帛書本、北大漢簡本、河上公本均作「為大」。
侯王若能守之，萬物將自化。……不欲以靜，天下將自定。（第37章）	自化，自定		√	河上公本、作「自定」，傅奕本、帛書本、北大漢簡本、

〔註10〕此句朱謙之、高明所據浙江書局刻明代華亭張之象本王弼《老子注》均作「以其終不為大」，無「自」字。

章節（王弼本）	自 V 結構詞組	照應用法	強調用法	版本差異
				范應元本等通行本作「自正」。
故貴以賤爲本，高以下爲基。是以王侯自謂孤、寡、不穀。（第 39 章）	自謂	√		河上公本、范應元本作「自稱」，景福本作「自曰」。
天下之所惡，爲孤、寡、不穀，而王公以自名也。〔註11〕（帛書：第 42 章）	自名	√		帛書甲本、敦煌己本、北大漢簡本作「自名」，傅奕本作「自稱」，范應元本作「自謂」。
道之尊，德之貴，夫莫之命而常自然。（第 51 章）	自然		√	
我無爲，而民自化；我好靜，而民自正；我無事，而民自富；我無欲，而民自樸。（第 57 章）	自化，自正 自富，自樸		√	河上公本多出「我無情而民自清」一句。
是以聖人欲不欲，不貴難得之貨；學不學，復眾人之所過，以輔萬物之自然而不敢爲。（第 64 章）	自然		√	
是以聖人自知不自見；自愛不自貴。（第 72 章）	自知，自見 自愛，自貴	√		
天之道……不召而自來。（第 73 章）	自來		√	

由上表可知，短短《老子》五千餘言，其中「自 V」結構詞組竟然有三十二個，由此可見老子對「自」的重視。從這些「自 V」結構詞組分佈的章節來看，我們不妨選取目前六個比較完整的《老子》版本進行統計：

〔註11〕此章王弼本、河上公本均作「而王公以爲稱」，無「自」。

版　　本	出現的章數	自 V 詞組（次數）	差異章節
王弼本	17	32	不自矜故長（22 章）；以其終不自爲大（34 章）；不欲以靜天下將自定（37 章）；而王公以爲稱（42 章，無「自」）；
河上公本	16	32	是以聖人終不爲大（34 章，無「自」）；天下將自定（37 章）；而王公以爲稱（42 章，無「自」）；我無情而民自清（57 章，多此句）；
傅奕本	19	32	以其終不自大（34 章）；不欲以靖，天下將自正（37 章）；而王侯以自稱也（42 章）；稀不自傷其手矣（74 章）；
帛書本	17	29	不自示故章（22 章）；弗矜故能長（22 章）；自示者不章（24 章）；不辱以靜，天地將自正（37 章）；而王公以自名也（42 章）；我欲不欲而民自樸（57 章）；
北大漢簡本	16	30	弗矜，故長（63 章，無「自」）；矜者不長（65 章，無「自」）；而王公以自名也（5 章）。
范應元本	18	33	是以王侯自稱孤、寡、不穀（39 章）；而王侯以自謂也（42）；

　　從「自 V」結構的數量上來看，范應元本數量最多，其次是王弼本、河上公本、傅奕本，而帛書本、北大漢簡本最少。從出現「自 V」結構的章節數量上來看，傅奕本最多，其次是范應元本，再次是王弼本、帛書本，最少的是河上公本、北大漢簡本。儘管不同版本分章有差異，如北大漢簡本只有七十七章，但「自 V」結構詞組所佔《老子》全部章節的比值都在百分之二十以上。

　　這些詞分別歸屬於照應用法和強調用法，「自 V」結構的兩種用法在《老子》文本中均有體現，下面嘗試分類辨析。

（一）照應用法的「自 V」結構

　　照應用法的「自 V」結構一共出現了十六次，主要有：「自見」三次，「自

是」、「自伐」、「自矜」、「自知」各兩次,「自勝」、「自生」、「自愛」、「自貴」、「自謂」各一次。

「自生」是道家哲學中的常用詞彙,但在不同時期的道家著作中,其用法及含義有較大差異〔註12〕。在《老子》中,「自生」是一個賓語前置的倒裝結構,「生」不是「誕生」、「生育」的意思,而是表示「使……生」,意即增飾自己的生命,刻意地求生或使自己長生。「自」在這裏作「生」的賓語,「自」的先行詞是「其」,指代「天地」。

「自見」、「自是」、「自伐」、「自矜」、「自勝」、「自知」、「自愛」、「自貴」這些詞在現代漢語中仍然使用,屬於典型的賓語前置的倒裝結構,分別理解爲彰顯自己、肯定自己、炫耀自己、矜誇自己、戰勝自己、認識自己、愛惜自己、使自己高貴。這些詞的先行詞在句中都可以找到,即「自」有明確的指代對象。而第二十四章和第三十三章則有點特殊,「自」的先行詞在句中並不存在,怎麼解釋這種現象呢?其實「自V」結構在這個句子中並不充當「SOV」句型中的任何一個成分,因爲它作「者」的定語。不過這裏的先行詞比較特殊,即「者」〔註13〕。被修飾的名詞及其定語通常可以改寫成一個短句。在這個句中,可以將主語「……者」改寫爲一個由「者」(人)與「自V」結構構成的主謂短語。如「自見者不明」,實際上是「者自見,不明」〔註14〕,或理解爲「自見者自見不明」。顯然「自見」在這裏重複了,因爲作爲限定語出現時它就已經表明了主語的特定行爲,故完全可以省略。按照這種理解方式,「自」仍然有先行詞,與之照應的是其自身所構成的這個短語「自V者」(指代人)。

還有兩個比較特殊的照應用法詞組,「王侯自謂孤、寡、不穀」中的「自

〔註12〕 老子是從批判角度使用「自生」,反對積極地營生,增益生命。而《莊子》、《列子》、郭象等則不同。如《莊子・在宥》:「无問其名,无窺其情,物固自生。」《列子・天瑞》:「故生物者不生,化物者不化。自生自化,自形自色,自智自力,自消自息。」張湛注曰:「皆自爾耳,豈有尸而爲之者哉?」郭象注《莊子・齊物論》曰:「物之生也,莫不塊然而自生。」這裏的「自生」都是表示事物自己生成演化。

〔註13〕 「者」字是被飾代詞,它通常用在形容詞、動詞或動詞性詞組後面組成一個名詞性的詞組,表示「……的人」或「……的事物」。參見王力:《漢語語法史》,第 71 頁。

〔註14〕 當然「者」不能單獨使用指代事物,而是用在「謂詞性成分後頭」,構成名詞性詞組,有轉指功能。參見朱德熙:《自指和轉指》,《方言》1983 年第 1 期,第 18 頁。

謂」。這個詞組也屬於照應用法，只不過在「自」的動詞後再接了一個補語，可稱之爲賓語補足語。「自謂」是賓語前置的倒裝結構，後面的「孤、寡、不穀」作爲賓語「自」（所指代的對象）的補語。先行詞就是主語「王侯」。與此相似，在「王公以自名也」中，「自」是指王公，王公以「孤、寡、不穀」來「名」（稱謂）自己。

在反身代詞「自」表照應用法的這些例子裏，按照思想傾向的不同，主要又可以分爲兩類〔註15〕，一是老子極力推崇與讚譽的行爲方式，如「自知」、「自勝」、「自愛」。在老子看來，「物」是與人一體的存在，構成人類生存發展的必要條件。而現實中，我們常將各種物對象化，不斷地役使外物，爲己所用，這種對立思維直接影響到了人類自身的存在，不但人與人之間鬥爭激烈，爾虞我詐，人與物之間亦「相刃相靡」，最終導致莊子所說的「終身役役而不見其成功，苶然疲役而不知其所歸」（《齊物論》），人的精神就在追逐外物之中淪喪，終身疲弊、困苦不堪。爲了解決世人的這個困惑，老子主張人首先要認識自身，珍愛自身，自覺地剋制自身的各種欲望，而不是一味地追逐外物，征服外物。「自知」、「自勝」、「自愛」集中體現了生存個體對自身生存境遇的反思〔註16〕，對自己當下命運的關切。老子之所以反覆強調這種反躬自省的行爲方式，是因爲他看到了生存個體生命的安頓關鍵在於對「自己」的認識與把握。當然老子並非完全反對認識外物，不過他深刻看到人在認知外物的同時，極易導致「自我」的喪失，即遺忘了人的反思、自省能力。老子主張人與物（包括人與人）之間共存而不相傷、不相識的狀態，即所謂「兩不相傷」、「民至老死，不相往來」的境界。這樣眞正成爲人的認識對象的只有人自身，而人對自身的反思與追問是人類理性覺醒的標誌。

另一類就是老子極力反對的行爲方式，如「自見」、「自是」、「自大」、「自伐」、「自矜」、「自貴」。同樣是反身代詞「自」的照應用法，同樣包含自己、

〔註15〕 栗田直躬對此亦有分析，參見《中國思想における自然と人間》，東京：岩波書店 1996 年，第 10 頁。

〔註16〕 「生存個體」的概念借用自劉笑敢先生。劉先生將「萬物」之「個體」解釋爲一切「生存個體」，可以泛指一個人、一個家庭、一個公司、一個學校、一個地區甚至一個國家。這樣老子所處理的問題就不限於傳統社會中聖人和百姓以及百姓之間的關係，而可以擴展到多種生存單元，運用於各種社會群體之間的關係。參見《老子古今：五種對勘與析評引論》（上卷），第 64 頁。本書所說的「生存個體」略有差異，即根據上下文分爲廣義與狹義，廣義上的生存個體與劉先生所指相同，狹義上的生存個體僅指作爲人的生存個體。

自身的意思，爲何這些「自V」結構就表達截然相反的意涵呢？與上文相比，「自見」、「自是」、「自伐」、「自矜」、「自貴」這些詞表達的眞正意思恰恰是與反身代詞「自」的眞實內涵相違背，它們分別意味著「彰顯（我）自己」、「肯定（我）自身」、「誇大（我）自己」、「表揚（我）自己」、「誇耀（我）自己」、「貴重（我）自己」，而同時暗含著對立面：「隱匿（與我相對之）他者」、「否認（與我相對之）他者」、「貶低（與我相對之）他者」、「否定（與我相對之）他者」、「貶損（與我相對之）他者」、「輕視（與我相對之）他者」。這些行爲方式都將行爲實施者「我」凸顯出來，潛在地以他者爲存在前提，凌駕與超越他物之上，排擠、壓制他物以獲得較高的聲勢、地位〔註17〕。這些行爲方式的共同特徵都是將「自」所指代的主詞置於一個對待之域，使得行爲者與外物（他者）形成對立，而未能實現「自」與所指代的對象的同一。將自身與外物（他者）對立，則人的精神追逐外物，拋棄了對自己存在的反思與追問，這正是莊子說的「喪己於物」（《繕性》）。本來反身代詞「自」旨在消除主客對立的二元思維方式，強調人對自身生存狀態的關注，是生存個體「我」有意識地對「自己」生存命運的關注。「自」之所指正是思考著的「我」，「我」的反躬自問消除了主客二分的思維方式，「自」同時又表達根源性、初始性，故言「自」則已經將原因追溯到了極點。老子所批判的這些行爲方式都是將自己遺忘，而與外物（他者）對立，從而喪失了能反思自己的「眞我」，樹立了與物相對立之「我」。

（二）強調用法的「自V」結構

強調用法的「自V」結構一共出現了十五次，主要有：「自然」（5次）、「自賓」、「自均」、「自化」（2次）、「自正」、「自定」、「自富」、「自樸」、「自來」、「自遺其咎」等屬於這一類型。這些詞的用法與上文的「自是」「自見」等不同，因爲「自」並不作其後動詞的賓語，即並非倒裝結構。這裏的「自」實質上是反身代詞，但往往起副詞的作用，在句中作狀語〔註18〕，強調「自」

〔註17〕 貢華南認爲，「自見、自是、自伐、自矜、自大、自貴」是對自我的增益、拔高，增益、拔高自己以取物（包括名聲）歸己爲直接表現，同時展開爲以「自」加於他者（如將「自是者」──自己的欲望、目的、價值加於他者）。故自見、自是、自伐、自矜、自大、自貴遠離大道。參見《〈老子〉中「自然」諸義及其在魏晉玄學之分殊》，《學術月刊》2012年第8期。

〔註18〕 有學者指出，作爲複指代詞的「自」就因爲只與謂詞連用而具有了一些副詞的特點，但是它的指代意味仍然很強烈，所以它仍然是代詞，在句中主要作

的先行詞自己實施了某種行為。「自」作反身代詞的強調用法，在句中可以省略而不會改變句子的基本含義。《老子》第五十七章曰：「我無為而民自化；我好靜而民自正；我無事而民自富；我無欲而民自樸。」從詞語結構上看，「自化」、「自正」、「自富」、「自樸」與「自然」一詞的結構完全相同。「化」、「正」、「富」、「樸」這些行為狀態都是「自」的先行詞「民」自己自主實施的。換言之，人民「自己」自主地行為從而達到「化、正、富、樸」（然）的狀態。在這些詞組中，「自」在形式上處於主位，實際上指代其先行詞，即行為的實施者；在具體語句中，「自」的先行詞是行為的實施者，「自」強調了施事的自主性。總之，表強調用法的「自V」結構詞組凸顯了反身代詞「自」所指代的先行詞（主語）實施行為的自主性與決斷性。

「自遺其咎」的用法較為特殊，但在先秦文獻中並非特例，如《莊子‧盜跖》曰：「介子推至忠也，自割其股以食文公。」「自遺其咎」與「自割其股」的結構一樣，先行詞必須考察上文。由於《老子》文本十分精簡，故很多句子的主語都省略，只出現些短句、詞組，而實際上這些主語都是潛在的，「自遺其咎」就是這種情況。「自遺其咎」中「自」的先行詞與上句「富貴而驕」相關，即「富貴而驕者」才是「自」的先行詞，亦即主語。《老子》中的「自V」結構詞組往往通過反身代詞「自」來指代一切實施類似行為的人，這正是反身代詞的普遍性指代功能，由此表達普遍性的觀念。

（三）作為大觀念的自然

綜合前文所論，「自然」一詞中的「自」是反身代詞，指代施事自身、自己，「然」是指示代詞，指代施事的行為所產生的狀態或過程。「自然」就是自己而然，天地萬物自己而然的狀態就是它們自身的本性，但具體是「誰」自己而然，「誰」的本性，則有賴於具體語境的分析。聯繫「自然」與《老子》中的大量「自V」結構詞組可知，表強調用法的「自V」結構詞組與「自然」一詞有著共同的特徵，我們完全可以得出這個結論：「自然」就是《老子》中「自均」、「自賓」、「自正」、「自化」、「自富」、「自樸」等強調用法的「自V」結構詞組的抽象概括〔註19〕。所有強調用法的「自V」結構詞組表達的觀念

狀語。參見劉平：《古漢語中虛詞「自」的語法化歷程》，《蘭州教育學院學報》2006年第2期。

〔註19〕很多學者都曾指出這一點，如王煜認為，《老子》中的「自化」、「自正」、「自富」、「自樸」不外自然的多種面相，正如三十七章的「自化」和「自定」，三

共同組成了一個觀念集合，單個「自V」結構詞組則成為這個觀念集合的「單元觀念」（unit-ideas）。「自然」之所以能夠成為這些詞組的代表，關鍵在於「然」這個詞。如前所述，作為指示代詞，「然」可以指代一切具體狀態和過程，因而具有概括性。「自」的特殊含義則賦予了「自然」獨特的哲學內涵。這樣，「自然」就不再是一個孤立的哲學觀念，而是集中反映了一系列單元觀念的共同思想，「自然」是一個大觀念（great idea）。僅僅將「自然」視為一個嚴格的哲學概念，則我們的研究顯然難以展開，因為「自然」一詞在《老子》中只出現了五次，並且老子從未給「自然」一個確定的、嚴格的定義。也正是基於此，錢穆先生就認為「自然二字，在先秦道家觀念中，尚未成熟確立，因亦不占重要之地位」〔註20〕。這種理解顯然不準確，因為作為大觀念的「自然」絕不是僅僅看「自然」一詞出現的多少，因為所有強調用法的「自V」結構詞組都表達了自然的意涵。這些單元觀念是「自然」這個大觀念的家族成員，豐富與充實了自然觀念。

強調用法的「自V」結構詞組表達了自然的觀念，那麼照應用法的「自V」結構詞組呢？如前文所述，自然作為哲學觀念，其核心意蘊在於「自」，沒有「自」，也就無所謂「然」。而老子極力推崇的「自勝」、「自知」、「自愛」這些觀念，儘管這些詞在語法結構上與「自然」一詞並不一致，但卻表達了反身代詞「自」所指代的主詞（行為者）對自身的反思與追問，這正是人的自我意識覺醒的表現，充分體現了人對自身存在狀態的關注。人只有開始反思自身並自覺地行動，伴隨著這種自我意識，蘊含著自覺精神的自然觀念才得以真正展開。

綜上所述，《老子》中表強調用法的「自V」結構詞組實際上都表達了自

十二章的「自貴」。參見《中國哲學辭典大全》，韋政通主編，第 255 頁。馮春田：《老莊「自然」觀的實證分析》，《東嶽論叢》1998 年第 5 期。陳鼓應、白奚：《老子評傳》，第 92 頁。池田知久：《自然的思想》，黃華珍譯，《中國觀念史》，第 55 頁。王中江：《視域變化中的中國人文與思想世界》，鄭州：中州古籍出版社 2005 年，第 210 頁。于民雄：《「道法自然」新解》，《貴州社會科學》2005 年第 5 期。王博：《道家人文精神的特質》，《道家文化研究》第二十二輯，陳鼓應主編，北京：三聯書店 2007 年，第 50 頁。王慶節在分析「自然」一詞的結構時，也提到了「自樂」、「自成」、「自治」、「自發」等詞彙，但還沒有明確地指出這些相同結構詞彙之間的關係。參見《解釋學、海德格爾與儒道今釋》，第 146 頁。
〔註20〕 錢穆：《莊老通辨》，第 426 頁。

然的觀念。這些與「自然」同構的詞組主要體現了人之自然，即凸顯了人自覺自主的行為狀態。但除此之外，自然還有原初狀態的意思，即根源性自然的內涵，老子為了表達這種觀念，一方面，也借助了一些自動詞結構，如「萬物將自賓」、「天下將自定」，這些體現了萬物自生自化的存在狀態。另一方面，老子借助了很多比喻，如「樸」、「嬰兒」、「赤子」、「石」，探討事物的原初存在狀態，以表達物之自然的內涵，這一點，我們放在下文探討。

第二節　道：自然之價值根源

一、誰之自然

通過對「自然」及其同構詞的結構分析，我們已經知道反身代詞「自」不能獨立使用，「自」在句中必須有一個潛在的或現實的先行詞。因此，我們在考察《老子》文本中的「自然」及其同構詞時，就必須關注「自」的先行詞，以探究「然」是「誰自己」發出來的，亦即「誰之自然」。那麼在《老子》文中，「自然」的先行詞有哪些呢？首先看「自然」一詞中「自」的施事。

猶乎其貴言也。成事遂功，而百姓曰：「我自然也。」

（郭店竹簡《老子》丙編）

希言，自然。（第 23 章）

人法地，地法天，天法道，道法自然。（第 25 章）

道之尊，德之貴，夫莫之命而常自然。（第 51 章）

是以聖人欲不欲，不貴難得之貨；學不學，復眾人之所過，以輔萬物之自然而不敢為。（第 64 章）

在「而百姓曰我自然也」中，「自」的先行詞是我，指代的是老百姓，這一章是講百姓之自然。老百姓僅知道有聖人（統治者）而已，但並不認為自己所處的生活狀態是聖人帶來的，而是認為自己如此，即百姓認為自己能主導並且掌控著自己的命運，自覺地生活。

第二十二章是一個簡短的語句，顯然此句主語缺省，這在《老子》中很常見。缺省的主語是什麼呢？「聖人」還是「道」？「百姓」還是「萬物」？精簡的文本使得詮釋有很大的空間，不同的主語可以表達不同的含義。通常將這兩句話的主語分別看做是「聖人」與「百姓」：「聖人希言」，「百姓自然」，

即聖人很少實施聲教法令，百姓自己而然（生存、發展等）。「希言自然」表達了對生存個體自己而然的肯定。

第二十五章的「道法自然」是《老子》哲學的重要命題。在這一命題中，「自然」作爲一個名詞，指代的是一種行爲者自身主導的狀態或過程，「道」所法的這個過程或狀態正是「道」自身帶來的。因此，在這一命題中，「自」的先行詞是「道」，「自然」乃「道」之「自己而然」。「道法自然」表明「道」本身還有要去效法的對象，但這個對象並非超越「道」之上，而是道自身的一個動態過程和狀態，這個狀態就是「自然」。

第五十一章中，「尊」與「貴」本身是一個經比較而得出的名稱，有尊貴就有低賤，爲何「道」與「德」能受到萬物的尊崇而體現出這種尊貴呢？這並不是因爲道、德命令萬物去尊道、貴德，道與德的尊貴完全是由於其自身的作用，這種作用主要表現在道與德能夠生長哺育萬物，但卻不主宰萬物，而是任天地萬物按照自身本性來發展。

第六十四章「輔萬物之自然」中「自」的先行詞是萬物，即「然」乃萬物自身的狀態，這句話又可以改寫爲「輔萬物之然」，「自」強調萬物的這種「然」是根源於萬物自身的，是萬物的本性如此。聖人「輔」的行爲體現了對萬物本性的認同與尊重。

再看《老子》中其他「自 V」結構詞組中的施事（主詞）：

> 侯王若能守之，萬物將自賓。天地相合，以降甘露，民莫之令而自均。（第 32 章）

> 侯王若能守之，萬物將自化。……不欲以靜，天下將自定。
> （第 37 章）

> 故聖人云：「我無爲而民自化；我好靜而民自正；我無事而民自富；我無欲而民自樸。」（第 57 章）

> 天之道，不爭而善勝，不言而善應，不召而自來，繟然而善謀。
> （第 73 章）

「自賓」、「自均」、「自化」、「自定」、「自正」、「自富」、「自樸」、「自來」等詞的先行詞在句中都能找到，無非就是「萬物」或「民」（百姓），「天下」也正是這兩者的合稱。由此可知，自然的主詞包括了「道」、「德」、「天下」、「民」、「百姓」、「聖人」、「萬物」。總之，「自然」乃一切存在者之自然。

正如前文所述，從「自覺性自然」的角度來看，只有人才眞正地擁有「自己」，能夠眞正「自己而然」、「自覺而然」。與此相應，在《老子》文本中也應該只有聖人、百姓（民）才是眞正有自我意識的存在者，能反思與追問自身，眞正做到自我決斷，自覺行動，是爲「人之自然」。從「根源性自然」的角度來看，一切事物均有其本性，《老子》中的「自然」並不只是人這一特殊存在者之「自然」，同時也是天地萬物等一切存在者之「自然」，是爲「物之自然」。至此，我們結合《老子》文本，針對自然的兩層內涵而分別提出的問題便是：物之自然（本性）是如何可能的？「人之自然」與「物之自然」之間有何關係？通過以上分析，我們已經發現了一個線索，那就是「道」、「德」之自然。很顯然，在老子的哲學中，「道」、「德」絕非一般的存在者，爲了解決以上問題，我們就必須考察「道」、「德」與自然的關係。

二、反思老子之「道」的研究

「道」是老子哲學的核心觀念，但「道」究竟是什麼呢？或許這種提問方式本身就不正確，也不符合老子哲學的思維方式，進而言之，也不符合中國古代哲學的思維方式。中國古代思想家很少對哲學觀念進行直接的概念式陳說，而主要是以一種「負底方法」言說〔註 21〕。如孔子從不說什麼「是」「仁」，而只是說哪些德行體現了「仁」，或仁者具有哪些美德〔註22〕。在先秦思想家中，老子對「道」的言說算是比較特殊的，因爲他畢竟對被稱作「道」的那個東西進行了直接地界定。但由於「道」首先是作爲名稱出現的，而「名」背後的眞實存在，即不可名的「常道」，本身又無法通過人的感官與智識來理解。作爲「名」，「道」通過言說生成，但「道」本身究竟是什麼？據此，歷朝歷代的注釋家們不斷地對《老子》之道進行各種詮釋；近代以來，受西方哲學術語、規範的影響，很多學者開始運用概念、範疇對《老子》加以邏輯的分析，進行辨析式的哲學研究。不少學

〔註21〕 馮友蘭：《新知言》，《中國現代學術經典：馮友蘭卷》，石家莊：河北教育出版社 1996 年，第 832 頁。

〔註22〕 把孔子對仁的言說與蘇格拉底對「美德」定義的追求相比，兩者之間的差異很明顯。柏拉圖《美諾篇》中，蘇格拉底詢問美諾「什麼是美德」，而美諾列舉了很多具有美德的人，所以蘇格拉底嘲笑說：「我想要一個美德，但卻發現你有一大堆美德可以提供。」參見《柏拉圖全集》第 1 卷，王曉朝譯，北京：人民出版社 2002 年，第 493 頁。

者對老子的「道」進行了詳細地辨析與歸類，提出了很多觀點〔註 23〕。如果說這些研究主要受西方傳統哲學如前蘇格拉底的自然哲學以及柏拉圖、亞里士多德直至黑格爾哲學影響的話，那麼近十幾年來學界對《老子》進行中西比較研究則主要受現代西方哲學的影響，尤其是現象學、存在主義、語言哲學、解釋學等〔註 24〕。

「他山之石，可以攻玉」，應當承認，借鑒西方哲學解讀老子確實在一定程度上說出了老子之道的「新意」，也有利於中西哲學的互動。但同時這種研究方式也都存在一些問題。傳統的注釋家直接從老子或相近文本中找出注釋的根據，在一定程度上保全了老子之「道」，這種注釋方式大概可以稱爲「我注六經」。但同時很多注釋家也存在以儒釋老、以佛釋老的現象，這種情形在唐宋及其後的諸家注釋中表現得最明顯。其實魏晉玄學中王弼注老就已經初

〔註23〕 高亨先生認爲道之主要性質有十端，詳見《老子正詁》，《高亨著作集林》第五卷，第 22 頁。王叔岷先生認爲老子之「道」有七義，詳見《先秦道法思想講稿》，第 35～38 頁。唐君毅先生曾認爲「道」有六義，詳見《中國哲學原論（導論篇）》，北京：中國社會科學出版社 2005 年，第 227～229 頁。傅偉勳先生亦分析了道的六大層面，詳見《從西方哲學到禪佛教》，北京：三聯書店 1989 年，第 384～385 頁。方東美先生認爲，「道」約可分四大層面。詳見《中國哲學精神及其發展》（上），臺北：臺灣黎明文化事業股份有限公司 2005 年，第 242～246 頁。馮友蘭先生認爲，古時所謂道，均謂人道，至《老子》乃予道以形上學的意義。以天地萬物之生，必有其所以生之總原理，此總原理名之曰道。參見《中國哲學史》上卷，第 135 頁。張岱年先生認爲：「道的觀念是從天道轉化而來的，天道是天所具有的規律，道是比天更根本的普遍規律。這普遍規律是客觀存在的，卻無形無象，不同於一般事物。老子提出道的觀念來，實際上是強調普遍規律的重要。他把普遍規律看作最高的實體，把普遍規律實體化了。」參見《中國古典哲學概念範疇要論》，《張岱年全集》第四卷，第 477 頁。嚴靈峰先生則分道爲「道體」、「道理」、「道用」、「道術」而析之。參見《老子章句新釋》，臺北：臺北文風書局 1944 年。陳鼓應認爲《老子》書中的「道」字，符號型式雖然是同一的，但「道」的內涵意蘊各有不同，大概可分爲有實存意義的「道」、規律性的道和生活準則的「道」。參見《老子今注今譯》，第 23～35 頁。

〔註24〕 這些研究成果主要有：張世英：《天人之際：中西哲學的困惑與選擇》，北京：人民出版社 1995 年。張祥龍：《海德格爾思想與中國天道：終極視域的開啓與交融》（修訂版），北京：中國人民大學出版社 2011 年。張松：《論道的形而上學問題：關於老子思想之哲學意義的重新檢討》，濟南：齊魯書社 1998 年。葉秀山：《中西智慧的貫通：葉秀山中國哲學文化論集》，南京：江蘇人民出版社 2002 年。王慶節：《解釋學、海德格爾與儒道今釋》，中國人民大學出版社 2004 年。那薇：《道家與海德格爾互相詮釋：在心物一體中人成其人物成其物》，北京：商務印書館 2004 年。

顯端倪。這種創造性的詮釋大概可以稱爲「六經注我」。不管怎麼說，「我注六經」與「六經注我」都是在傳統範圍之內進行詮釋，所使用的哲學觀念都沒有超出中國傳統哲學。而在現代深受西方哲學研究方式影響的研究者看來，傳統注釋的不足之處在於這些著作大都缺乏現代哲學研究所要求的明晰，缺乏嚴格的概念界定、嚴謹的邏輯論證。以西方哲學中的概念、範疇來解讀老子哲學中的「道」，誠然做到了邏輯嚴謹，卻難免將西方哲學中濃厚的知性思維模式加諸老子身上，而這種思維模式在老子那裏是否存在都是個問題。如果將老子之「道」比擬於柏拉圖的「理念」、亞里士多德的「形式」、黑格爾的「絕對精神」，那麼我們探討的老子便已經柏拉圖化、亞里士多德化與黑格爾化，不再是中國古代的老子。將「道」作宇宙論、本體論、認識論等層面的剖析往往割裂了「道」，使得「道」的一體連貫性被肢解爲幾段論，造成了「宇宙論之道」與「認識論之道」的疏遠與隔膜。這一點已經引起了學界的重視〔註25〕。這種研究方式在現代中國哲學史學科創建之初就已經形成，並逐漸盛行，影響了幾代研究者。而關於道的唯物與唯心之論爭在上個世紀也持續了幾十年。近二十多年來，一些西方哲學研究者都自覺地融貫現代西方哲學與中國古代哲學，尤其是以海德格爾對老子等東方哲學家的興趣爲契機，進行中西比較研究，與之而來的一種流行觀點則認爲老子哲學中並

〔註25〕 劉笑敢先生指出，近代以來中國哲學的研究主流是以西方哲學的概念體系以及理論框架來研究分析中國本土的經典和思想，他將這種以西方哲學的概念和術語研究、詮釋中國哲學的方法稱爲「反向格義」（reverse analogical interpretation），他進而指出了這種研究方式的諸多困境。參見《老子古今：五種對勘與析評引論》（上卷），第68～83頁。

　　袁保新認爲：「未經審愼揀擇就草率地運用西方哲學概念來詮釋中國哲學，不但可能形成誤解，更嚴重的是，這種做法只是徒然低貶了中國哲人的智慧，使老莊、孔孟既不足以與西方精密的思辨體系相較，而且一旦流入西方傳統哲學概念的窠臼中後，平白地失去與現代文明接筍、建立現代意義的可能性。」參見《老子哲學之詮釋與重建》，臺北：文津出版社1991年，自序。

　　張松認爲，將老子思想中的「道」理解爲一個範疇性的概念，其結果是，在老子的思想文本中本爲一體的「道」的豐富內涵，爲了順應這種概念化的理解，被割裂爲幾種不同的含義，人們常以形而上學的本體實在、宇宙論的世界本源、客觀的自然規律等典型的西方知性概念來說明「道」的意義。同時，老子的具有整體意義的「道」的形而上學，也被機械地做了本體論、宇宙論、認識論、政治倫理思想等典型的西方式知性區域劃分。參見《論道的形而上學問題：關於老子思想之哲學意義的重新檢討》，第10頁。

不存在有一個實體性的、在萬事萬物的「自己而然」之外、之先或之上的造物主般的「道」存在〔註26〕，或將道詮釋爲「事物之當下湧現著綻開爲在場事物之湧現著綻開這回事本身」〔註27〕，或認爲老子之道就是「天地萬物作爲自身存在的本然狀態」〔註28〕。將海德格爾與老子進行比較以及互詮確實在一定程度上開出了老子之道的新意蘊，但不可忽視的是，這些觀點在提出老子之道並非實體化、非對象性存在者這些正確見解的同時也極大地削弱或稀釋甚至遺忘了老子之道作爲宇宙終極根源的意義，這種詮釋路徑脫離了「道」在中國古代哲學中的一個特殊情境，即中國古代思想家中普遍存在的對生命存在之終極本源的關切與追問。要呈現老子之「道」的眞實意蘊，必須考察「道」這個觀念發生的背景，並對老子的「道」「物」關係進行分析。

三、道物之辨

老子之「道」的宇宙本根意義首先在於「道」是一切存在者的本源，是一切生命得以延續與發展從而成就現世中生生不息的宇宙氣象的動力。老子之「道」表達了對生命終極本源的追問與關切，而類似的觀念在當時或更早曾普遍存在，不過形式不同而已，如殷墟卜辭中的「帝」、「上帝」的觀念，周初的「天」的觀念，這些觀念與西方傳統形而上學中的本體觀念顯然不同。那麼老子之「道」的這種宇宙本源意義究竟是如何超越傳統的神性之「帝」、「天」等觀念而形成的呢？我們不能簡單地將老子對宇宙萬物的本源追問界定爲一種純粹的自然哲學或宇宙生成論〔註29〕，實際上，「道」的本源意蘊來源於古代中國人思想中濃厚的宗祖觀念。

（一）上古時代的宗祖觀念

眾所週知，早期氏族社會以血族團體爲基礎，血緣關係是氏族的基本結

〔註26〕 王慶節：《解釋學、海德格爾與儒道今釋》，第151頁。
〔註27〕 張松：《論道的形而上學問題：關於老子思想之哲學意義的重新檢討》，第75頁。
〔註28〕 那薇：《道家與海德格爾互相詮釋：在心物一體中人成其人物成其物》，第2頁。
〔註29〕 自然哲學或宇宙生成論是最接近自然科學的學問，具有理性的科學精神，直接成爲近代自然科學研究的源頭，而老子哲學的重心顯然並不在此。老子追問天地萬物的本源，最終關懷還是人的生存與發展，老子的哲學充滿了虔誠的人文精神，但也正是在這一追問過程中，理性客觀的科學精神亦得以呈現。

構與存在基礎。每一個氏族通常會有一個圖騰，這些圖騰多半爲動物或植物，並且與氏族之間有某種血緣關係或親屬關係〔註 30〕，因此，圖騰一般又被認爲是氏族的祖先，作爲祭祀與供養的對象，成爲氏族的保護神。圖騰祖先觀念是最早的祖先觀念，崇拜圖騰祖先是最早的祖先崇拜〔註 31〕。隨著人類認識思維的發展，那種簡單的圖騰祖先崇拜開始轉型，圖騰神靈觀念開始產生，這些神靈有很多，但「上帝」無疑是最普遍的形式。考察殷商時期的文化可知，上帝是殷人的天神〔註 32〕。從殷墟卜辭中，我們可以看出殷人已經有至上神的觀念，這個至上神便是「帝」。殷人的上帝擁有絕對的權威，主宰天地人間的一切禍福。圍繞著「帝」形成了一個森嚴的體系，有帝廷、臣正，其他一切的日神、月神、雲神、星神等均屬於帝這個系統。而殷人逝去的先祖在他們看來是昇天了，在上帝左右，爲帝之臣。殷人對上帝有所請求時必須通過逝去的先王先公，而不能直接訴求於上帝。先王先公向上帝轉達人間的請求稱爲「賓」。但逐漸地，那些傳說中的遠祖也開始擁有了一些權威，能夠配天，得「以帝禮祭之」，亦能夠「降福將禍，若祐於王」〔註 33〕。再往後便是人間之王的權威不斷擴大，也加以「帝」的稱呼，如「帝乙」、「帝辛」。然而，這裏有兩個問題必須面對，一是上帝與氏族的始祖之間是什麼關係？一是上帝與現實中的帝王之間是什麼關係？這一問題學界一直有爭論。一派觀點認爲殷人在至上神之帝與先公先王之間有嚴格的區分，對人間之帝與至上神之上帝也有明顯的區分，也就是說，「上帝與人王之間並無血統關係」〔註 34〕，卜辭中的「帝」並不具有人神雙重資格〔註 35〕。但「殷人之先公先王先祖先妣賓天以後則天神化了，而原屬自然諸神（如山、川、土地諸祇）則在祭祀上人格化了」〔註 36〕。值得指出來的是，「天神化」的先王先公等先祖與「上帝」之間的關係無疑拉近不少。另外一派觀點認爲殷人的宗族神與上帝

〔註 30〕　從世界許多民族的圖騰崇拜來看，往往把圖騰當作自己的親屬。因此圖騰（totem）這個詞原意應爲「親屬」、「親族」。參見何興亮：《圖騰與中國文化》，南京：江蘇人民出版社 2008 年，第 3 頁。
〔註 31〕　何興亮：《圖騰與中國文化》，第 135 頁。
〔註 32〕　胡厚宣：《甲骨學商史論叢初集》，石家莊：河北教育出版社 2002 年，第 207 頁。
〔註 33〕　胡厚宣：《甲骨學商史論叢初集》，第 239 頁。
〔註 34〕　陳夢家：《殷虛卜辭綜述》，第 580 頁。
〔註 35〕　胡厚宣：《甲骨學商史論叢初集》，第 239 頁。
〔註 36〕　陳夢家：《殷虛卜辭綜述》，第 580 頁。

觀念是重合的。如郭沫若曾指出，「殷人的神同時又是殷民族的宗祖神，便是至上神是殷民族自己的祖先」〔註37〕。何炳棣就指出：「商的氏族傳說中的男性祖先，是嚳或帝嚳，詩歌中徑稱他爲天或帝。女性祖先而有血緣可循的則是簡狄。……嚳遣令玄鳥降於簡狄，使簡狄懷孕而生育商族。因此嚳同時成爲商族的氏族神與上帝。」〔註38〕因此，在何氏看來，「俊（即帝嚳）同時兼具氏族神與上帝雙重角色」〔註39〕。張光直也說：「事實上，卜辭中上帝與先祖的分別並無嚴格清楚的界線，而我覺得殷人的『帝』很可能是先祖的統稱或是先祖觀念的一個抽象。」〔註40〕關於證據問題，他們均提到了《山海經》中的帝俊傳說（或作帝舜、帝嚳）和《詩經》、《楚辭》中的玄鳥傳說：

> 天命玄鳥，降而生商，宅殷土芒芒。（《詩經·商頌·玄鳥》）

> 簡狄在臺，嚳何宜？玄鳥致貽，女何喜？（《楚辭·天問》）

殷人認爲他們的始祖是簡狄吞玄鳥卵懷孕所生。玄鳥傳說實際上將殷民族的始祖與至上神關聯起來，這種親緣關係的建立表明上帝與殷人的先祖之間存在著重疊甚至等同的關係。至少祖先崇拜與天神崇拜同時存在，且有逐漸接近、融合的趨勢，而這種趨勢恰恰就「爲殷以後的中國宗教樹立了規範，即祖先崇拜壓倒了天神崇拜」〔註41〕。如果我們相信這些傳說並非周初的殷商遺民毫無根據地編造出來的話，那麼我們就有理由相信這些傳說其實早在殷商時代就已經流傳，是殷民族祖先崇拜的產物。

西周以來也有類似的周人宗祖神的傳說，但在追溯此類傳說之前，我們先看看殷人的上帝觀念向周人的「天」的觀念之轉變。甲骨學專家們分析了殷商時代的卜辭，認爲殷人稱至上神爲「帝」、「上」、「上子」，偶或稱「上帝」，而絕無稱「天」者。「天」之觀念實源自周初或殷周之際〔註42〕，如周初的《大

〔註37〕 郭沫若：《青銅時代》，第 7 頁。

〔註38〕 轉引自傅佩榮：《儒道天論發微》，北京：中華書局 2010 年，第 4 頁。傅佩榮顯然不贊同這一點，他認爲追溯商的氏族祖先（或氏族神）於舜是一件事，但是把舜當作上帝，卻顯然是另一件事。

〔註39〕 轉引自傅佩榮：《儒道天論發微》，第 4 頁。

〔註40〕 張光直：《中國青銅時代》，北京：三聯書店 1983 年，第 264 頁。

〔註41〕 陳夢家：《殷虛卜辭綜述》，第 562 頁。事實上，陳夢家也指出，卜辭中的上帝的性質問題，可以從後世陳、秦的始祖傳說中有所理會。陳氏只是否認卜辭中的上帝爲高祖，但他也承認這種可能性，即這種對上帝的尊重將漸次發展而爲秦、鄭之以少皞爲高祖。參見《殷虛卜辭綜述》，第 582 頁。

〔註42〕 清末以降，疑古思潮盛行，古文《尚書》被證偽，於是周以前之古籍的可信度便成疑問，《尚書》中關於殷商之天帝的記載不再可信；而據現有的甲骨文

豐簋》、《大盂簋》〔註43〕。和殷墟卜辭相比，周初的彝銘以及《詩》《書》中確實稱「天」者屢見。「天」的觀念與殷人「上帝」的觀念既有關聯又有區別，這一點陳夢家論之甚詳〔註44〕。周人的始祖神話今見於《詩經・大雅・生民》與《詩經・魯頌・閟宮》，太史公的《史記・周本紀》亦據此而論。

> 厥初生民，時維姜嫄。生民如何？克禋克祀，以弗無子。履帝武敏歆，攸介攸止。載震載夙，載生載育，時維后稷。誕彌厥月，先生如達。不坼不副，無菑無害。以赫厥靈，上帝不寧。不康禋祀，居然生子。(《詩經・大雅・生民》)

> 閟宮有侐，實實枚枚。赫赫姜嫄，其德不回。上帝是依，無災無害。彌月不遲，是生后稷。降之百福，黍稷重穋，稙稺菽麥。奄有下國，俾民稼穡。有稷有黍，有稻有秬。奄有下土，纘禹之緒。后稷之孫，實維大王。(《詩經・魯頌・閟宮》)

所謂「履帝跡而生后稷」，這與殷人的玄鳥傳說的思維方式完全相同〔註45〕。這足以表明殷民族和周民族實質上都在將自己的始祖與至上神「帝」或「天」關聯起來，這也表明後世的祖先崇拜並不是「壓倒」了天神崇拜，而是兩者本質上就是相通的。當然與殷人相比，周人還是明確地將先祖與上帝（天）區分，即先祖與現實中的王是「上帝之子」，即「天子」，又稱爲「元子」。「元子」亦即「首子」，也就是眾多子女中的長子。《尚書・召誥》：「皇天上帝，改厥元子。」鄭玄注曰：「言首子者，凡人皆云天之子，天子爲之首

材料，實無殷人祀天之記載，於是遂有「殷人無天帝觀念」之觀點。此一觀點在甲骨學界幾成定論，而近幾十年來質疑者亦不乏其數。如李杜認爲，在晚清至近代的疑古思潮影響下，近人本西方近代的歷史進化觀，就各民族宗教思想起源與發展的一般情形去討論古代中國天帝觀出現的時代問題，而有天爲周人的氏族神，帝爲殷人的宗族神，中國在周以前仍未出現至高的天帝觀念的說法。但細考近人研究近代所發現的有關史料，及今文《尚書》《盤庚》，《高宗肜日》，《西伯戡黎》等篇所載有關天帝的情形，我們以爲此一說法並不完全符合史實。參見《中西哲學思想中的天道與上帝》，臺北：臺北聯經出版事業公司1978年，第10頁。

〔註43〕 參見郭沫若：《青銅時代》，第4、6頁。胡厚宣：《甲骨學商史論叢初集》，第238～239頁。陳夢家：《殷虛卜辭綜述》，第562頁。

〔註44〕 陳夢家：《殷虛卜辭綜述》，第581頁。

〔註45〕 楊亦軍認爲上古社會的神話思維集中體現爲「自我中心」，古人在造神過程中，造出了「自我」，常常把主神、民族始祖和文化超人融爲一體，用「神」來解釋某種文明的發源。參見《老莊學說與古希臘神話》，成都：巴蜀書社2001年，第153～160頁。

耳。」〔註46〕由此可見，其實並非統治階層才是天之子，狹義地說並非國王才是天之子，凡人都是天之子。當然眞正能夠祭祀這個先祖（天、上帝）的只能是天子，這是宗法制度使然。但不管是上帝還是天畢竟只是一種虛性的存在，並非現實中的有形生命實體，其作為一切人（甚至物）的先祖也不可能為現實經驗所證實，因此，在現實生活中，人們往往通過祭祀的形式來表達對這個超越的生命本根的敬仰與追念〔註47〕。

以上我們追溯了殷周兩代的至上神與先祖觀念，下面我們將對「祖宗」一詞進行分析。《說文解字》曰：「宗，尊祖廟也。」《白虎通・宗族》：「宗者，尊也。為先祖主者，宗之所尊也。」從字形上看，「宗」就是祭祀之場所，也就是「祖廟」，在祖廟必然要尊敬，或者說祖廟就體現了尊的觀念。《說文解字》解「祖」曰：「祖，始廟也。」從字形上看，其實「祖」源於甲骨文「且」，象徵男性生殖器官，這極有可能體現了早期社會的生殖崇拜，進而言之，體現了對族群先祖的崇拜。殷墟卜辭中多次出現了「高且亥」、「高且王亥」，而「王亥」為商先公之說，自王國維的《殷卜辭中所見先公先王考》之後，乃成定論，因此我們可以看出「祖」在殷商時代就已經是始祖觀念。《說文》之解「祖」為「始廟」恐為後起之義，不過這並不妨礙我們理解宗祖的觀念。因為「廟」本身據《說文解字》則是「尊先祖貌」的意思。總之，遠逝的先祖只是「曾經的實在」，當下生命無法直接感知，故只能以其他形式來表達對先祖的追念與敬仰。後人為先祖建立一個廟，廟就是先祖所在，這就是宗廟。《禮記・中庸》曰：「宗廟之禮，所以祀乎其先也。」有廟就有祖可宗，到廟裏祭祀先祖就是「宗」，「宗」表達了對逝去先祖的尊崇與追念。「廟」在「祖」便在，睹「廟」猶親瞻先祖之貌。這樣宗廟就成為人們祭祀先祖的地方。上古社會，從天子到庶人都要祭祀先祖，不過廟數與祭祀之禮不同，《禮記・王制》曰：

> 天子七廟，三昭三穆，與大祖之廟而七。諸侯五廟，二昭二穆，
> 與大祖之廟而五。大夫三廟，一昭一穆，與大祖之廟而三。士一廟，
> 庶人祭於寢。

作為天子，為了鞏固宗法制度與樹立統治權威，無疑要祭祀上帝以證明權力的合法來源與承受，同時也要祭祀先祖。兩者都可稱為祭祖，不過「祖」

〔註46〕 孫星衍：《尚書今古文注疏》，第395頁。
〔註47〕 這種濃厚的祖宗崇拜固然有其各種原因，如地理背景、經濟背景等等，關於這一點，可參見馮友蘭《中國哲學簡史》中的《中國哲學背景》一章。

的具體所指有所不同，有的指「開創王室、公室、家事的『始祖』」，有的指「王室、公室、家室祖之所自出的『祖』」。〔註 48〕「祖之所自出」之「祖」顯然追溯得更遠。但通常兩者又可以合祭，如《禮記·喪服小記》：「王者禘其祖之所自出，以其祖配之。」鄭玄注：「凡大祭曰禘。大祭其先祖所由生，謂郊祀天也。」不管是單獨祭祀先王先公，還是祭祀上帝、天時的以祖配天，甚至如鄭玄所注表明的直接祭祀「生」先祖之「天」，實質上都表達了共同的觀念，即對誕育出當下生命存在的先祖的感恩，對先祖延續種族的追念與敬仰。在此觀念下，正如唐君毅先生所指出的：「中國人之重孝父母與祖宗，故常覺自己生命精神之意義，在承繼父母祖宗之生命精神。人當常以父母祖宗之心爲心時，人當下即感一生命精神之充實。而此充實吾之生命精神，又爲吾之生命精神所自來之生命精神，此生命精神爲生之所獲持，而不見有死亡，而當下感以生命之永存或悠久。」〔註 49〕祭祖正是當下的生命存在對這種永恒的生命精神之崇敬，對遠逝的先祖的追念，對延續血脈親緣的認可與追溯。當然無論是祭祀還是宗廟，這都是一種形式，而眞正擁有生命的現實生存個體才是最眞實的實在。生存個體之「我」無論如何都不能脫離先祖的這層親緣關係，因爲正是先祖的存在，才有作爲當下生命體的「我」的存在。反過來，「我」的生命的當下存顯正體現了先祖的永恒存在，因此也可以說先祖因我的存在而存在。這就是古代中國人思想中的宗祖觀念。

（二）本根之道

通過以上分析，我們不難看出上古時代中濃厚的宗祖觀念，而這種觀念已經作爲一種「通見」（vision）〔註 50〕，或曰常識，深深地影響了先秦的思想家。老子之「道」便深受宗祖觀念的影響。《老子》中「生」、「先」、「母」、「宗」等觀念共同承載著宗祖的意蘊，表明老子之「道」是萬物之宗始。第二十五章曰：

〔註48〕 陳恩林：《關於周代宗法制度中君統與宗統的關係問題》，《社會科學戰線》1989年第 2 期。

〔註49〕 唐君毅：《中國文化之精神價值》，桂林：廣西師範大學出版社 2005 年，第 320頁。

〔註50〕 這裏的「通見」（vision）借用自史華慈。據譯者介紹，史華慈用這個概念旨在強調一個學派大部分成員共通的總體觀點與立場，代表學派的總體特性，是一個學派進行內部認同的特徵。而本文則更多是在共通的常識角度賦予該詞以新意。

有物混成，先天地生。寂兮寥兮，獨立不改，可以爲天下母。吾不知其名，字之曰道，強爲之名曰大。大曰逝，逝曰遠，遠曰反。

〔註51〕

「有物混成」，郭店竹簡《老子》作「有牆混成」，整理者認爲：「牆，從『爿』『百』，疑讀作『道』。」〔註52〕然學界有不同解讀，有人讀作「狀」，有人讀作「象」。但顯然不能讀作「道」，因爲下文明確提出「吾不知其名」，照此邏輯，顯然不能先爲不知其名的對象命名，然後再說「不知其名」。而只能是先借用一個普通名詞指稱，如我們日常語言中借用「東西」這個詞來指稱事物一樣，然後再專門爲之命名。儘管讀作「狀」更符合字形，但不管是「狀」，還是「象」，或「物」，都不是指經驗層次的具體形象或形狀〔註53〕，因爲「道」是「無狀之狀，無物之象」（第 14 章）。老子使用的「有」，意味著從存在論角度確立了「物」的眞實性〔註54〕，這個「物」是一切生命的終極本源。「混」，《說文解字》曰：「豐流也。」段玉裁訓爲「水濁」、「雜亂」。「混」有雜亂不分的意思，如《荀子‧非十二子》：「使天下混然不知是非。」楊倞注曰：「混然，無分別之貌。」〔註55〕《莊子‧繕性》：「古之人在混芒之中。」崔撰注曰：「混混茫茫，未分時也。」〔註56〕可知「混」意味著不能辨析，無法區分，也正因爲此，這個「混成之物」保持了自身的完整性。「混」字連同老子使用的「寂」、「寥」、「恍」、「惚」、「冥」、「昏」、「夷」、「希」、「微」等詞彙，意義均模糊不清，共同表明「混成之物」模糊、含混、無法辨析與

〔註51〕 王弼本及通行本多有「周行而不殆」一句，然檢之帛書本、郭店竹簡本，均無此句。

〔註52〕 荊門市博物館：《郭店楚墓竹簡》，第 116 頁。

〔註53〕 蒙培元認爲，「道之爲物」之「物」，不是指實有一物，只是說「道這個東西」。「其中有物」之「物」，則是指事物、實物，但「其中有物」並不等於「道即是物」。參見《「道」的境界：老子哲學的深層意蘊》，《中國社會科學》1996年第 1 期。

〔註54〕 參見拙作《道不可道嗎？——從「名」「實」之辨重新審視〈老子〉第一章》，《中國哲學史》2014 年第 3 期。從這個角度來說，老子之道並不是一個預設。陳鼓應先生曾指出，在老子哲學中，「道」「事實上只是一個虛擬的問題，『道』所具有的種種特性和作用，都是老子所預設的。」參見《老子今注今譯》，第22 頁。

〔註55〕 王先謙：《荀子集解》，沈嘯寰、王星賢點校，北京：中華書局 1988 年，第 91頁。

〔註56〕 郭慶藩：《莊子集釋》，第 551 頁。

區分的狀態。那麼如何理解「先天地生」之「先」呢？學界一直存在爭議。一般認爲「先」就是一個表示時間的觀念〔註57〕，說明在宇宙生成演化過程中的時間序列，道就是在時間上先於天地。也有人認爲是一種邏輯上的先，在邏輯上「道」先於天地〔註58〕。還有學者指出這裏的「先於」是一種當下的存在論結構意義上的「先於」〔註59〕。牟宗三先生提出境界形態之先在性〔註60〕，勞思光先生則認爲是「超越義之在前」〔註61〕。其實這裏的「先」並非表達時間序列的觀念〔註62〕，而是表達一種先祖觀念。「古者祖先亦單稱先。」〔註63〕道就是宇宙萬物等一切存在者的祖先（宗），處於「母」的地位。「道」

〔註57〕 王博提出「先在性」來對道物關係作順向考察，認爲「道」在時間序列中是先於物而存在的。參見《老子思想的史官特色》，臺北：文津出版社1993年，第225～226頁。

〔註58〕 崔宜明認爲，道生物，其含義是、且僅僅是指在邏輯上道必然在物之先。參見《生存與智慧：莊子哲學的現代闡釋》，第171頁。吳汝鈞亦認爲「先」不是時間義，而是理論義、邏輯義。參見《老莊哲學的現代析論》，第3頁。

〔註59〕 張松認爲，「道」在這一章的語境中不同於西方形而上學的「存在」這樣的概念範疇，因之而不可以是一種形而上學意義的邏輯上的先於，它只能是一種在時間序列的意義上對現象事物的先於。但時間序列意義上的「先於」也同樣不適宜，因爲這樣就有可能將「道」作爲一個在天地萬物存在以前自足存在的「道」之實體。實際上這裏的「先於」只能是存在論意義的，即：事物的每一當下的作爲現象的在場都奠基於它自身的具有存在論意義的湧現著綻開。參見《論道的形而上學問題：關於老子思想之哲學意義的重新檢討》，第76～77頁。

〔註60〕 牟宗三先生認爲，「象帝之先」非「存有形態」之先在也，非邏輯原則之先在，亦非範疇之先在，亦非存有形態的形上實體之先在，而乃開源暢流，沖虛玄德之明通一切，故爲一切形物之本，而其本身非任一形物也，此即在一切形物之先矣。此境界形態之先在性乃消化一切存有形態之先在性，只是一片沖虛無跡之妙用。參見《才性與玄理》，桂林：廣西師範大學出版社2006年，第122頁。

〔註61〕 勞思光先生認爲，老子一向以「先」於天地或「生」萬物狀道之超經驗，「先」、「生」皆易於致誤解，因「先」易使人想到時間序列中之「先」，「生」則涉及具體事物在時間中之「發生」。但老子時哲學詞語自不能如今日之嚴格，吾人觀其一貫說法，即可知所謂「生」表「道」對「物」之範鑄作用，乃指一形式義之決定力，非言經驗關係中指「發生」。所謂「先」指超越義之在前，非時間序列中之「先」。參見《新編中國哲學史》第一卷，桂林：廣西師範大學出版社2005年，第179頁。

〔註62〕 李澤厚曾認爲「道」對「象」、「物」、「天地」的優先地位並不一定是時間性的。參見《中國古代思想史論》，天津：天津社會科學院出版社2003年，第85頁。

〔註63〕 高亨：《老子正詁》，第46頁。

首先是一種「曾在」〔註64〕，而「先」則強調了當下生命存在與「道」之間的內在親緣關係。進一步表達此觀念的還有「生」〔註65〕。不管是老子所說的「道生一，一生二，二生三，三生萬物」（第42章），還是「天下之物生於有，有生於無」（第40章），這裏的「生」都不能簡單地理解爲「生育」或「生成」，我們也不應該把「生」看成一個嚴格的時間觀念〔註66〕，其眞實的内涵應該是呈現「道」與「物」之間的親緣關係〔註67〕。「道」是天地萬物之源，一切存在者都源於道，故「道」被視爲「萬物之宗」：

> 道沖，而用之又不盈。淵兮，似萬物之宗……湛兮，似或存。吾不知其誰之子，象帝之先。〔註68〕

「沖」，傅奕本作「盅」，《說文解字》曰：「盅，器虛也。」道不是有形之實，而是有如器皿之虛空，但其功用很大，源源不斷地生成天地萬物，永遠不會枯竭。既然「道」是天地之「母」，萬物之宗，那麼天地萬物就理所當

〔註64〕 海德格爾關於歷史有一段重要的闡釋。他說，「歷史作爲歷事是從將來得到規定的、把曾在接收過來並穿過現今的通行與經受。而這現今恰恰就是在歷事中消失的現今。我們對形而上學基本問題的追問是歷史性的，因爲這一追問把人類此在的歷事在其本質性的，即與在者整體本身的諸多關聯中向著未被追問過的諸多可能性，向著將來展開出來，從而同時也就歸結到其曾在的開端中去，這樣，也就在其現今中進行著更加細緻而且難度加大的歷事。在這樣的追問中，我們的此在就被召喚入此詞的充分意義上的歷史，進入這一歷史，進入這一歷史中的決斷中。」參見《形而上學導論》，第44～45頁。其實老子之道也是一種曾在，但同時又是一種「現在」，道既是宇宙萬物之終極本源，又是當下存在者的現實存在根據，總之，道貫穿古今始終，歷史本源於「道」。

〔註65〕 史華慈認爲，古代中國關於世界的看法以繁殖的喻象爲主導，中國的宇宙發生論的主流圖像是「生」（engendering），繁殖的圖像使人們轉而注意到這樣的思想，即：先在的存有（a pre-existent fullness of being）和發出（emanation），而不是「作」或「早」。以這一圖像爲主流是否與早期中國的宗教傾向的主要形式——祖先崇拜有關呢？參見《論中國思想中不存在化約主義》，張寶慧譯，《開放時代》2001年第5期。

〔註66〕 蒙培元認爲，「生」的問題是中國哲學的核心問題，體現了中國哲學的根本精神。「生」的一個意義就是生成，是有時間維度的。參見《人與自然：中國哲學生態觀》，北京：人民出版社2004年，第4頁。

〔註67〕 鄭開認爲，《老子》中的不少話語都是當時宗法氏族社會中社會實在之抽象化，比如說老子常說的、後來道家常用的「宗」、「生」也是如此。當然這個「生」字不能教條地理解爲「生育」，而應該理解爲親緣關係的表述。參見《道家形而上學研究》，第31頁。

〔註68〕 王弼本作「道沖而用之或不盈」，據帛書本、北大漢簡本訂正爲「又」。

然地被認爲是道之「子」了。從「生」的經驗層面來看，母子總是相對而言的，就此章而言，「先」與「子」相對〔註 69〕，那麼「道」自身是否也有作爲「子」的可能呢？換言之，「道」有「母」乎？有「先」乎？老子對此間接地否認：我不知道它從哪裏產生，但它卻似上帝之先祖。這裏的「先」再次表明了「道」作爲一切生命存在之先祖的觀念，並且還是殷商時期一直奉爲至上神的「帝」（上帝、天帝）的先祖。這樣「帝」與「道」也存在一種親緣關係。值得注意的是，這裏的「母」、「子」之喻並非表示「道」是一個經驗事物中的實體，這一點牟宗三先生曾明確指出過〔註 70〕，而下文我們也將專門討論老子之道的「母」喻問題。因此，儘管我們並不排除「道」作爲「子」的可能性，但如果要去追問與探求道之「母」的話，那麼我們首先要明確「道」本身是什麼。而問題恰恰也出在這裏，因爲被命名爲「道」的那個「混成之物」本身是什麼都存在問題，更遑論其他的追問〔註 71〕。在這裏，老子以否定的方式含蓄而又獨斷地表達了「道」作爲宇宙萬物之根源的結論。那麼道究竟有何特徵可以爲人所認知與把握呢？老子曰：

> 視之而弗見，名之曰微；聽之而弗聞，名之曰希；搏之而不得，
> 名之曰夷。三者不可至計，故混而爲一。一者，其上不皦，其下不昧。
> 尋尋呵不可名也，復歸於無物。是謂無狀之狀，無物之象，是謂惚恍。
> 隨而不見其後，迎而不見其首。（帛書《老子》第 14 章）

作爲宇宙萬物本根的「道」無法作對象性的觀照與考察，因爲「道」本身無形無象，超越感觀，依靠視覺、聽覺、觸覺這三種感觀無法把握「道」，或曰它根本就不是人的感官所認識的對象。對於「道」的超感官性質，老子再次使用了一個「混」字，照應了第二十五章的「有物混成」之「混」，表明「道」是不可區分的整體性存在。不僅感觀無法把握，知性也難以企及，因爲知性勉強設立的「道」這個「名」不能眞正表達那個無名的「常道」。

〔註 69〕 高亨：《老子正詁》，第 46～47 頁。

〔註 70〕 牟宗三先生認爲，道遍與萬物而生全之，即遍與萬物而爲其體也。爲其體，爲其本，即爲其母也。但此道之遍在而爲體爲母，亦不是「存有形態」之爲體爲母，只是境界形態沖虛之所照。參見《才性與玄理》，第 127 頁。

〔註 71〕 老子並不想也沒有在這個語言問題上過於糾纏，他開宗明義地闡明了基本的立場與觀點，要認識「道」，還得借用語言，這是一個無法迴避的困境，也就是「說『不可說』」。作爲研究者，在一定程度上也是在「說『不可說』」，但「不可說」的東西仍然是可以借助語言見解烘託出來的。關於這一點，可參見張世英：《進入澄明之境：哲學的新方向》，北京：商務印書館 1999 年，第二章。

道之爲物，惟恍惟惚。惚兮恍兮，其中有象；恍兮惚兮，其中有物。窈兮冥兮，其中有精；其精甚眞，其中有信。自今及古〔註72〕，其名不去，以閱眾甫。吾何以知眾甫之狀哉？以此。（第21章）

「道之爲物」帛書本、北大漢簡本均作「道之物」，據此，則文義解釋與通行本有差異。按「之」可訓爲「出」，「道之物」意即「道生物」〔註73〕，因此，接下來的經文並非對道自身進行描述，而是對道生物的過程進行描述。道生萬物的過程亦不可直接感知，這從他大量使用「恍」、「惚」、「窈」、「冥」等在日常經驗中表達模糊與晦澀含義的詞彙可以看出來。「道」無形無象，但「道」又確實存在，在道生成「物」的過程中，它恍惚不定，但就是在這個恍惚之中，有「象」、「物」、「精」、「信」，即已經成爲一切具象得以顯現的根源。老子關於「道」的這些玄妙莫測的描述實際上是一種想像式地設定與揣摩〔註74〕，之所以將「道」納入到知性領域來加以探討，實屬無奈。

通過以上的分析，我們可以概括出老子之道的兩個特點：道作爲宇宙萬物之本源眞實存在；道不是感官與智識可以認識的。通觀《老子》，我們發現老子很少直接描述道自身，而多是以道物關係爲中心，通過描述物的形成及其存在狀態來彰顯「道」的作用與功能。從道的作用來看，大道生生不息，源源不斷地生成萬物，長養萬物，道是天地萬物之母。那麼我們爲何可以通過「物」的存在狀態來體認本根之「道」呢？「道」生天地萬物是否表明「道」是一個獨立先在性的實體？「道」與「萬物」是何種關係？這些問題是解決前文提出的「物之自然」何以可能的關鍵。

（三）道物相融

首先，我們考察下老子描述「道」所使用的各種象喻。《老子》常以各種物象來比擬「道」，常見的物象有「水」、「母」、「樸」、「嬰兒」、「赤子」、「谷神」、「玄牝」、「根」等等。但老子也明確指出「道」本身是「無狀之狀，無物之象」，因此要理解老子的「道」，必須超越常規思維方式，不能以老子所借用的「象」來框住「道」，以有形之「物」來代替「道」，或將「道」「具象

〔註72〕 王弼本等通行本作「自古及今」，帛書本、北大漢簡本及傅奕本、范應元本均作「自今及古」，今據改。

〔註73〕 高明：《帛書老子校注》，北京：中華書局1996年，第329～330頁。

〔註74〕 蕭漢明師曾指出，老子使用了「似」、「象」，反映了宇宙論尚處在構想或猜測時期的語言特徵。參見《道家與長江文化》，武漢：湖北教育出版社2005年，第25頁。

化」，而只能超越象喻，把握老子所言之道的眞實內涵〔註75〕。換言之，老子不是以具體之物象來「指代」道自身，而只是用來烘託、彰顯「道」。下面我們以「母」、「樸」、「嬰兒」之喻爲例依次作簡要的分析。

很顯然，老子借「母」這一形象來喻道，旨在說明「道」與天地萬物之間的「生」的關係，並且這種「生」蘊含了一種內在親和性，亦即親緣關係。觀《老子》中所有「母」喻，我們都不難看出這一點。第五十二章曰：

　　天下有始，以爲天下母。既得其母，以知其子，復守其母，沒身

不殆。

「天下有始」是從存在論角度指出確實存在著無名的自然之始（道本身），而「以爲天下母」的「以爲」則表明是我們把它看作天下之「母」，這是從認知角度而言。這裏的「母子之喻」可以轉化爲「守母以存子」與「存子以顯母」，但是「母子」的這種言說方式絕不能理解爲一種純粹概念辯證法，也不能將之作爲獨立的實體來理解。在老子那裏，「母」與「子」不是兩個純粹的概念，而是表達生命之間的延續關係。「道」就是天地萬物終極的根源，是母，是一切存在者之源。這裏「母」體現了「道」的根源性意涵。「母」賦予「子」以生命，而「子」則將這種內在的生命不斷延續下來，換言之，「母」就內在於一切生存個體之中，而「子」就是當下的生存個體。既然已經擁有這個母，那麼就要將這個「母」以「子」的形式永遠延續下去，這就是「生生不息」，也只有如此才能眞正地「復守其母」，才能「沒身不殆」。至此，我們也就不難理解第二十五章的「大曰逝，逝曰遠，遠曰反」。「道」爲天地萬物之「母」，可謂大矣〔註76〕。何謂「逝」？王弼注曰：「逝者，行也。」〔註

〔註75〕劉笑敢先生認爲，要正確看待老子所說的「牝」、「雌」等比喻，必須注意到，這些詞彙本身不是哲學概念或思想術語，而是爲了表達思想主張而使用的比喻之辭。借用修辭學的術語來說，這些雌性詞彙不是「本體」，而是「喻體」。參見《關於〈老子〉之雌性比喻的詮釋問題》，《中國文哲研究集刊》第二十三期（2003）。葉舒憲認爲，老子的比喻是來自「神話類比思維的一種獨特的思維方式和論證方式，只有把老子的比喻思維放置在自神話語言向概念語言演進的歷史過程之中，才能獲得清晰的觀照」。事實上，老子的大部分比喻都顯示著那種「形象和觀念、具體和概括的結合」，這說明老子的比喻之中完成著從具體到抽象的理念過程，這意味著得之於神話思維的比喻正在向「捨象取義」的方向發展。參見《老子與神話》，西安：陝西人民出版社2005年，第38、46頁。

〔註76〕此處的「大」亦可讀作「太」，初始之意。

〔註77〕王弼：《老子道德經注校釋》，第63頁。

77〕蔣錫昌曰：「『逝』者，指道之進行而言，即宇宙歷史自然之演進也。」〔註78〕本根之「道」隨著萬物源源不斷地生成而流逝、運行不息，現實經驗之物與終極本源之道在歷時性上漸行漸遠，故「逝曰遠」。那個先天地而生的混成之物本就不是現實經驗中的存在者，終極本源之「道」離當下的存在者越來越遠，正是在這個意義上來看，「道」並不是一個現存的實體，不是一個可感知的對象，而是一個終極本源。但「逝」並不是消滅，也不是否定生命源頭的存在，「道」最終「返」於當下存在者之中。當下生存個體（子）似乎在歷時性上與終極本源之「道」（母）漸行漸遠，但在現時性上，天地萬物中的內在本源之道（母）通過當下存在者（子）的生存狀態不斷地湧現，其現實品格即為「德」，只要守護這個本源，天地萬物就能在當下的存在活動中展現「道」（母），最終回歸「道」。知子守母的方式也就是一種體道的方式，從當下存在者（子）中體悟遠逝的道（母）的存在。

關於「樸」，老子說：「樸散則為器。」（第28章）一般認為這裏的「樸」是「道」，老子以樸喻道。以樸喻道沒有錯，但樸不是道。何謂樸？《說文》：「樸，木素也。」「樸」是未加工成器的木頭，象徵事物原初性狀。但這種原始之貌仍然是有具體形象，有形有象之物不是道。「樸」是一個無分化、無對待之物，即「樸」沒有任何相對待的性狀，既不是大也不是小，既不是美，也不是醜。樸散之後就形成了各種器具，有了一定的用途與性狀，有大小、好壞、美醜等等的區分與辨析。「樸」不是「器」，但「樸」存在於「器」之中，「器」根源於「樸」。我們可以將「樸」與「嬰兒」結合起來考察：

> 知其雄，守其雌，為天下谿。為天下谿，恆德不離。恆德不離，復歸於嬰兒。知其白，守其辱，為天下谷。為天下谷，恆德乃足。恆德乃足，復歸於樸。知其白，守其黑，為天下式。為天下式，恆德不忒。恆德不忒，復歸於無極。樸散則為器，聖人用則為官長，夫大制無割。（帛書《老子》第28章）

「樸」與「嬰兒」處在完全相同的句法位置，並且內涵也相同。初生的嬰兒只是一個鮮活的、充盈著精氣的生命體，並無雄雌之辨〔註79〕，更無所

〔註78〕蔣錫昌：《老子校詁》，成都：成都古籍書店1988年，第170頁。
〔註79〕應該說明的是，初生兒客觀上雖然存在著男女性別之分，但又確實沒有明顯的男女性別特徵，即沒有複雜的性徵，只是一個鮮活的生命體而已。葉秀山認為，從母體生長出來的是一個「嬰兒」，還不是「孩童」。「嬰兒」已是「人」，但你不能問「是」「什麼」「人」？「嬰兒」「是」，但卻「不是」「什麼」。「嬰

謂美醜、善惡、高貴低賤等區分。嬰兒無知無欲，體雖柔弱，但精氣充盈，正是道所賦予的內在生命力之彰顯。赤子沒有性的欲望與衝動，「未知牝牡之合而朘作，精之至也。」（第 55 章）這裏的「精」就是「其中有精，其精甚眞」之「精」，亦即內在於生命體中的「道」，體現在現實物中，老子稱之爲「德」，嬰兒赤子都是「德」最爲完好的階段，故老子曰：「含德之厚，比如赤子。」（第 55 章）但嬰兒赤子終究會生長爲成年男女，這和「樸散則爲器」一個道理。「樸」、「嬰兒」、「赤子」共同表達了一種原初性、本源性的觀念，老子以之喻「道」，意在表明「道」是一切生存個體（具體事物，「器」）的生命本源，但這個本源並非一個獨立於一切現實生存個體之外的實體，而是內在於其中。一切生存個體只有持守了這個本源才能生存，喪失了這個本源則滅亡，這就是「大道廢」與「失道」。老子並非反對「器」（具體器物），也非反對雄雌（男女性別）的現實存在合理性，但老子對「器化」、「物壯」、「兵強」、「木強」的過程提出了警醒甚至批評，因爲這個過程不斷遠離原初本性，不斷增飾各種性狀，而我們往往又不能認識到「器化」過程中物之各種性狀的相對性、非本源性，卻一味地去追逐。這樣就與生命本源漸行漸遠，捨本逐末，最終在追逐外物過程中偏離了生命的本源之「道」。所以老子特別強調「復歸其根」、「知止不殆」，歸根意味著對生命原初本性的持守，知止意味著不要無止盡地修飾本性〔註 80〕。

其次，我們看道與天地萬物的一體融貫性。老子說：「道沖而用之，又不盈。」（第 4 章）這表明道作爲天地萬物之本根，永不匱竭。道既是天地萬物之根源，同時也融彙於天地萬物之中，老子說：

> 大道氾兮，其可左右。萬物恃之而生而不辭，功成不名有。衣養萬物而不爲主，常無欲，可名於小；萬物歸焉而不爲主，可名爲大。以其終不自爲大，故能成其大。（第 34 章）

> 譬道之在天下，猶川谷之於江海。（第 32 章）

對「大道氾兮，其可左右」一句，王弼注曰：「言道泛濫無所不適，可左

兒」是「人」之「樸」、「人」之「本」、「人」之「根」，以後的「『什麼』人」，是從這裏「生長」出來的。參見《我讀〈老子〉的一些感想》，《中西智慧的貫通》，第 43 頁。

〔註 80〕袁保新認爲，「始制有名」或「樸散爲器」並不是「大道」廢失的原因，眞正的關鍵在於是否「知止」，是否「開其兌，濟其事」。參見《老子哲學之詮釋與重建》，第 94 頁。

右上下周旋而用，則無所不至也。」〔註 81〕這一個「氾」字很值得玩味，它表明道就如同水一樣，四處流行，無處不在。「左右」實乃一個概括性的說法，實際上包括上下四方，即六合之內無所不盈。這表明大道流行，無所不在，萬物雖為之所生，卻從未脫離過它，也從未獨立過，就像川谷最終都要流向江海一樣。萬川歸海，川谷與江海之間最本質的聯繫是源與流一體融貫，不可分割。老子使用這個比喻，旨在說明道與天地萬物一體相融，而非彼此隔絕。道包容了天地萬物，有形的天地萬物最終都要回歸於道，也始終處在道之中。簡言之，道是天地萬物的終極本源，同時又內在於現實天地萬物之中，這就是老子之道的一體融貫性。而通常所認為的有一個時序上先在的作為宇宙本根的實體之道，然後才有天地萬物，或道生育了天地萬物又屹然獨存的觀點都誤將老子之「道」獨立化，將「道」與「物」割裂為兩截。這種解讀，一方面可能與老子的言說方式有關，因為老子常言「有物混成，先天地生」、「獨立而不改」、「道生一」〔註 82〕，而另一方面可能與我們的經驗思維相關，即易將《老子》中的母子之喻具體化為實體，這樣「道」便成為具體的一個母體。

　　總之，道是天地萬物等一切生存個體的本源，體現在當下生存個體之中。如果認為老子之道乃超然物外，那麼道就很可能淪為一種外在的價值目標或原則，道物之間始終存在著難以跨越的隔閡。實際上，老子之「道」並非獨立性的實體，亦非現實中的對象性存在，「道」既不能說「是什麼」，也不能說「不是什麼」。但「道」確實「是」或「在」（being）。「道」是天地萬物得以存在的最終根據，也是終極本源。老子出於對人類自身以及其他一切存在者終極本源的追問與體認，借用了名詞「道」來指稱那個無時不發揮效用、無處不在的真實本根，但這個本根並非一個凌駕於萬物之上的實體，而是通過天地萬物生生不息的現實活動來呈現。因此，我們可以說，天地萬物之本性根源於「道」，「物之自然」根源於道；同時生命本根之「道」又根植於一切生存個體生生不息的存在狀態之中，因而物之本性的呈現就是「道」的彰顯。簡言之，道既超越復內在。那麼，道與自然之間又是何關係呢？

〔註 81〕 王弼：《老子道德經注校釋》，第 85 頁。
〔註 82〕 李杜認為，造成此種誤解，原因之一便是「為老子說道的一些抽象詞語所困惑，而不辨別此為第二層次的抽象話，而即把它們實體化作為說道的第一義」。參見《中西哲學思想中的天道與上帝》，第 127 頁。

四、「道法自然」辨正

《老子》第二十五章和第五十一章集中探討了道與自然之間的關係，我們先看第二十五章的「道法自然」。

> 故道大，天大，地大，王亦大，域中有四大，而王居其一焉。人法地，地法天，天法道，道法自然。

這章的解讀一直存在著爭議。首先是「人法地，地法天，天法道，道法自然」一段話的斷句問題。劉笑敢先生對此進行了歸類，一共總結了三種讀法〔註83〕。第一種是普通讀法，即讀作「主——謂——賓」結構，「人」、「地」、「天」、「道」分別在四句中作主語，「法」分別在四句中作謂語，「天」、「地」、「道」、「自然」依次作「法」之賓語。第二種讀法遵照上面的「主謂賓」結構讀前三句，最後一句「道法自然」中，則把「自然」當成形容詞，作謂語。把「道法」當成「道之法則」的名詞性詞組，作主語。這種讀法以河上公為肇始。河上公注曰：「道性自然，無所法也。」〔註84〕還有第三種讀法，即「人法地地，法天天，法道道，法自然」。這是以人為全文的主語，四個法字是同一主語的謂語動詞，賓語則分別是「地地、天天、道道、自然」。在歷史上，唐朝的李約最早倡導這種讀法，李約云：「人法地地，法天天，法道道，法自然。言法上三大之自然理也。其義云『法地地』，如地之無私載；『法天天』，如天之無私覆；『法道道』，如道之無私生而已矣。如君君臣臣父父子子之例也。」〔註85〕近代學者高亨在《老子正詁》中引李約之注，認為「按李約讀法，義穎而塋，善矣」，但他同時認為：「予疑此文原作『王法地、法天、法道、法自然』，重天、地、道三字，後人所益也。」〔註86〕現代學者張松如、古棣、王慶節亦贊同李約的讀法〔註87〕，並對傳統讀法提出了質疑。

其實傳統的讀法並無不妥，並且也只有傳統讀法才能完整地呈現「道法自然」的真實意蘊。依據前文對「自然」的理解，下面分三步逐層分析「道法自然」。

〔註83〕 劉笑敢：《老子古今：五種對勘與析評引論》（上卷），第288～290頁。

〔註84〕 河上公：《老子道德經河上公章句》，第103頁。

〔註85〕 李約：《道德真經新注》，《正統道藏》（第十二卷），天津古籍出版社、文物出版社、上海書店1987年，第328頁。

〔註86〕 高亨：《老子正詁》，第99～100頁。

〔註87〕 張松如：《老子說解》，濟南：齊魯書社1998年，第153～155頁。古棣：《老子校詁》，長春：吉林人民出版社1998年，第61～62頁。王慶節：《解釋學、海德格爾與儒道今釋》，第148頁。

　　首先，道應當效法什麼？或曰道有效法的對象嗎？通常在同一語境中，古漢語句法一般保持一致，因此，「道法自然」與「人法地，地法天，天法道」的句法結構一樣，都是在講效法一個對象〔註88〕，道所效法的「對象」正是「自然」。那麼這是否意味著道要去效法一種超越「道」之上的、被稱作「自然」的獨立狀態或實體呢？顯然不是。因爲老子明確指出「域中有四大」，分別是「道」、「天」、「地」、「王」，而「自然」並不在其中。若將「自然」視爲一大，則域中有「五大」矣。實際上，在「道法自然」這個命題中，「自然」之「自」作爲反身代詞，指代先行詞「道」，「道法自然」實際上是「道法道自然」。「然」是對反身代詞「自」所指代的「道」之存在狀態與過程的描述，這種狀態與過程是「道」自己產生的，因而「道」所效法的對象正是道自身的狀態，即道自身的本性或原初性狀。「效法自己」的說法實際上是以主客同一的方式消解了所謂的「效法」，而確立了道自本自根的存在，正好印證了道「先天地生」、「獨立不改」的特徵。至此，我們發現「道法自然」借助「自然」之「自」進行反指，將效法的對象指向了自身，道效法自己的（本源的）狀態實際上表明道的存在狀態只是自己而然，本性如此，這是一個終極典範。

　　其次，道自己的存在狀態究竟是什麼？道如何效法自身的存在狀態？一旦追問到這些問題，我們便陷入了困境。因爲「道」首先是作爲「名」而存在，不過是老子爲了言說而勉強借用的一個詞，而這個名之所指——常道，亦即自然實存之道本身無形無象，本無名，超越人的感官經驗。然而自然之道本身不可言說這個事實又促使著老子去言說，否則我們就不可能瞭解「道」本不可言說，甚至連是否存在自然之道這一回事都不知道。由此，老子爲了表明道自身的眞實存在及其作用，不得已還要言說。但道有一個相對於萬物而言獨立自存的實體性自身嗎？如前文所述，道本無體，以天地萬物爲體，換言之，道並沒有獨立於天地萬物的實體化自身，道自身的存在狀態只能通過萬物來呈現，其實質是天地萬物生生不息的過程，是謂「道之自然」。「道」自身並非獨立於天地萬物之外，而是內在於天地萬物之中，而「先天地生」、「獨立不改」的說法只是一種形上的設定，而非經驗的描述。道效法自身的存在表明道只是自己而然。

〔註88〕 王慶節曾質疑：「人法地，地法天，天法道，道法自然」這四個句子的結構應當說完全一樣的，既然如此，那麼爲什麼「法地」、「法天」、「法道」的前三個句子均被解爲效法一對象，而到了「法自然」，就不再是「對象」的讀法了呢？參見《解釋學、海德格爾與儒道今釋》，第148頁。

最後，天地萬物如何要法自然？或者說我們如何從「道法自然」得出「天」、「地」、「人」最終要法「自然」的結論呢？問題首先在於，我們能否由「人法地，地法天，天法道，道法自然」直接推出「天」、「地」、「人」都要「法自然」的結論呢？長期以來，這一推論被我們想當然地接受。筆者並非否認這個結論本身，但直接得出這個結論卻忽視了「自然」背後的本源之「道」，甚至忽視了「道」與天地萬物的關係。之所以會造成這種疏忽，關鍵還在於對「自然」一詞的理解。繞開「道法自然」中的「自」所指代的「道」，也就是切斷了「自然」作為一種價值的根源。儘管研究者們大都認可「自然」作為一種價值或原則，卻很少追問這個價值原則的根基，即使追問也僅僅簡單地認為「道即自然」。而真實的推論過程應該分三步：「人法地，地法天，天法道」這三句表明「道」是天地人的終極本源，不僅「天」要效法之，按照層遞關係，「人」與「地」也要效法之，即天地人都效法道，「這實際上等於說天、地、人這三種實體存在的本然自在性即是「道」，即是宇宙之最高本原」〔註89〕，這是第一層結論。但道應該效法什麼呢？「道法自然」表明道自本自根，本無所法，只以自己的原初狀態為法，自己而然，這是第二層結論。那麼道如何效法它自身的狀態呢？據前文分析，道沒有獨立於物的實體化自身，道通過萬物的存在狀態來呈現，道使得萬物之本性（物之自然）成為可能，非萬物之外別有一「道」的存在狀態。天、地、人的法「道」，實質是效法「自然」〔註90〕，也就是充分彰顯各自本性，自己而然。這才是第三層結論，亦即最後一層結論。在這四大中，「自然」因為首先是「道」自身之狀態——道之自然——而獲得了一種價值之源，這不同於一般的「天法自然」、「地法自然」甚至「人法自然」。何謂也？因為無論是天、地還是人，都不是宇宙萬物的終極本源，他們自身都根源於道。

在分析了「道法自然」的基本意蘊後，下面我們進一步反思學界的三種解讀。

〔註89〕 李春青：《論「自然」範疇的三層內涵——對一種詩學闡釋視角的嘗試》，《文學評論》1999 年第 1 期。

〔註90〕 于民雄指出，「人」法「自然」和「道法自然」具有統一性，它是通過「地」、「天」、「道」三個中間環節推演出來的。由「道法自然」，我們可以演繹出「人」法「自然」；由「人法地」，我們可以歸納出「道法自然」。「人」法「自然」，顯然是「道法自然」、萬物效法「自然」的符合邏輯的結論。參見《「道法自然」新解》，《貴州社會科學》2005 年第 5 期。

　　第一種解讀，「道性自然說」。此種理解最早源於河上公注：「道性自然，無所法也。」〔註91〕首先這種解讀在句法上是將「道法」看做是「道之法則」或「道之本質」、「道之本性」。劉笑敢先生曾批評道：「前三句的法都是動詞，惟獨最後一句的法突然解釋爲名詞，殊爲突兀，於理未愜。」〔註92〕其次，能否將「自然」看做「道」之「性」呢？「性」是「本性」還是「屬性」呢？無論是看做本性還是屬性，都很容易將「道」誤解爲一個實體性存在，甚至一種類似於「物」的存在。但顯然「道」並非「物」，也不是一個實體，蒙培元先生曾對這種理解進行了批評，「道」不是實體，也就無所謂屬性，「自然」如果是屬性，就必然另有一實體〔註93〕。顯然，自然只是道自己的存在狀態，「自然」與「道」不可分說。當然值得指出的是，河上公的注解仍然正確地指明了「道」並非效法另外一個更高的存在對象，道既然只效法自己，因而實際上是「無所法」。

　　第二種解讀，「人法自然說」。這種理解的根據是前文所指出的第三種斷句法，即「人法地地，法天天，法道道，法自然。」這種理解標新立異，但也存在問題。首先是斷句。李約認爲這種讀法與「君君，臣臣，父父，子子」相似，其實不然。以「君君」爲例，第一個「君」作動詞，第二個君作名詞，兩個詞合在一起構成獨立的動賓結構，這種構詞方式古代較爲常見，如《莊子·知北遊》有「物物」的說法。但在「法地地」、「法天天」、「法道道」的句型中，地地、天天、道道本身又在一個新的動賓結構中的充當賓語，即作「法」的賓語，顯然，這種複雜的構詞法，先秦並無旁證。高亨先生曾懷疑這幾句經文重複了「地、天、道」字，然通檢諸多《老子》版本，這種懷疑並無文本根據，不足爲信。其次，從具體語境來看。此章經文前半部分已經明確指出，「道」爲天下母，生生之功甚大，故老子以「大」名之，但「大」這個名也是老子勉強借用的，可見「大」也不足以眞正體現「道」的功能與地位。緊接著，老子將「天」、「地」、「王」與「道」合稱爲四大，並指出「域中有四大，而王居其一焉」，這既是對「王」（現實的治理者）能夠與道、天、地並稱爲四大的褒揚，同時又是對「王」只是「四大」之一的警醒。但我們不禁要問，爲何除了「道」之外還有其他「三大」呢？其他「三大」與「道」

〔註91〕　河上公：《老子道德經河上公章句》，第103頁。
〔註92〕　劉笑敢：《老子古今：五種對勘與析評引論》（上卷），第288頁。
〔註93〕　蒙培元：《論自然》，《道家文化研究》第十四輯，第20頁。

之間究竟是什麼關係呢？按照這個邏輯，下面的經文應當是著重討論四大之間的關係。但如果按照李約等人的讀法，下文卻只探討人與其他三大的關係，並沒有涉及四大之間的關係探討。並且這種讀法只簡單地得出人效法天、地、道、自然，而忽視了這樣一些問題：自然與道之間是什麼關係？天、地是否要效法道？天、地、道是否要效法自然？如何得出天、地、道效法自然？顯然，「人法自然說」沒能解答這些問題。

　　第三種解讀，「道法萬物之自然說」。這種理解主要以伍曉明、王中江爲代表。伍曉明認爲「自然」應被視爲一已經名詞了的詞組，意味著某些可被稱作自然者，道法自然意味著「道法萬物」〔註94〕。王中江指出，「注釋者對《老子》中使用的『自然』缺乏整體性的觀察，沒有注意到老子說的『自然』是同『萬物』和『百姓』密切聯繫在一起的。」〔註95〕「道法自然」的「自然」不是「道」的屬性和活動方式，它是「萬物」和「百姓」的屬性和活動方式。「道法自然」的準確意思是：「道遵循萬物的自然」〔註96〕。很顯然，這種理解仍存在問題。首先，句法上的理解問題。在「道法自然」中，反身代詞「自」應當指代一個對象，即在句中應當有一個先行詞爲「自」所指代。那麼「自」指代什麼呢？很顯然，在這個句中充當了先行詞的是「道」，而非「萬物」，「道法自然」意味著「道」效法它自身的狀態。其次，這種解讀極易讓人誤解《老子》中的道物關係。本來「道法自然」表明道效法自己的存在狀態，實際上是道自己而然。但道沒有獨立的實體化自身，或曰，道本無體，以萬物爲體，「道法自然」的眞實意義在於「物之自然」，即萬物得以自生自長，本性得以暢達與呈現。道法自然蘊含著「道之自然」，這只是形而上的設定，其現實經驗基礎則是「物之自然」。但如果說「道」還要去遵循萬物之自然，那麼「道」的本體地位何在？這種理解混淆了虛性範疇與實性範疇的關係，將形而上的預設屈從於經驗事態，同時極易產生「道」、「物」分裂的危險。而實際上道與物本一體相融，老子之所以提出「道法自然」，主要是爲萬物之自然確立形而上的根據，爲「自然」作爲一種理想的生存狀態尋求一個價值根源。換言之，道爲萬物之自然立法，而萬物只有實現「自然」才

〔註94〕伍曉明：《「道」何以法「自然」？》，《中國學術》第二十七輯，北京：商務印書館 2009 年，第 150 頁。
〔註95〕王中江：《道與事物的自然：老子「道法自然」實義考論》，《哲學研究》2010 年第 8 期。
〔註96〕王中江：《道與事物的自然：老子「道法自然」實義考論》。

是符合道的。王氏注意到《老子》文本中「自然」往往和「萬物」和「百姓」密切聯繫在一起，這一現象其實正好表明老子很少直接從形上角度去論述抽象之道以及道之自然，而更多地是從現實經驗層面論述具體萬物之自然〔註97〕，但我們並不能因此而否認「道法自然」從形而上角度爲萬物之自然確立了依據。

我們再結合五十一章來看：

> 道生之，德畜之，物形之，勢成之。是以萬物莫不尊道而貴德。道之尊，德之貴，夫莫之命而常自然。故道生之，德畜之，長之、育之、亭之、毒之、養之、覆之。生而不有，爲而不恃，長而不宰，是謂玄德。

道與德無私地涵養著天地萬物，道與德的尊貴地位並不是人爲尊奉而成，而是通過萬物自身的發展過程來呈現，道與德的尊貴體現在萬物的形成與發展之中。可見「自然」就是道的存在方式，也是道發揮其作用的狀態與過程，體現爲萬物的生生不息，綿延不絕。換言之，天地萬物以生生不息的方式承負著道、體現著德，天地萬物之本性的呈現正是物之自然的存在狀態，同時也是「道」之自然的過程。「自然」作爲一種價值或原則是從「道法自然」中提取的，其本質是本源之「道」在天地萬物之中的不斷湧現〔註98〕。

綜上所述，「自然」根源於「道」，拋棄道則無所謂自然〔註99〕。從根源性自然的角度來看，一切存在者的本性根源於「道」，因此，萬物之自然因「道」而可能。但萬物之本性不是由一個外在的主宰者或實體賦予的，因爲「道」就內在於存在者之中，萬物之本性根源於自身。作爲萬物之一的人的本性同樣源自本根之道，作爲擁有自覺意識的存在者，人才是「道」的眞正現時擔

〔註97〕 正如于民雄所説，「道法自然」只能通過我們經驗到的形而下的萬物「法自然」去理解，既然萬物「法自然」，而形上世界與形下世界具有統一性，那麼，「道法自然」便內在於萬物「法自然」之中。參見《「道法自然」新解》。

〔註98〕 蒙培元認爲，「自然」就是道的存在方式或存在狀態。但道的存在又不是靜止的，而是一個過程，在這一過程中，道的存在才顯示出來。從這個意義上說，「自然」又是道所特有的功能或過程，換句話説，道是在功能與過程中存在的，或者説，通過功能或過程，道顯示了它的存在，或實現了它的存在。參見《人與自然：中國哲學生態觀》，第192頁。

〔註99〕 葉海煙認爲，若離棄道的絕對的實存意義，則「自然」將被空化成可能被誤解誤用的空泛概念。參見《莊子的生命哲學》，臺北：臺灣東大圖書公司1990年，第64～65頁。

當者與守護者。因爲在一切存在者中，只有人能夠自覺地反思自身的存在，並追問這種存在的意義，只有人才能確立天地萬物本根的觀念——道，並不斷地傳承與延續著「道」。只有人能夠自覺地與天地萬物共同承載著生生不息的大道，人的自覺存在狀態（人之自然）使得天地萬物等一切存在者的原初本性（物之自然）真正得以呈現。如果說「道」是物之自然的根源，那麼人之自然便是維繫這個根源並且使得這個根源得以真正彰顯的關鍵。「自然」作爲一種價值或原則也正體現在人不斷反思、不斷追求與天地萬物等一切存在者共同實現自身本性的諸種活動中。

「道法自然」從形而上的角度確立了「道」爲萬物之本根，並成爲自然的價值根源。然而，我們還要進一步追問：在「人法地，地法天，天法道，道法自然」的序列中，老子爲何要從「人」出發，而以天地萬物都效法自然作爲其最終結論呢？下面我們對「道之自然」、「人之自然」、「物之自然」之間的關係進行考察。

首先，「道之自然」使得物之自然成爲可能。我們不妨從概念的指稱角度來看「道」與「物」的關係。如果我們依據概念之指稱是否爲經驗性實在進行區分，那麼「物」顯然是一個指實的概念，我們不妨稱之爲實性範疇；而「道」，因其超越感官經驗，並非經驗存在物，我們可稱之爲虛性範疇。虛性範疇多用於形而上的建構，實性範疇則多用於經驗的分析。〔註100〕從形而上的建構來看，老子認爲「道」爲天地萬物之母，是天地萬物之本性（物之自然）的根源。因此，道之自然使得天地萬物之自然成爲可能，簡言之，道爲「物之自然」立法。「道」作爲一個虛性範疇，是如何存在的呢？將虛性範疇完全限制在人的純粹思辨之中，以構建純粹概念之間的關係，這不是中國古代哲學的特徵。老子之「道」儘管是一個形而上的概念，但老子相信這個名稱之所指的真實存在，並且在老子看來，道生天地萬物超越了經驗層次的「生」，而是一種終極存在根據，也是現實存在原則，換言之，「道」生萬物，同時又內在於天地萬物之中，通過一切生存個體的現實活動來體現。因此，「道之自然」並非獨立於「物之自然」的一個階段，而只是一種形而上的架構。從經驗層面來看，具體的器物的存在才是真實的，而器物的存在根據正是形上之道，因此，「道之自然」最終必然體現在經驗之物的存在狀態中。「道」

〔註100〕受張立文先生的虛實範疇邏輯結構研究的啓示，參見《中國哲學邏輯結構論》，北京：中國社會科學出版社 2002 年，第 334 頁。

的生生不息體現在天地萬物之中，故「道」之自然同時也就是天地萬物之本性形成與呈現的狀態與過程，也正是天地萬物之本性才體現出道的本根意義。

其次，人之自然是「自然」作爲一種價值得以實現的關鍵。在「物之自然」中，最突出者當然是「人」這一特殊物的「自然」，即「人之自然」。人作爲自覺的存在者，以自覺理性作爲本性，能夠對自身的行爲進行反思，直接影響其他一切存在物的生存狀態。「自然」反映了「人」對自身的反思與觀照，體現了對自身當下命運的關注。人自覺地追問自身以及一切生命的本源，自覺地尊重根源於道的萬物之本性，這一過程正是人之自然，也是一切生存個體得以眞正呈現其本性的關鍵。老子將「人」放置在第一位，特別強調人應效法自身所處的環境，反思而行，自覺而爲，以無爲的方式處世，從而保證根源於道的天地萬物之本性得以呈現，促成人與天地萬物的和諧共存，這一過程即是人之自然，同時也是物之自然，並最終體現爲道之自然。

第三，從哲學的邏輯建構來看，「道」之自然處於絕對優先的地位，人以及天地萬物都根源於道，其本性來源於道。老子的「道法自然」正式將「自然」作爲一種理想的價值觀念提出來，「自然」作爲一種理想的生存在世的狀態與過程，體現了對一切存在者的生存狀態的關注。從哲學的現實反思與終極關懷來看，人之自然是前提條件，也是最終的歸宿和目標。人之自然必然是優先的，因爲只有人才能眞正自覺地自己而然，自覺地確立了本根之道的觀念，同時自覺地持守根源於「道」的本性，進而尊重萬物之原初本性，萬物才有可能自生自化。是故，作爲一個哲學觀念，建基於「道」之上的「自然」充分展現了人的主體性與自覺精神，表達了對一切存在者的生存境域的關注。讓天地萬物等一切存在者的本性在當下呈現與延續，讓「自然」成爲一切生存個體的理想生存狀況，這正是老子自然觀念中蘊含的人文精神。

然而，老子之自然觀念始終存在著兩種內在張力。

其一，物之自然的內在張力。老子認爲天地萬物（包括作爲生物體的人）根源於「道」，因此，萬物之自然因道而可能，即萬物之本性根源於道。但「物之自然」同時又表明這種自然（本性、原初性狀）是事物自己所具有，是萬物自身的本性使然，於是我們便面臨這樣一個問題〔註101〕：萬物之本性是否

〔註101〕袁保新將此一問題概述爲：如果我們原則上肯定道乃一切存在變化的最後根
　　　　源，則「萬物自化」是不能成立的。但是，如果我們認爲萬物自化是指每一

真正源於事物自身呢？或者說天地萬物能否真正自生自化〔註102〕？由於老子採取了「道生物」的言說方式，儘管老子一再強調「道」的柔弱、不爭、處下的品格，但即便這樣也無法完全消除「道」呈現出來的超越者、先在者形象〔註103〕，於是「物之自然」與「道生萬物」、「有物混成，先天地生」相互之間存在著矛盾，即「物之自然」（本性）並不屬於「物自身」，而是源於本根之道，「物」並不「自然」。要解決這個問題，我們就必須辨明老子關於道物關係的種種言說〔註104〕。如前文所述，老子之道融貫於天地萬物之中，因此，老子之「道」與「物」只是觀念上的兩個不同名詞，而非事實上的兩個獨立事物，這是老子之道的重要特徵。因此，我們不妨說自然觀念的這層內在緊張已經得到了部分的解決〔註105〕。

其二，人之自然與物之自然的內在張力。老子一方面強調天地萬物之本性的價值，主張尊重物之自然，另一方面又主張人應自覺地行為，自己而然。這時我們便面臨一個問題：人在充分展現主體性的同時又不得不受制於物之自然，這實際上體現為人之自然（自由意志）與物之本性（規律、必然性）

事物的內在之德圓滿具足，那麼在德之上再肯定「道生之」，顯然又是多餘的。因此，唯一合理的解釋是：道之生化萬物只是消極地「讓」每一個物各具其德地實現自我。參見《老子哲學之詮釋與重建》，第 162 頁。

〔註102〕徐復觀先生似乎並不認為這裏存在矛盾。他認為，自然就是「自己如此」，郭象注《莊》，即採用此義。若果如此，則萬物皆係自生，無俟於道之創造。然在《老》、《莊》兩書中，其對道之創造作用，說得很清楚，則萬物又何嘗是自己如此。老莊用「無為」、「自然」形容道的無意志、無目的，且創造作用很「柔弱」，好像萬物是自生一樣，並非真以萬物為自生。參見《中國人性論史·先秦篇》，第 189～190 頁。

〔註103〕王博曾指出，無論是先在性、生成性，還是宗主性，老子強調的乃是道對於萬物而言的權威性。參見《老子思想的史官特色》，第 234 頁。

〔註104〕李杜認為，老子說道的根本意義為即天地萬物的自然表現而說的，但是通常不能得出這一結論主要有三個原因：（1）不能瞭解道的根本意義不是離事物而獨存，離事物而說道只有抽象的意義，而沒有實在的意義。（2）為老子說道的一些抽象詞語所困惑，而不辨別此為第二層次的抽象話，而即把它們實體化作為說道的第一義。（3）老子說道的根本意義雖是即自然為法式而說，但有時亦為道的先在義一問題所困擾，即老子對先有道然後有自然的天地萬物，或道即在天地萬物中，而不能有離此而孤懸不可解的道的見解不很確定。在《道德經》中常有關乎此一問題的兩面話。參見《中西哲學思想中的天道與上帝》，第 127 頁。

〔註105〕我們不能完全消除老子在道物關係上的言說所造成的「道」超越萬物的形象，具體分析詳見本書第三章第一節之「老子自然觀念的內在張力」。

之間的衝突與緊張〔註106〕，那麼究竟要如何處理這兩者之間的關係呢？顯然僅僅強調自然是不夠的，必須對「自然」進行節制和規範，這便是無為觀念的引入。

第三節　無為：自然之規範

考察先秦典籍，可知「無為」這個詞並不是在《老子》中最先出現。《詩經》中就出現了「無為」一詞：

> 彼澤之陂，有蒲與荷。有美一人，傷如之何？寤寐無為，涕泗滂沱。彼澤之陂，有蒲與蕑。有美一人，碩大且卷。寤寐無為，中心悁悁。彼澤之陂，有蒲菡萏。有美一人，碩大且儼。寤寐無為，輾轉伏枕。（《國風・陳風・澤陂》）

> 有兔爰爰，雉離于羅。我生之初，尚無為。我生之後，逢此百罹，尚寐無吪。（《國風・王風・兔爰》）

> 天之方懠，無為夸毗。威儀卒迷，善人載尸。民之方殿屎，則莫我敢葵？喪亂蔑資，曾莫惠我師？（《大雅・生民之什・板》）

《澤陂》中的「無為」意為無所事事，什麼也不想做，什麼也沒有做。大概是被美人迷住，神魂顛倒，沒有心思幹活。《兔爰》中的「我生之初，尚無為。」鄭玄箋曰：「言我幼稚之時，庶幾於無所為，謂軍役之事也。」〔註107〕馬瑞辰則認為「為」與「偽」，古通用。「凡非天性而為人所造作者，皆為也，即皆偽也。」「尚無為」謂「生初無詐偽之事」〔註108〕。《板》中的「無為」則是指不要去做，不去為。總之，《詩經》中的「無為」並非一個哲學觀念，基本上就是字面意義，是一個普通詞語。

在《論語・衛靈公》中也出現了「無為」一詞：

> 子曰：「無為而治者，其舜也與？夫何為哉，恭己正南面而已矣。」

何晏《論語集注》曰：「言任官得其人，故無為而治。」朱熹注曰：「無

〔註106〕趙志軍指出，就自然是按其本性自己如此而言，自然同時也容易導向與自由相反的外在必然性內涵，也就是說，自然很容易被理解為只能如此，必須如此。參見《作為中國古代審美範疇的自然》，第15頁。

〔註107〕馬瑞辰：《毛詩傳箋通釋》，北京：中華書局1989年，第237頁。

〔註108〕馬瑞辰：《毛詩傳箋通釋》，第239頁。

爲而治者，聖人德盛而民化，不待其有所作爲也。獨稱舜者，紹堯之後，而又得人以任眾職，故尤不見其有爲之迹也。恭己者，聖人敬德之容。既無所爲，則人之所見如此而已。」〔註109〕孔子的無爲思想是否與老子相關，學界一直有爭議。從現有材料來看，早期儒家並不崇尚無爲，換言之，無爲並不是儒家思想中的一個重要觀念〔註110〕。

在先秦典籍中，只有《老子》首先反覆使用了「無爲」一詞，這表明老子希望借助這個詞表達某種觀念，故《老子》中的「無爲」不再是一個普通詞彙，而是一個重要的哲學觀念。那麼無爲是否具備成爲一個哲學觀念的條件呢？

一、「無爲」何以成爲哲學觀念？

「無爲」由「無」與「爲」兩個詞構成，竹簡本多作「亡爲」。很多學者對「無」這個詞做過詳細的考證，並從思想史的角度進行了詮釋〔註111〕。然而我們要追問的是，「無爲」何以可能成爲一個哲學觀念？換言之，「無爲」是否具備成爲一個哲學觀念的條件呢？與前文考察自然觀念相似，我們仍應著重考察「無爲」這個詞的基本含義以及作爲一個哲學觀念所達到的條件。首先，「爲」這個詞在漢語中比較特殊，因爲它並不指具體的行爲或動作，而是所有具體行爲的抽象概括，這一點與英語「do」這個詞的內涵以及語法功能相似。這一特性使「爲」成爲抽象名詞，也是「無爲」一詞能成爲一個哲學觀念的基本條件。但我們還必須挖掘出「爲」背後更爲根本的觀念：「爲」既然是指代行爲，那麼行爲本身必定存在，即行爲「在」或「有」（being 或 existence），否則「爲」就沒有任何意義。換言之，「爲」不管作動詞還是名詞，它都是指行爲確實「正在發生」，或確實「能發生」或「發生了」，簡言之，「爲」必須具備現實性。「爲」不能指代一種根本不存在也不可能存在的行爲，因爲

〔註109〕 朱熹：《四書章句集注》，北京：中華書局 1983 年，第 162 頁。

〔註110〕 筆者並不認同安樂哲所主張的「『無爲』在儒家的政治理論中也是一個重要的概念」。參見《主術——中國古代政治藝術之研究》，滕復譯，北京：北京大學出版社 1995 年，第 32 頁。

〔註111〕 這些著作有：龐樸：《說「無」》，《一分爲三》，海天出版社 1995 年，第 270～283 頁。劉翔：《中國傳統價值觀念詮釋學》，上海三聯書店 1996 年，第 224～227 頁。王中江：《道家形而上學》，第 133～138 頁。康中乾詳細考辨了諸家學說，詳見《有無之辨：魏晉玄學本體思想再解讀》，北京：人民出版社 2003 年，第 135～157 頁。

不存在者不可言說，不存在者不能否定〔註112〕。而「無爲」這個詞本身的結構也印證了「爲」的現實性：在「爲」之前加上一個否定的「無」，則表示「無」乃是對後面「爲」的否定〔註113〕，而我們只能否定一個確實存在的事物或行爲，卻無法否定一個根本就不存在的事物或行爲。或曰否定一個根本就不存在的東西本身是沒有任何意義的，因爲不存在者無須否定。

其次，「無爲」中的「無」本身也是《老子》中的一個哲學觀念，與「有」相對應〔註114〕。於是，在「無爲」這個詞的背後實際上是「無」與「有」這樣一對相互衝突的觀念。劉笑敢先生曾指出無爲的「形式與內容的矛盾」，即無爲一詞的字面含意和它在《老子》上下文中的實際含意是分離的〔註115〕。這確實是一個矛盾，這個矛盾歸根到底是由於「無爲」這個詞本身在構詞上使用了一個互相矛盾的詞。「無」這個詞所具有的否定意義直接掌控著「爲」所表徵的各種現實行爲（「有」），「無」就像一個過濾器，各種具體行爲必須在經過「無」之後才能真正呈現出來，因此，「無」意味著對一切行爲的規範、節制、調整等，這一點是「無爲」作爲一個哲學觀念的核心意蘊。

最後，「無爲」一詞最先被老子反覆使用，用來表達恒定的意思。在王弼本《老子》中，「無爲」一詞使用了十二次（見下表）。如此頻繁地使用，表明老子希望通過這個詞傳達一種信息，表達一種強烈的意願。此外老子還使用了很多以否定詞「無」、「不」、「弗」〔註116〕所構成的詞組來表達「無爲」的意蘊，如「取天下常以無事」（第 48 章），「不尚賢，使民不爭；不貴難得之貨，使民不爲盜；不見可欲，使民不亂」（第 3 章），「功成而弗居」（第 2 章）。這些「不……」、「無……」、「弗……」的否定性行爲共同表達了「無爲」

〔註112〕 古希臘愛利亞學派的巴門尼德說：「來吧，我告訴你，只有那些研究途徑是可以設想的。第一條是：存在者存在，它不可能不存在。這是確信的途徑，因爲它遵循真理。另一條是：存在者不存在，這個不存在必然存在。走這條路，我告訴你，是什麼都學不到的。因爲不存在者你是既不能認識，也不能說出的。」參見《論自然》，《西方哲學原著選讀》（上卷），第 31 頁。

〔註113〕 劉坤生認爲老子的無一開始並不是西方存有論上的概念，不是名詞，而是動詞，作爲否定動詞，其本質就是無爲。參見《莊子哲學本旨論稿》，汕頭：汕頭大學出版社 1998 年，第 63 頁。

〔註114〕 牟宗三先生說：「無爲、有爲，一般化而爲有與無，便成爲一對形而上學的概念。」參見《才性與玄理》，第 153 頁。牟先生的這一講法頗能給人啓發，至少表明「無爲」這種觀念的背後有更爲根本的意蘊。

〔註115〕 劉笑敢：《老子古今：五種對勘與析評引論》（上卷），第 607 頁。

〔註116〕 這三個否定詞在《老子》中出現的總次數約在 330 多次，其中「不」出現得最多，「無」次之。在先秦單部典籍中，否定詞出現如此之多，實屬罕見。

的觀念。因此我們不妨將「無爲」看作一個大觀念（great idea），而這些否定詞組則是一系列單元觀念（unit-ideas），它們共同體現了大觀念的意蘊，無爲就是這些單元觀念的抽象表達〔註117〕。

五個《老子》版本中「無爲」出現的次數及章節

版　本	次數	章（次）
王弼本	12	2（1），3（1），10（1），37（1），38（1），43（2），48（2），57（1），63（1），64（1）。
河上公本	12	2（1），3（1），10（1），37（1），38（1），43（2），48（2），57（1），63（1），64（1）。
傅奕本	11	2（1），3（1），37（1），38（1），43（2），48（2），57（1），63（1），64（1）。
帛書本	7〔註118〕	2（1），38（1），43（2），57（1），63（1），64（1）。
北大漢簡本〔註119〕	8	2（1），37（1），38（1），43（2），57（1），63（1），64（1）。

〔註117〕 奚侗曰：「『無爲』、『好靜』、『無事』、『無欲』，語異誼同，變文以叶韻耳。」奚侗看到了「語異誼同」，但只從「變文以叶韻」的角度來審視顯然不足以揭示無爲的内涵。參見《老子》，奚侗集解，方勇導讀，上海：上海古籍出版社2007年，第145頁。劉笑敢先生曾經做過統計，他認爲《老子》中至少有三十多章都反覆講到了無爲之類的以否定形式表達的行爲和態度，並指出無爲不是一個孤立的語言形式，它只是老子的一系列否定式用語的總代表。「無爲」不是一個清晰的單獨概念，而是一個集合式的「簇」概念，借用孟旦的術語，可以稱之爲「概念簇」。它包括或代表了「一系列與通常觀念不同的處世方法和行爲態度，其内容不是單一的詞彙可以定義或包括的」。參見《老子古今：五種對勘與析評引論》（上卷），第608～609頁。劉氏既認爲「無爲只是老子的一系列否定式用語的總代表」，但又認爲「其内容不是單一的詞彙可以定義或包括的」，似乎不一致。其實「無爲」作爲一個哲學觀念可以統括所有表否定行爲的單元觀念。池田知久也指出，無爲是「貴言」、「希言」、「守無名」、「好靜」、「無事」、「欲不欲」等詞彙的抽象概念。參見《道家思想的新研究——以〈莊子〉爲中心》，第551～552頁。大衛・羅伊（David Loy）認爲，任何一種將「無爲」作具體化的解釋都可能是一種錯誤，在這裏我們不妨借用維特根斯坦所說的「家族相似性」概念來加以說明。參見 David Loy, 「Wei-Wu-Wei: Nondual Action」, *Philosophy East & West*, vol.35.1, p.73.

〔註118〕 高明據帛書本認爲無爲這一觀念在老子的哲學中講了十一次，參見《帛書老子校注》，第422～423頁。實際上他是把「弗爲」、「弗敢爲」、「非可爲」等看做「無爲」，但如果是這樣的話，無爲一觀念出現的次數就遠不止十一次。

〔註119〕 帛書本、北大漢簡本《老子》中第48章均殘缺，僅存一「無」字，不計算在内。

二、「無爲」的詮釋辨正

儘管我們可以形成一個簡單的共識，即老子哲學中的「無爲」並非「無所事事」、「什麼都不做」的意思。但關於無爲觀念的理解，學界仍然有不少分歧〔註120〕，也出現了不少誤解。下面我們作簡要的考察。

首先，「無爲」是指無意識、無目的的行爲嗎？一般認爲老子所講的無爲就是要人無意識、無目的地行動，不要刻意地、有意識地積極作爲，事實上，這種理解與《老子》的無爲思想相距甚遠。無目的、無意識的行爲無異於本能，是一切存在者之本性，作爲純粹的物之本性的呈現，嚴格地說並不能稱作「爲」，亦不能以「無」來否定「爲」，也就談不上價值評價。如鳥類的遷徙行爲只是一種本能，是發自本性，而非出於積極的意識。天地萬物的存在狀態與過程無不如此，只有當萬物出於本性的行爲與人類活動緊密相關時才有意義。老子呼籲尊崇事物之本性，亦即尊重物之自然，也正是出於人與天地萬物之間關係的處理。他提出的無爲顯然已經潛在地將人之主體性突出，強調人對保證天地萬物適性發展的責任。如果將人有意識的行爲完全降格爲純粹生物式的本能，那麼人與其他一切存在者的根本區別都將泯滅，沒有「人」可言，也就沒有「爲」，更談不上「無爲」。若人自身都不能認識到自己的存在，無任何自我意識，則遑論「天道」、「人道」。若眞如此，那麼《老子》就不應大談聖人之道與人的生存方式，因爲無論人怎麼放棄意識與目的，選擇這種行爲方式的行爲本身就是有意識的，而非無自覺的本能活動。因此，那種認爲《老子》講無爲就是無意識、無目的的行爲實乃誤解，完全與老子哲學中蘊含的自覺精神相悖。實際上，當我們說出「爲」這個詞時，我們就已經意味著只有人才能眞正地「爲」，只有人在不斷地「爲」。「爲」本身就表明了人之意識與精神的存在與作用。而將「無」這個否定詞置於「爲」之前則更加清晰地表明「無爲」正是人對自身的行爲進行反思的結果，是一種新的行爲原則。

〔註120〕王慶節將學界對「無爲」的解釋分爲三種。第一種解釋從字面上將老子和道家哲學中的「無爲」概念理解爲什麼事也不要做，好像是放棄一切作爲的無所事事和無所作爲。第二種解釋強調的重點則是在做事之際，行爲者的行爲是「有目的」還是「自發」的，「有欲望」還是「無欲望」的，「有心」還是「無心」的。第三種解釋主要考量「作爲」的方式是「積極的」還是「消極的」，「主動的」還是「被動的」，「爭鬥的」還是「謙恭」的，「進取的」還是「讓先的」，「剛強的」還是「柔弱的」等等。參見《解釋學、海德格爾與儒道今釋》，第152頁。

其次，如何理解《老子》中的「無爲而無不爲」？「無爲而無不爲」在傳世諸本中大都存在，帛書《老子》和北大漢簡《老子》均在相應於通行本第四十八章的部分殘缺，而通行本中的第三十七章，帛書《老子》作：「道恆無名。」北大漢簡《老子》作：「道恆無爲。」帛書出土後，曾有學者對《老子》的「無爲而無不爲」思想產生了懷疑，認爲《老子》並不主張「無不爲」。然而郭店楚墓竹簡《老子》文本中，乙組與今本第四十八章相對應的部分出現了「亡爲而亡不爲」〔註121〕。這一材料有力地證明了《老子》早期流傳本中確實有「無爲而無不爲」的思想。

在「無爲而無不爲」命題中，「無爲」是從總的原則或根本方法上來立論，無爲是一種生存方式，也是一種處世原則。而「無不爲」則是從實踐層面而言，表明在無爲的原則之下，什麼事情都可以去做，可以去爲，哪怕是戰爭或殺人〔註122〕，並且這種「無不爲」最終能夠在現實中產生效果。有學者認爲「無爲無不爲」、「爲無爲，則無不治」的說法在思維方式上有一顯著特點，就是以退爲進、以反爲正〔註123〕。其實，與其說是「以退爲進、以反爲正」，不如說是「有退有進、有反有正」，與其說是「思維方式」，不如說是「生存方式」。老子之所以將「無爲」與「無不爲」相對應提出來，無非是爲了更準確地呈現「無爲」的觀念，消除對「無爲」的誤解，表明「無爲」根本就不是無所事事。無爲只是一個最根本的行爲原則，「無爲」既不是無所作爲，也不是爲所欲爲。老子並非要探討具體如何去爲，而是主張要對一切行爲進行適度地規範、節制。

最後，我們看「無爲」觀念的形而下化。《老子》中的「無爲」觀念帶有濃厚的形上色彩，它是《老子》哲學中「無」與「有」的一種博弈，在博弈中尋求達到合理。故司馬談《論六家要旨》評論道：「其實易行，其辭難知。」老子的無爲作爲一個行爲原則或方法，確實難以形成一套具體的治國策略。這一點安樂哲曾指出：「道家的『無爲』概念，作爲一種無政府的政治理論，

〔註121〕荊門博物館：《郭店楚墓竹簡》，第118頁。
〔註122〕老子並不反對所有的戰爭，但他對待戰爭的態度極爲愼重，《老子》第三十一章曰：「夫兵者，不祥之器，物或惡之，故有道者不處……兵者不祥之器，非君子之器，不得已而用之，恬淡爲上。勝而不美，而美之者，是樂殺人。夫樂殺人者，則不可得志於天下矣。」這裏的「不處」、「不得已而用之」、「恬淡爲上」、「勝而不美」其實正好體現了無爲的原則。
〔註123〕廖名春：《〈老子〉「無爲而無不爲」說新證》，《中國哲學》第二十期，第155～156頁。

它不可能形成任何可以付諸實踐的周密方案。這就是說『無爲』作爲一種政治行爲準則，它所反映出來的『不治而治』的思想是不現實的，無法消除面臨的危險。雖然聽起來很誘人，但卻不切於實用。」〔註124〕如果這是評斷老子的無爲觀念，則比較中肯；但籠統地講道家的無爲「不切於實用」則又失之準確。老子之後，法家首先對「無爲」的觀念進行了發揮與補充，「無爲」逐漸成爲一種實實在在的治術。形而上的意蘊逐漸失落，取而代之的是一種切實可行的手段與方法。《韓非子》中就體現了這種觀念的轉化。

夫物者有所宜，材者有所施，各處其宜，故上下無爲。

（《韓非子·揚權》）

所以貴無爲無思爲虛者，謂其意無所制也。夫無術者，故以無爲無思爲虛也。夫故以無爲無思爲虛者，其意常不忘虛，是制於爲虛也。虛者，謂其意無所制也。今制於爲虛，是不虛也。虛者之無爲也，不以無爲爲有常，不以無爲爲有常則虛，虛則德盛，德盛之謂上德，故曰：「上德無爲而無不爲也。」（《解老》）

所謂無爲不是玄妙、虛空的形而上之純理論構想，而是在治國過程中的人盡其才、物盡其用，簡言之，各安其位，各負其責，社會的治理得到規範，這樣君臣上下只需做好各自本職之事即可。這就是治國之術，而不是玄虛的無爲。韓非反對爲了「無爲」而去「無爲」，眞正無爲無思而處於虛的狀態，並不在無爲上下功夫。只有無術之人才以無爲無思爲手段，常常爲它絞腦筋，苦思慮，實際上這種人的思慮被「虛」所限制，反而不是虛〔註125〕。在無爲的根本原則之下，加入制度和規範，戰國中後期的黃老道家將「無爲」觀念改造成了比較實用而又易於操作的治國之術，漢初的治國方略即源於此。二十世紀七十年代長沙馬王堆出土的《黃帝四經》就對老子的「無爲」有不同的闡釋：

是故天下有事，無不自爲刑名聲號矣。刑名已立，聲號已建，則無所逃迹匿正矣。（《經法》）

欲知得失，請必審名察刑。刑恒自定，是我俞靜；事恒自施，是我無爲。（《十六經》）

《黃帝四經》主張「刑德兼行」，突出「法」的作用，無爲而治是在具體

〔註124〕安樂哲：《主術——中國古代政治藝術之研究》，第48頁。
〔註125〕高明：《帛書老子校注》，第4頁。

規範與法令制度保證之下的治理〔註126〕。黃老道家對無為的詮釋整體上都呈現出這種趨勢，《黃帝四經》如此，漢代另一重要道家著作《淮南子》也是如此，茲不贅述。

三、誰之無為

無為作為一種行為原則，在《老子》中被反覆地強調，然而老子講無為的重心在於現實社會的治理，這一點我們可以從《老子》中無為的主詞看出來。

《老子》中的無為觀念

章 節	大觀念／單元觀念	主詞	賓詞
故常無欲以觀其妙（第1章）	無欲	人（體道者）	道
是以聖人處無為之事，行不言之教，萬物作焉而不辭，生而不有，為而不恃，功成而弗居。夫唯弗居，是以不去。（第2章）	無為；不言；不辭，不有，不恃，弗居	聖人	百姓萬物
不尚賢，使民不爭；不貴難得之貨，使民不為盜；不見可欲，使民心不亂。……常使民無知無欲，使夫智者不敢為也。為無為，則無不治。（第3章）	不尚，不貴，不見，不爭，不為，不亂，無知無欲，不敢為，無為，	聖人，百姓	賢人，財貨，可欲之物
天地不仁，以萬物為芻狗；聖人不仁，以百姓為芻狗。（第5章）	不仁，	天地，聖人	萬物，百姓
天地所以能長且久者，以其不自生，故能長生。……非以其無私耶？（第7章）	不自生，無私	天地	天地
水善利萬物而不爭，處眾人之所惡，故幾於道……夫唯不爭，故無尤。（第8章）	不爭	水	萬物
明白四達，能無為乎？……生而不有，為而不恃，長而不宰，是謂玄德。（第10章）	無為，不有，不恃，不宰，	人，道	萬物

〔註126〕余明光指出，黃學的無為只能在具有現成的統治秩序下才可以無為而治，也才能主靜，否則一切都是空話。參見《黃帝四經與黃老思想》，第39頁。

章　　節	大觀念／單元觀念	主詞	賓詞
是以聖人爲腹不爲目，故去彼取此。（第 12 章）	不爲	聖人	目
何謂貴大患若身？吾所以有大患者，爲吾有身，及吾無身，吾有何患？（第 13 章）	無身	聖人	身
保此道者，不欲盈。夫唯不盈，故能蔽不新成。（第 15 章）	不欲	聖人	盈
是以聖人抱一爲天下式。不自見，故明；不自是，故彰；不自伐，故有功；不自矜，故長。夫唯不爭，故天下莫能與之爭。（第 22 章）	不自見；不自是，不自伐；不自矜，不爭	聖人	聖人自身
希言自然。故飄風不終朝，驟雨不終日。（第 23 章）	希言，不終	聖人 天地	百姓
是以君子〔註 127〕終日行不離輜重。（第 26 章）	不離	君子	輜重
是以聖人常善救人，故無棄人；常善救物，故無棄物。是謂襲明。（第 27 章）	無棄	聖人	百姓，物
以道佐人主者，不以兵強天下……善有果而已，不敢以取強。果而勿矜，果而勿伐，果而勿驕，果而不得已，果而勿強。（第 30 章）	不強，不取強，勿矜，勿伐，勿驕，勿得已，勿強；	治理者	天下
夫兵者，不祥之器，物或惡之，故有道者不處……兵者不祥之器，非君子之器，不得已而用之，恬淡爲上。勝而不美，而美之者，是樂殺人。夫樂殺人者，則不可以得志於天下矣。（第 31 章）	不處，不得已，不美，	有道者 君子	兵器，殺人
不失其所者久。（第 33 章）	不失	人，物	住所
大道泛兮，其可左右。萬物恃之而生而不辭，功成而不有。衣養萬物而不爲主，常無欲，可名於小；萬物歸焉而不爲主，可名爲大。以其終不自爲大，故能成其大。（第 34 章）	不辭，不有，無欲，不爲主，不自爲大。	大道	萬物

〔註 127〕王弼本作「聖人」，通行本多作「君子」，帛書本、北大漢簡本亦同，今據改。

章　　節	大觀念／單元觀念	主詞	賓詞
執大象，天下往。往而不害，安平泰。（第 35 章）	不害	聖人	天下 百姓
魚不可脫於淵，國之利器不可以示人。（第 36 章）	不可脫，不可以示	魚，統治者	淵，利器
道恒無爲也〔註 128〕。侯王若能守之，萬物將自化。化而欲作，吾將鎭之以無名之樸。無名之樸，夫亦將無欲。不欲以靜，天下將自定。（第 37 章）	無爲，不欲	道，侯王	萬物，
上德不德，是以有德；下德不失德，是以無德。上德無爲而無以爲；下德爲之而有以爲。上仁爲之而無以爲……是以大丈夫處其厚，不居其薄；處其實，不居其華，故去彼取此。（第 38 章）	不德，無爲，不居，	上德之人 大丈夫	形式之德
是故不欲琭琭如玉，珞珞如石。（第 39 章）	不欲	聖人	玉
不言之教，無爲之益，天下希及之。（第 43 章）	不言	聖人	百姓
是以聖人不行而知，不見而明，不爲而成。（第 47 章）	不行，不見，不爲	聖人	萬物
爲學日益，爲道日損。損之又損，以至於無爲。無爲而無不爲。取天下常以無事，及其有事，不足以取天下。（第 48 章）	無爲，無事	人，聖人	天下
聖人常無心〔註 129〕，以百姓心爲心。（第 49 章）	無心	聖人	私心
故道生之，德畜之，長之育之，亭之毒之，養之覆之。生而不有，爲而不恃，長而不宰，是謂玄德。（第 51 章）	不有，不恃，不宰	道	萬物， 生物之功
知者不言，言者不知。（第 56 章）	不言	知者	

〔註 128〕王弼本作「道常無爲而無不爲」，今據郭店竹簡本、北大漢簡本改。
〔註 129〕王弼本作「聖人無常心」，今據帛書本、北大漢簡本改。

章　　節	大觀念／單元觀念	主詞	賓詞
以正治國，以奇用兵，以無事取天下。……故聖人云：「我無爲，而民自化；我好靜，而民自正；我無事，而民自富；我無欲，而民自樸。」（第57章）	無事，無爲，無欲	聖人	天下 百姓
是以聖人方而不割，廉而不劌，直而不肆，光而不耀。（第58章）	不割，不劌 不肆，不耀	聖人	百姓
爲無爲，事無事，味無味。是以聖人終不爲大，故能成其大。（第63章）	無爲，無事 無味，不爲大	聖人	事務 自身
以聖人處上而民不重，處前而民不害。……以其不爭，故天下莫能與之爭。（第66章）	不爭	聖人	民
我有三寶，持而保之。一曰慈，二曰儉，三曰不敢爲天下先。（第67章）	不敢	聖人	天下
善爲士者，不武；善戰者，不怒；善勝敵者，不與；善用人者，爲之下。是謂不爭之德，是謂用人之力，是謂配天古之極。（第68章）	不武；不怒 不與，不爭	善爲士者，善戰者，善勝敵者	敵人
用兵有言：「吾不敢爲主，而爲客；不敢進寸，而退尺。」是謂行無行，攘無臂，扔無敵，執無兵。（第69章）	不敢，無行，無臂 無敵，無兵	聖人	
知不知，尚矣；不知知，病矣。是以聖人之不病，以其病病也，是以不病〔註130〕。（第71章）	不知，不病	聖人	知識，缺點
無狎其所居，無厭其所生。夫唯不厭，是以不厭。是以聖人自知不自見；自愛不自貴。（第72章）	無狎，無厭，不厭，不自見，不自貴	聖人	百姓，聖人自身
勇於敢則殺，勇於不敢則活……天之道，不爭而善勝，不言而善應，不召而自來，繟然而善謀。（第73章）	不敢，不爭 不言，不召	人，天道	萬物 百姓

〔註130〕此章據帛書本。

章　節	大觀念／單元觀念	主詞	賓詞
民之難治，以其上之有爲，是以難治。民之輕死，以其求生之厚，是以輕死。夫唯無以生爲者，是賢於貴生。（第75章）	無……爲	聖人／統治者	統治者生活
是以聖人爲而不恃，功成而不處，其不欲見賢。（第77章）	不恃，不處，不欲見。	聖人	功勞賢良
是以聖人執左契，而不責於人。（第79章）	不責	聖人	百姓
使有什伯之器而不用；使民重死而不遠徙。雖有舟輿，無所乘之，雖有甲兵，無所陳之。（第80章）	不用，不遠徙	聖人／統治者	器物，舟車，甲兵
聖人不積，既以爲人己愈有，既以與人己愈多。天之道，利而不害；聖人之道，爲而不爭。（第81章）	不積，不害，不爭	聖人，天道	知識，萬物，百姓，財貨

　　通過對《老子》中無爲觀念進行統計，可知無爲的主詞主要有以下三類：

　　首先是道。老子曰：「道恒亡爲也。」〔註131〕老子認爲「道」生天地萬物，但「道」的「生」乃是「生而不辭」、「衣養萬物而不爲主」（第34章），「生而不有，爲而不恃」（第51章），而不是干涉與主宰，因而萬物得以自生自長。故道的「生」實際上是不生之生，本質上是無爲。「道」作爲天地萬物的本源，同時又內在於天地萬物之中。道在天地萬物中的呈現即是天道，或稱爲天之道，老子認爲天道不爭，不言，不害萬物，因而其存在方式本質上是無爲。同時老子也提出「道法自然」，道自身的存在狀態便是自然，道法自然的實質是萬物自生自長，自己而然，這表明道的存在方式正是無爲。是故「道法自然」與「道常無爲」保持了融貫，道的存在方式即是自然，也是無爲。如果說「道法自然」從形而上的角度確立了「道」爲萬物之本根，爲天地萬物之自然奠定了基礎，那麼「道常無爲」則從形而上的高度爲天地萬物以無爲的方式存在提供了根據〔註132〕。總之，就道而言，自然與無爲實現了統一。

〔註131〕此章王弼本作「道常無爲而無不爲。」帛書《老子》甲乙本作「道恒無名」，郭店竹簡本作「道恒亡爲也。」北大漢簡本作「道恒無爲」。今從竹簡本。丁四新考辨諸家校釋成果，亦主張此句應從竹簡本。參見《郭店楚竹書〈老子〉校注》，武漢：武漢大學出版社2010年，第86～88頁。

〔註132〕劉笑敢指出，「把無爲作爲形而上之道的特質，這就爲聖人無爲提供了形而上的根據」。參見《老子：年代新考與思想新詮》，臺北：東大圖書公司1997年，第116頁。

　　其次是天地萬物。老子曰：「天地不仁，以萬物爲芻狗。」（第 5 章）天地萬物並沒有人類的恩情意志，不會有意識地行動，只是按照其內在本性而爲，因而保存了其原初本性的發展趨勢，形成完美的秩序。天地從不刻意地求生，不去增益自身的生命，只是任其本性的發展，反而能夠長久。可見，天地萬物按照其內在本性的發展是自然的，這種源自本性的存在方式就是無爲。因此，就天地萬物而言，自然與無爲亦實現了統一。

　　最後是人類。天地萬物按照其內在本性來發展，本應是自然的，但是現實中天地萬物的本性往往遭到人類活動的破壞，人與天地萬物之間、人與人之間均出現了激烈的對立，結果秩序失衡，社會陷入混亂。老子反思人類社會的生存狀態，明確指出造成這種結果的根本原因是人自身的行爲，亦即人類放縱了自己的欲望，爲所欲爲。老子主張人類應該理性地控制自己的行爲，節制欲望，尊重事物的內在本性，因而提出「無爲」。從上表可以看出，無爲的主詞主要是人，這也正好印證了前文所論，即「無爲」主要是針對人類活動而言。作爲史官的老子，一方面深刻地洞察到宇宙萬物的生成演化規律，一方面「歷記成敗、存亡、禍福、古今之道」（《漢書・藝文志》），然後對各種自然與歷史的經驗現象進行了整理和提升，概括出「物壯則老」、「兵強則滅」，「禍福相依」等規律，「然後知秉要執本，清虛以自守，卑弱以自持」（《漢書・藝文志》），即主張人類必須清醒地意識到人與天地萬物均根源於道，必定共同生存，只有尊重天地萬物之本性，理性地控制自身的行爲方式，節制自己的欲望，才能長生久視。然而老子又不是泛泛地談所有人的無爲，在「無爲」的主詞中，絕大部分是針對統治者而言〔註 133〕。在老子所處的時代，統治者擁有生殺予奪的權力，其行爲直接影響到天地萬物的生存與發展，而老百姓更是首當其衝。故老子批判曰：

　　　民之饑，以其上食稅之多，是以饑。民之難治，以其上之有爲，

　　是以難治。民之輕死，以其求生之厚，是以輕死。（第 75 章）

老百姓的飢餓主要是因爲統治者抽稅太重，老百姓難以治理，主要是因爲治理者濫用民力，肆意妄爲。老百姓之所以輕死，是因爲統治者追求豪華

〔註 133〕Herrlee G. Creel 認爲，《老子》中「無爲」出現了十二次，其中至少有六次明顯與治道相關。換言之，在《老子》中，無爲被當作一種治理手段（技藝）占其出現次數的百分之五十。參見 *What is Taois*m? Chicago: the University of Chicago Press, pp.54～55.

奢侈的生活，搜刮民財以供自己享樂，老百姓最終被逼得走投無路，與其坐著等死，不如「侮之」（第 17 章）。由此可知，在春秋亂世之中，百姓自身並無過高追求，他們通常能以無為的方式生存在世。然而統治者們橫征暴斂，為一己之私利而窮兵黷武，塗炭生靈，直接造成老百姓生存的艱難。老子目睹世道的衰退，對統治者的行為方式提出了警告，主張他們的權力應該受到節制〔註 134〕，故多以否定性的方式來規範統治者的行為。《老子》中理想的統治者主要是聖人，故老子常以聖人之治來規範現實的侯王之治。從上表不難看出，無為的主語主要是「聖人」，老子通過闡述聖人的無為而治，對現實中統治者的有為之治提出尖銳的批判。

四、無為而自然

既然老子著重強調統治者的無為，那麼「自然」與「無為」究竟是什麼關係？

（一）反思「自然」、「無為」的互詮

通常談及老子思想的整體特徵時，我們總會不假思索地說出「自然無為」，那麼「自然」與「無為」究竟有何關聯呢？我們常將這兩個觀念等同或互詮，謂「自然就是無為」，或謂「無為即順其自然」。那麼這種互詮是否可行呢？「自然」與「無為」這兩個觀念是否有差異呢？下面我們將重新考察自然與無為兩者之間的關係及其它們在《老子》哲學中的地位。

在《老子》哲學中，「自然」與「無為」的關係可以從前文所析「無為」的三類主詞上得到說明。從形上角度來看，老子提出「道法自然」和「道恒無為」，表明終極本源之道是以無為的方式存在，這一存在狀態或過程就是自然。從形下角度來看，天地萬物的自生自化才是具體的、現實的，萬物之本性即物之自然，這種本性的呈現方式就是無為。由此可見，在「道」與「天地萬物」那裏，自然（本性）的呈現與無為的生存方式是一致的。換言之，無論是形上之道還是形下之物，自然與無為都是統一的。講「自然」就含著講「無為」，講「無為」也含著講「自然」。我們甚至可以說，無為就是自然，自然就是無為。就「物」而言，「自然」與「無為」的這種統一是一種應然狀

<hr>

〔註 134〕王博：《權力的自我節制：對老子哲學的一種解讀》，《哲學研究》，2010 年第 6 期。

態，是形上之道貫通到形下之物後的理想狀態，老子稱之為「天道」或「天之道」。總之，從「道之自然」與「物之自然」的維度來看，「自然」與「無為」的互詮是可行的。

　　然而，我們還必須關注「人之自然」。根據前文的分析可知，在「自然」一詞中，反身代詞「自己」並不與「他者」相對，「自然」只是表明「事物自身的原初性狀」、「事物自己如此」，至於這種原初性狀是否受到外部力量的干涉，以及「自」所指代的主詞是否受到外部力量的約束與影響，我們並不能從「自然」中直接推導出來。簡言之，「自然」其實並不包含任何反對外力、反對干涉的內容。但這樣一來就很有可能產生以下情形：假設行為者自身完全受到外力壓迫喪失了自由意志，造成了一種狀態——「然」，那麼這是不是「自然」呢？再假設行為者自己故意實施一些破壞性行為，如恐怖分子實施的爆炸行為，造成了嚴重的後果（「然」），這又是不是「自然」呢？如果這些情形都是自然，那麼老子的自然觀念並無特別的意義與價值，相反還存在巨大的缺陷與弊端。但實際上老子的自然觀念並不會導致這種假設情況，這是因為老子對「自然」進行了規範與約束，這就是無為〔註135〕。「無為」是一個規範性觀念，所謂「規範」，意味著不是一個可自由選擇的觀念，而是一個必要的觀念。

　　與老子倡導的理想天道不同，現實的人間社會是另一番景象，人之自然意味著人的各種行為出於自身的意志和欲求，而一旦這種意志和欲求缺乏規範，那就會帶來各種災難。現實社會中，「自然」與「無為」相背離，人類放縱自己的欲求，為所欲為，不僅人的本性喪失，天地萬物的本性也因人的有為而遭到殘害。這種罔顧天道、恣意縱慾的現實引起了老子的深刻思考，老子倡導「無為」，正是要對人之「自然」進行規範，主張人只有以無為的方式生存在世，才是真正的自然。在老子的這種主張背後，實際上蘊含著以天道規範人道，以應然規範實然。從人之自然層面來看，如果說「人之自然」強調了生存個體對自己的反思，對人的自由意志以及主體能動性的尊重，那麼無為則是對人之行為的一種規範、節制，強調生存個體與一切其他存在者之間的共存關係。換言之，如果說「自然」旨在強調人類反躬自省，自己而然，

〔註135〕陳鼓應認為，老子主張允許每個個人都能依照自己的需要去發展他的稟賦，以此他提出了「自然」的觀念，為了使不同的意願得到和諧平衡，他又提出「無為」的觀念。參見《老子今注今譯》，第54頁。

面對的是自身，那麼「無為」則旨在強調聯繫，面對的是人與人之間、人與物之間的關係處理。因此，人之自然必然以無為為原則。事實上，「無為」這個觀念本來就體現了某一潛在主詞的行為方式或狀態——「然」，因此「無為」這個觀念雖然同自然觀念一樣，是一個包括了諸多單元觀念（unit-ideas）的大觀念，但與「自然」這個大觀念相比，仍然只是一個相對較小的觀念，並且構成「自然」這個大觀念的一個必要內核。因此，在人之自然的層面，「自然」與「無為」互詮是不可行的。

在《老子》中，就人之自然而言，我們只能以「無為」來詮釋「自然」，而不能以「自然」來詮釋「無為」。「自然」之「自」所指代的主詞必須以「無為」的方式生存，「無為」是自然的規範。言「自然」則必然是生存個體以無為的方式自己而然，這樣我們就避免單純言人之自然可能導致的無法無天、恣意妄為的結果，或不得不然、無法自主的狀態。比如說，在外力壓迫下完全喪失自由意志所產生的「然」不是真正的「自然」，因為一方面行為者自身並不是自主和自由地實施行為，另一方面這種外力的施加者自身的行為違背了「無為」的生存方式，同時導致「然」所作用的對象也違背了無為的生存方式。至於行為者故意實施一些破壞性行為從而帶來災難性結果就更不是「自然」了，因為他們自身的行為方式完全違背了無為的原則。

為了回應可能的質疑，還有兩種情況必須提及：其一，宇宙萬物完全按照各自的原初本性而存在，那麼這種純粹的本然狀態是不是「自然」呢？或者說，當各種自然災害（如地震、海嘯）到來時，人類迫於無奈只能選擇逃生、避難，那麼這種狀態是不是自然呢？這裏必須做出區分，自然災害的發生本身只是天地萬物之本性的呈現〔註136〕，雖然體現了老子之自然的第一層內涵，但這種純粹本然性的呈現並不能完整地反映老子「自然」觀念的意義。進而言之，天地萬物之本性（物之自然）只有在人類自覺活動的世界中才能彰顯出意義。正是基於此，我們將人之自然置於實踐性的優先地位。其實這

〔註136〕王博在對道物關係作逆向考察時指出，萬物由道而生出，且由於道之自然性，物亦具有自主性。但這種自主性對於萬物來說可能帶來兩種情形：一方面是順道而行，一方面是逆道而行。他進而認為天地萬物尚有逆道而行之情形，人當然更是如此。參見《老子思想的史官特色》，第235～236頁。但筆者認為，純粹事物之本性的呈現，如地震、海嘯、火山等，根本無所謂「逆道而行」或「順道而行」的問題。只有在人的視域中，天地萬物之本性才有此區分，並且說天地萬物有逆道而行的現象，那也是因為人的行為所致。

裏關鍵在於辨析老子之「自然」與自然科學語境中的「nature」之間的差異。
我們不能完全否認老子之「自然」與現代自然科學上之「nature」之間的某種
相通性〔註137〕。老子的「自然」有「物之自然」的意蘊，指事物的原初本性，
老子主張尊重這種事物的本性，這體現了老子自然觀念中的科學精神，這也
正是近代日本學者以「自然」翻譯西方文化中的「nature」的基礎。但老子之
自然與「nature」之間的差異也是十分明顯的。第一，近代自然科學上的「nature」
乃表示一實體概念，是與人相對立的客觀存在；而老子之自然只表明一種本
性或原初性狀，並非一實體性存在〔註138〕，它只是對實體物存在狀態的描述，
因此我們每每要尋找出「誰之自然」，即「自」所指代的對象。第二，老子之
自然有人自己而然、自覺而然的內涵，即人之自然，直指人之自由問題，體
現了老子自然觀念中的人文精神；而自然科學上之「nature」顯然並無這層涵
義。第三，老子之自然表達了人與天地萬物和諧共處的一種理想生存狀態，
而非那種原始的世界；而自然科學上「nature」則指自然界或者原始世界，通
常並不包括人在內〔註139〕。老子之「自然」與「nature」這兩種言說方式的背
後實際上是兩種不同學科的分野。自然科學語境中的「nature」是指自然界或
自然界自發的存在方式，即純粹自然物的無意識存在狀態。我們所說的自然
災害是從自然科學的角度而言，自然界作為一種對象化的客觀存在，它按照
自身的本性運作（如地球的運轉，火山噴發、海嘯等等），不以人的意志為轉
移，這些正是自然科學研究的基礎〔註140〕。而老子之「自然」是以人的存在

〔註137〕筆者不贊同池田知久的觀點，他認為中國的「自然」與西洋的 nature 是根本
　　　　由來不同且無從關係的兩個詞，後者在近代日本雖譯作「自然」，可兩者意思
　　　　似乎還是毫無共通之處。參見《中國思想史上「自然」之產生》，《民族論壇》
　　　　1994 年第 3 期。

〔註138〕究竟老子的自然在何時開始演變為實體性的存在，學界有爭議。趙志軍對此
　　　　有一番總結，詳見《作為中國古代審美範疇的自然》，第18～23頁。

〔註139〕自然哲學的研究已經關注「自然的人化」和「人化自然」的問題，這實際上
　　　　表明自然科學的研究也有一個前提，純粹自然科學的研究已經不太可能。

〔註140〕當然需要指出的是，自然科學本身也存在何以可能的問題，如康德就說，「自
　　　　然科學有本義地或是非本義地稱呼的自然科學，前者完全按照先天原則來處
　　　　理自己的對象，後者則按照經驗法則處理自己的對象」。「一種理智的自然學
　　　　說，只有作為其基礎的自然法則被理解為先天的、而不僅僅是經驗的法則時，
　　　　才有資格叫做自然科學」。「按其本義來稱謂的自然科學首先是以自然的形而
　　　　上學為前提的」。參見《自然科學的形而上學基礎》，鄧曉芒譯，上海：上海
　　　　人民出版社 2003 年，第2～4頁。

為前提的價值觀念，尤其是指人自覺地、有意識地行為狀態與過程，包括尊重萬物之本性，因而蘊含了深厚的人文精神。在老子哲學中，天地萬物並非作為與人相對立的對象性客觀實在，而是與人同根同源，共同構成了人的生命存在，是人類的棲居之所。這就決定了絕不能將老子之自然的兩層內涵割裂開理解，尤其不能將物之自然實體化、對象化，甚至凌駕於人之自然之上。老子對宇宙萬物的觀察與描述並非尋求一種科學客觀的結果，故他所提出的「道」與自然科學家通過試驗來論證宇宙之起源以及從萬物進化的角度來論證人與天地萬物同源有著根本的不同。因此，「自然災害是否自然」這種提問方式在老子哲學中是無效的，是沒有意義的。但是在自然科學研究領域，「自然災害是自然的」這個說法就是一個簡單的事實陳述，任何一個智力健全的人都不至於懷疑這一點，否則便會遭到莫大的嘲笑！這種講法很可能會引來各種疑惑與責難，有學者曾面臨過這種質疑〔註141〕。但是人類在自然災害之前，常常會選擇以有效的方式來避免或減少各種意想不到的損失，如進行科學研究，提高預警機制，加強防災意識等等，這正體現了對萬物本性的尊重。而當人類不幸遇上自然災害時，常常會自覺地互相照顧，尋求幫助以及危難之中捨身救人性命等等，甚至人們只能被迫尋求新的棲息之所，以保全當下的生命，這就是人以無為的方式生存在世的狀態與過程，生生不息的本源之道就綻放於人類當下的這種尋求寓居之所、珍愛生命的種種活動之中。相反，那些「明知山有虎，偏向虎山行」以逞匹夫之勇，自蹈死地，罔顧生命，甚至危害群生的行為必然不是「自然」。因為這些行為已經喪失了人文關懷與價值追求，背離了生命本根之「道」。從這個意義上來看，各種非理性的自殺不是自然。

其二，如果人類的行為方式嚴重地改變了天地萬物（自然界）的存在方式，正如老子所觀察到的「師之所處，荊棘生焉」（第30章），一旦天地萬物本身都無法進行自我調節，物之本性遭到嚴重破壞，這個時候與其說是自然災害，不如說是人為禍難，因為這是人類違背了無為的生存方式所致。顯而易見，這種狀態也不是自然。

（二）無為是對自然的規範

就人之自然而言，無為是對自然的規範，對「自然」觀念的詮釋必須借

〔註141〕劉笑敢：《老子古今：五種對勘與析評引論》（上卷），第293頁。

助「無爲」。《老子》一書對「自然」、「無爲」的關係進行了深刻的論說。我們不妨從三個問題來逐一分析。

第一個問題，「自然」、「無爲」的主詞是否有傾向性呢？筆者認爲，老子特別強調對治理者行爲方式的約束，即治理者的無爲，更傾向於對百姓自由權利的重視，即百姓的自然。

如第十七章曰：

> 太上，下知有之；其次，親譽之；其次，畏之；其次，侮之。信不足，安有不信。悠乎其貴言也，成事遂功，而百姓曰：「我自然也」。

（郭店竹簡《老子》丙篇）

關於這段話的理解向來爭議很大。文本的差異主要有三：其一，第一句，傳世本多作「太上，下知有之」，據高明考證，只有吳澄本、鄧錡《道德眞經三解》、明太祖《御注道德眞經》、焦竑《老子翼》、《永樂大典》、周如砥《道德經解集義》、潘靜觀《道德經妙門約》等少數版本作「太上，不知有之」〔註142〕，另據胡適所言，日本本作「下不知有之」〔註143〕，而新出土的帛書甲乙本、郭店竹簡本、北大漢簡《老子》均作「下知又（有）之」。從文義上看，馬敍倫〔註144〕、朱謙之〔註145〕等認爲此句作「不知有之」爲長。一字之差，涵義迥別。

其二，從第二句開始，傳世本中出現了幾種不同的情況，即「親之譽之畏之侮之」的層次問題。通行本多將此句分爲兩個層次：「其次，親之譽之；其次，畏之侮之」。河上公本、王弼本、帛書本、郭店竹簡本、北大漢簡本等分爲三個層次：「其次，親之譽之；其次，畏之；其次，侮之。」但帛書本和北大漢簡本最後一層次皆作「其下」，照應「太上」，層次更爲分明。傅奕本則細分爲四個層次：「其次，親之；其次，譽之；其次，畏之；其次，侮之。」綜合整章考慮，「太上」無疑代表著最高的或最理想的層次。「親」和「譽」表達的意思接近，表示親近、讚譽，應當視爲同一層次；而「畏」與「侮」表達的意思區別較大，一個是畏懼，有被動的意蘊，一個是侮辱，有主動反抗的含義，故宜放置在不同層次。總之，從最理想的層次到最差的層次，一共分爲四層比較合理。

〔註142〕高明：《帛書老子校注》，第306頁。
〔註143〕胡適：《中國哲學史大綱》，第38頁。
〔註144〕馬敍倫：《老子校詁》，北京：中華書局1974年，第203頁。
〔註145〕朱謙之：《老子校釋》，北京：中華書局1984年，第69頁。

其三，「功成事遂」是傳世本的通行用法，而帛書本、北大漢簡本作「成功遂事」，郭店竹簡本作「成事遂功」，稍有差異，但含義基本一致。最後一句通行本與王弼本多作「百姓皆謂我自然」；而據高明研究，傅奕本、范應元本、徽宗本、邵本、司馬光本、彭本、志本均作「百姓皆曰我自然」〔註146〕。另據朱謙之研究，還有《晉書》王坦之《廢莊論》作「百姓皆曰我自然」〔註147〕。郭店竹簡本作「而百姓曰我自然也」。北大漢簡本作「百姓曰我自然」。

傳統的註解通常認爲「我自然」乃百姓自謂也。如河上公註解此句：「百姓不知君上之德淳厚，反以爲自當然也。」〔註148〕高亨曰：「我者，蓋百姓自謂也。功成事遂，百姓皆曰『我自然』，不知其君之力也。」〔註149〕蔣錫昌則認爲，「功成事遂，百姓皆謂我自然」，謂人民功成事遂，百姓皆謂吾儕自成，此即古時所謂「帝力何有於我哉」也〔註150〕。劉笑敢先生則認爲「百姓皆謂我自然」的「我」是指「聖人」，整句應理解爲「百姓」謂「聖人」「自然」〔註151〕。

通過對不同老子版本的比較和歷代註釋的考察，尤其是郭店楚墓竹簡本與北大漢簡本提供的信息，不難看出，最後一句應該理解爲老百姓認爲是自己而然。理由如下：

首先，王弼的註表明「自然」是百姓自謂自己而然。王弼註曰：「居無爲之事，行不言之教，不以形立物，故功成事遂，而百姓不知其所以然也。」〔註152〕劉笑敢先生認爲王弼似乎沒有注意是誰自然〔註153〕，其實不然。仔細分析王弼的註可知，前四句話的主語是聖人，即聖人以無爲的方式治世，客觀上促成了功成事遂的狀態（然），從旁觀者的角度來說，聖人的無爲之治對於功成事遂顯然有重要的作用。但是老百姓不是旁觀者，聖人也不是旁觀者，他們自身都處在這種狀態中，百姓沒有將聖人看作治理者或統治者，他們並不認爲自己所處的狀態是聖人（統治者）帶來的，也沒有在自身之外去探尋造成這種狀態（然）的原因。相反，他們轉向了自身，將原因追溯到了自己，

〔註146〕高明：《帛書老子校注》，第309頁。

〔註147〕朱謙之：《老子校釋》，第71頁。

〔註148〕河上公：《老子道德經河上公章句》，第69頁。

〔註149〕高亨：《老子正詁》，第78頁。

〔註150〕蔣錫昌：《老子校詁》，第113頁。

〔註151〕劉笑敢：《老子古今：五種對勘與析評引論》（上卷），第207～210頁。

〔註152〕王弼：《老子道德經注校釋》，第41頁。

〔註153〕劉笑敢：《老子古今：五種對勘與析評引論》（上卷），第207頁。

這才有「我自然」之說。如果百姓將聖人看作與自己相對立的存在者，認爲「功成事遂」是聖人的功勞或恩賜，那麼也就知道這個原因了，也就不存在「不知其所以然」了。由此可知，王弼實際上也認爲「自然」乃百姓自謂也。誠然，老百姓的「我自然」之說本質上指出了一個「所以然」，即老百姓「自己」就是這種「然」的原因。

其次，從本章的敘述主體來看，應該是老百姓自謂自然。《道德經》一書都是老子在敘說，故敘事的主體應該是老子。《道德經》中涉及的人物，如「聖人」、「嬰兒」、「民」、「眾人」等等均不是敘事的主體，而只構成老子敘說的具體事實中的主體。分析《老子》文本可以發現，老子通常先提出一個歷經社會經驗洗滌與檢驗的理論觀點，然後再以聖人之言行加以佐證。通常用兩種句法結構：其一是「是以聖人……」，這種結構出現了十八次，可以推斷老子常以聖人爲準則；其二是「聖人云」，表示直接引聖人之言，這種結構僅出現兩次，由此可以推斷老子一般很少直接引用聖人之言，在這種結構中出現的「我」通常就是指聖人。如第五十七章：「故聖人云：『我無爲，而民自化；我好靜，而民自正；我無事，而民自富；我無欲，而民自樸。』」這裏的「我」很顯然就是指「聖人」。就本章而言，從「太上，下知有之」到「信不足，安有不信」，這一段顯然是敘事者老子在總結不同統治者治理天下的幾個層次。緊接著，老子著重陳述了最理想的聖治狀況，「悠兮其貴言也」，「悠兮」指的是治理天下的聖人處在一種悠然自得的狀態，而不像現實中的君王爲了政事筋疲力竭。「其」在此可以認爲是語氣助詞，無實義〔註154〕；整句話就是老子評述這種理想的狀況：聖人悠然自適，很少發號施令，但客觀上卻促成了百姓安居樂業、上下相安無事的狀態。這裏的陳述主語無論如何也不可能突然轉化爲聖人，即聖人說：「我悠然自適，很少發號施令」。郭店竹簡本作「而百姓日我自然也」，這裏的「而」明顯是一個轉折，表達承接上文的語義。本來是聖人「悠兮」、「貴言」，並且達到了「成事遂功」的狀態，但老百姓卻說：「我自己如此。」這裏的自然就是百姓自己而然。蔣錫昌認爲「自然」即「自成」，不能說錯，但是他沒有注意到「自然」之「然」作爲指示代詞的這種特殊用法，「然」指代的是任何一種由「自」之潛在主詞發出的行爲產生的狀態，

〔註154〕「其」在上古很少作人稱代詞，如果將「其」理解爲人稱代詞，即指代「聖人」，則句意更加明朗，表明是老子在描述聖人的治世狀態。述說的主體是老子，而不是聖人在自陳。

「成」只是「然」的一種具體狀態而已〔註155〕。作爲一種哲學觀念，將「自然」之「然」具體化反而失去了哲學意蘊。

綜觀十七章，老子總結了統治者治理天下的不同層次，認爲最好的治理狀態是老百姓僅僅知道有個統治者而已，但感受不到統治者的壓制，因而可以自由地生活。要達到理想的治理狀態，則統治者必須以無爲的方式來治理天下。本章體現無爲觀念的詞就是「貴言」，也就是「希言」（第 23 章），意即很少發號施令，不以繁雜的政令措施來控制老百姓。只有這樣才能「功成事遂」。但處於「功成事遂」狀態中的老百姓並不認爲這種狀態是統治者帶來的，他們認爲這不過是自己如此。換言之，統治者並沒有對老百姓進行過多的干涉，老百姓也沒有把自己與統治者對立起來，他們按照自身的需求努力工作與自由自在地生活，任何成就的取得都被看做是自己努力的結果，因而不需要來自任何方面的恩賜或施捨〔註156〕。由此可知，首句「下知有之」表明老子的政治主張並非無政府主義，但他明顯強調最小的政府，最少的干涉，其實質是一種「虛君共和」〔註157〕的自治型社會〔註158〕。只有在這種社會中，老百姓才可以充分地享受到自由，參與社會的各項管理，自覺組織自己的生活，個體的自由才能得到最大的保障。

然而，學界近年來也提出了一些新問題，既然老子強調治理者的責任和

〔註155〕 這一點劉笑敢先生曾指出來，他說：「其實『自然』可以包括『自成』之意，『自成』卻不可以包括『自然』之意。『成』只是『然』的一種狀態而已。」參見《老子古今：五種對勘與析評引論》（上卷），第 210 頁。

〔註156〕 蕭漢明：《道家與長江文化》，第 85 頁。

〔註157〕 在老子的政治構架中，君主（或曰治理天下的聖人）是存在的，但他們的存在並不對老百姓的生活構成威脅或負擔。老子主張，一方面君主應該自覺節制權力，不隨便利用權力干涉老百姓的生活，另一方面老百姓僅僅知道有一個君主而已，並不與君主發生更多關係，這樣君主便成爲一種象徵性的存在。眞實的治理主體是老百姓自身，自治的依據是老百姓按照自己的生活方式與習慣，在長期生活中形成的一致認可的規範（包括各種律法）與習俗。老子的這種政治哲學是傳統政治文化中最接近「虛君共和」（該詞爲梁啓超所造，見其《新中國建設問題》一文）的政治理念。後來蕭公權先生亦明確指出，孔墨諸家皆接近君主專制之觀點，而老子獨傾向於「虛君」民治。參見《中國政治思想史》，瀋陽：遼寧教育出版社 1998 年，第 160 頁。

〔註158〕 徐復觀先生認爲，自然的意義，用在政治上，實等於今日之所謂「自治」。參見《中國人性論史·先秦篇》，第 176 頁。王中江主張以「自治主義」、「政治自治」來把握老子的「自由」思想，參見《道家自由思想的兩種形態》，《原道》第 7 輯，陳明、朱漢民主編，貴陽：貴州人民出版社 2002 年，第 99 頁、104 頁。

義務，傾向於百姓的自由權利，既然聖人（治理者）的無爲對於百姓的自然有著客觀作用，那麼我們能否將聖人與百姓之間的關係理解爲「主體→客體，原因→結果」的模式呢？〔註159〕換言之，正是因爲聖人的無爲，才有百姓的自然。應該說，從語句的形式結構上看，這種觀點似乎正確，尤其像五十七章：

是以聖人之言曰：「我無爲而民自化，我好靜而民自正，我無事而民自富，我欲不欲而民自樸。」〔註160〕

這裏的四個排比句中，聖人的「無爲」與民的「自然」如此嚴整對立，幾乎完整具備了因果形式。但這種「因果模式」的理解明顯存在兩個問題：其一，百姓是否實現了眞正的自然？如果說聖人的無爲是百姓自然的原因，那麼百姓的自然就架空了，即百姓並不自然，而是聖人使之而然，這顯然違背了老子自然觀念的眞實意蘊。其二，聖人是否也追求自然？儘管十七章只講到百姓的自然，但實際上老子所提出的自然並不專屬於百姓這一階層，聖人追求的目標也是自然。如果僅將聖人看作是促成百姓自然的原因，那麼就忽視了聖人之所以要以無爲的方式治理天下，本質上也是爲了達到自然的狀態。就本章而言，從聖人的角度來看，聖人「悠兮」、「貴言」，即很少發號施令，悠然自在，這種具體的行爲方式當然可以詮釋爲「無爲」。這種「無爲」的行爲方式本身就是一種「爲」，即聖人按照自己的願望實施了行爲，從而產生了「成功遂事」的狀態或結果——「然」，這一過程本身就是一種「自然」。聖人的「無爲」就包括在自然之「然」中，而非超脫「自然」之外。不過聖人的「自然」是以無爲的方式爲前提的，並且這種無爲的行爲方式是聖人得以眞正自然的必要條件。從百姓的角度來看，百姓也只是按照他們自己的願望來謀求生存與發展，他們的行爲方式也是無爲。百姓沒有將自身與聖人（統治者）對立起來，形成治理與被治理的關係，沒有去「親近聖人」從而將治理之功歸於他們，也沒有「畏懼他們」，更談不上「輕侮他們」。老百姓認爲是自己如此，並不是別人（聖人）迫使他們如此，也不是別人（聖人）作出

〔註159〕 池田知久指出《老子》中存在這樣一種模式，並且舉了《老子》第二十三章、第三十七章、第五十七章等爲例。參見《道家思想的新研究——以〈莊子〉爲中心》，第548～552頁。王中江似乎也贊同這種理解，參見《道與事物的自然：老子「道法自然」實義考論》，《哲學研究》2010年第8期，另見《道家自由思想的兩種形態》，載《原道》第7輯。

〔註160〕 最後一句王弼本作「我無欲而民自樸」，今據帛書本、北大漢簡本改正。

了某些行爲（原因）才使得他們能夠如此（結果）。百姓所處的狀態正是自己而然，而這種自然正是老百姓自己以無爲的方式達到的，簡言之，百姓之無爲亦包含在自然之中。

以上雖然是從聖人和百姓兩個層面進行分析，但這並不表明聖人與百姓、無爲與自然之間是一個因果關係，也不存在一個主客對立即治理與被治理的關係。聖人與百姓之間、百姓與天地萬物之間是一種和諧共處的狀態，自然作爲一種理想的價值觀，是聖人與百姓的共同追求。《老子》第六十章曰：

> 以道蒞天下，其鬼不神。非其鬼不神，其神不傷人。非其神不傷人，聖人亦不傷人。夫兩不相傷，故德交歸焉。

在老子看來，以道治理天下，本質上就是以自然作爲最高的價值原則來治理天下，因此所謂的「鬼」也只是天地萬物的本性呈現，根本無所謂「神奇」、「怪異」。即便有一些超過人類理解能力的現象，也不必將其神化，因爲這些現象也是自然的，根本不會有意識地去傷害人。此外，聖人以無爲的方式治理天下，不干涉天地萬物發自本性的生長狀態，也不會傷害到百姓。所謂「兩不相傷」，意指「上不與民相害，鬼不與人相傷」〔註161〕，由此人與天地萬物都能按照自身的本性發展，德性得以交融回歸到自然的狀態。

再看第二十三章：

> 希言，自然。故飄風不終朝，驟雨不終日。孰爲此者？天地。天地尚不能久，而況於人乎？

奚侗、馬敘倫認爲這裏的「希言自然」應該是對偶句式，上下句可能有脫文，而高明據帛書《老子》否認了這種說法〔註162〕。《老子》本來言簡意賅，比照帛書以及竹簡《老子》，不難發現很多文句可以單獨成章。就此章而言，「希言自然」就單獨表達了一層含義，並且與下文無必然之聯繫。因爲帛書《老子》該章的「飄風」前無「故」字，傳世本中亦多無「故」字，很有可能「故」爲後世學者增加，以銜接上下文意。傳統注釋家往往將上下文關聯考察，反而失之牽強。該句不是一個動賓結構詞組，而是由兩個詞組單獨構成，應斷句爲：「希言，自然。」〔註163〕「自然」一詞在具體語句中表強調，

〔註161〕 魏源：《老子本義》，上海：華東師範大學出版社2010年，第124頁。

〔註162〕 高明：《帛書老子校注》，第344頁。

〔註163〕 尹振環提出此句應斷作：「稀言，自然。」參見《帛書老子釋析：論帛書老子將會取代今本老子》，第342頁。

因此「自」前必然有一個主語存在，即強調是主語（施事）自己實施了某行爲。而《老子》文本十分精簡，主語常常缺省。這裏「希言」與「自然」各自缺省的主語是什麼？「聖人」還是「道」？「百姓」還是「萬物」？我認爲都可以〔註164〕。但通常多理解爲「聖人希言」，而「百姓自然」，即聖人很少實施聲教法令，而百姓自己如此〔註165〕。值得注意的是，這裏的「希言」與「自然」之間同樣不存在「原因→結果」的模式，即所謂「聖人的希言」導致了「百姓的自然」。其實「希言」的主語（施事）自身的行爲也是「自然」。當然這並非否認施事本身的任何目的或意志，只不過說明「自然」關注的主要是施事自身而已。不管作何種詮釋，該句都表達了老子自然觀念的一個基本內涵，即「自然」所代表的一種狀態和過程是行爲者自身以「無爲」的方式帶來的；作爲一種理想的生存狀態，「自然」首先表達了對一切生存個體的生存處境的關注，就人之自然而言，「自然」就是生存個體以無爲的方式自覺生存在世的狀態。

總之，老子主張聖人與百姓都以達到自然狀態爲理想追求，聖人不去壓制百姓，百姓也不去親近歌頌聖人，彼此不是對立的，而都以無爲的方式生存在世而已，只有這樣才能共同實現眞正的自然。如果認爲「無爲」是原因，而「自然」是結果，則將「自然」與「無爲」割裂開來，或至少將無爲與自然並列起來，只將「自然」定格在老百姓身上，卻忽視了聖人追求的最終目標也是自然。

第二個問題，既然聖人是通過無爲的方式來達到自然，那麼百姓是否也應當以無爲的方式來實現自然呢？老子顯然沒有忽視這個問題，在他看來，百姓也必須以無爲的方式生存在世，並且現實的治理者還有責任創造條件促使百姓遵循無爲的生存方式。在整個《老子》文本中，老子強調聖人的無爲，絕大多數情況下都是以否定性的詞組來表示節制欲望、約束行爲的意思，但也有少數肯定性的作爲，要求聖人積極地有所作爲：

〔註164〕 王慶節認爲，這裏的主詞可以泛指天地間的萬事萬物，更可以按照傳統的解釋，在道家政治哲學的背景下，具體指陳統治者。參見《解釋學、海德格爾與儒道今釋》，第155頁。

〔註165〕 蔣錫昌曰：「『希言自然』，謂聖人應行無爲之治，而任百姓自成也。」參見《老子校詁》，第156頁。高文強亦從「政之自然」角度解讀「希言自然」。參見《中國古代文論範疇發生史——〈老子〉：道法自然》，武漢：武漢大學出版社2009年，第65頁。

道常無名。樸雖小，天下莫能臣也。侯王若能守之，萬物將自賓。天地相合，以降甘露，民莫之令而自均。始制有名，名亦既有，夫亦將知止，知止可以不殆。（第 32 章）

道恒無爲。侯王若能守之，萬物將自化。化而欲作，吾將鎮之以無名之樸。無名之樸，夫亦將不辱。不辱以靜，天地將自正。

（北大漢簡《老子》第 77 章）

「道常無名」與「道恒無爲」是對道存在狀態的表述，因爲「道」生萬物而又內在於萬物之中，故天地萬物本質上也是以無爲的方式生存發展。如果治理者能夠認識到只有無爲的方式才是符合道的，並進而遵守大道，那麼天地萬物就能夠按照各自的本性發展。通常情況下，百姓生活在天地之間，不需要治理者的繁雜法令和制度，完全可以按照自己的本性自覺地形成各種習俗和傳統，自由地生活，達到一種和諧狀態。聖人治理天下的活動中，創設名物制度的行爲是不可或缺的，但這種行爲必須有限度，必須「知止」，不能無限制地創設繁雜的法令制度來干涉和控制百姓，尤其不能「以死懼之」（第 74 章），否則社會就很危險。但如果在天地萬物的自生自化過程中，有些事物——這裏主要是指民——萌發私欲、貪欲，那麼治理者應當以「無爲之道」〔註 166〕來教化他們。「無爲之道」的教化必將使得人的欲望不再萌生，從而歸於虛靜質樸，天地萬物又開始回歸到自然發展的狀態。由此可見，百姓也必須以無爲的方式來生存在世，並且聖人應當遵循無爲之道，促成百姓對無爲的行爲方式的理解和運用。如果只將「無爲」定格在聖人身上，卻忽視了百姓也必須無爲，那麼作爲共同的價值觀念，自然也是不可能眞正實現的。

第三個問題，也是一個總結性的問題，自然是否排斥外力的影響與作用？依上文所論，既然無爲並非無所作爲，甚至在某種程度上還要有積極的作爲，那麼「無爲」必然會對「自然」產生影響，不管是人之自然，還是物之自然。其實，「自然」只是強調事物自己而然，本性如此，至於反身代詞「自」所指代的對象是否受到外力的作用和影響，我們並不能從「自然」一詞中直接得出。而事實上，宇宙萬物相互之間是一種共生共長的關係，作爲萬物之一的人類，在宇宙間生存發展，必然面臨處理人與人之間、人與物之間的關係問題，外力的影響和作用顯然是無法消除的，關鍵在於如何看待外力以及在外

〔註 166〕吳澄：《道德眞經吳澄注》，上海：華東師範大學出版社 2010 年，第 53 頁。

力之下人之自然是否還有可能。筆者認為，應當將這種外力區分為兩類：其一，物之自然所帶來的外力。各種自然界的災害屬於此類，這種外力通常難以避免，物之自然確實在某種程度上對人的自由造成限制。但我們應看到，一方面這種限制正好對人類的生存和發展提出了警告，正如老子所說：「天之所惡，孰知其故？」（第73章）「天網恢恢，疏而不失。」（第73章）人類始終無法逃離天地萬物，必須敬畏天道，尊重萬物本性，而不能為所欲為。另一方面，這種限制也正好體現了自由的價值，表明人之自然是真實存在的，人的自由就是在與天地萬物打交道的過程中實現的。其二，人之自然帶來的外力。就社會治理而言，治理者為了一己之私欲和利益，窮兵黷武，濫用民力，徇私枉法，對百姓的生活方式進行嚴格控制、干涉等等。這些外力直接影響了人的自由，是對人之自然的重要破壞，這種情形下，人之自然通常難以實現。所以，老子倡導無為，旨在限制這種遭到濫用的自由意志，主張節制與規範人的行為與意志。但是，我們不能籠統地將人之自然所帶來的外力都排除在外，因為有些外力不是某個人或某個階層、群體帶來的，而是生活在一個社區或國家的個體們共同帶來的。如人們經過自由選擇，自覺地參與到制度或規範的創製中去，以充分尊重個體權利的方式製定共同認可的制度或規範，並以此來規範治理者的行為，同時也規範和約束社會上一切個體的行為，那麼這種規範和制度帶來的外力就是必要的，也是真正保證個體能夠實現自己而然的前提。從這個意義上來說，現代民主社會的法律和道德是保證人之自然的必要條件，它們體現的恰好是老子的無為觀念，當然前提是這些法律和道德必須遵循生存個體的本性（權利）。

總之，「無為」是一切生存個體的行為原則和方法，只有遵循無為的原則才能實現自然，因此自然的內涵必須借助於無為，而「自然」並不排除外力的影響的結論則更能融貫地詮釋第六十四章。

首先看此章的文本問題，通行本第六十四章內容較多，是整個《老子》章節中字數最多的三章之一〔註167〕。實際上，在「為之者敗之」一句之前的一段，應當獨立成章。該段內容如下：

> 其安易持，其未兆易謀，其脆易泮，其微易散。為之於未有，治
> 之於未亂。合抱之木，生於毫末；九層之臺，起於累土；千里之行，
> 始於足下。

〔註167〕另外兩章分別是第三十八章（154字）和第三十九章（158字）。

　　將這一段材料驗之以郭店楚墓竹簡《老子》甲組和丙組以及北大漢簡《老子》，則今本六十四章的內容原本爲獨立的兩章。事實上這段內容語義完整，且與下文並無緊密關係，完全可以獨立成章。因此，我們主要考察具有獨立語義的下一段。

　　　　爲者敗之，執者失之。是以聖人無爲，故無敗也；無執，故無失也。民之從事也，恒於其成事而敗之。故慎終如始，則無敗事矣。是以聖人欲不欲，不貴難得之貨；學不學，而復眾人之所過；以輔萬物之自然，而弗敢爲。（北大漢簡《老子》）

　　這一段表達了兩層意思，第一層的核心內容主要是一個「敗」字，討論「敗」的原因、避免的方法。勉強作爲，執著把持，最終會導致失敗。聖人以無爲的方式處事，所以沒有失敗。而普通人常常在事情要成功的時候失敗，主要是因爲他們不能「慎終如始」，「慎終如始」就是「無爲」。簡言之，成敗的關鍵就在於無爲。第一層意思主要揭示了無爲作爲一種行爲原則或方法的意義。

　　第二層意思主要是講聖人無爲的處事原則或方法的具體做法，這裏就涉及「無爲」與「自然」之間的關係問題，而我們首先要面對的是文本差異問題。

　　　　以輔萬物之自然而不敢爲。（王弼本）

　　　　是故聖人能輔萬物之自然，而弗能爲。（郭店楚墓竹簡《老子》甲組）

　　　　是以能輔萬物之自然，而弗敢爲。（郭店楚墓竹簡《老子》丙組）

　　　　能輔萬物之自然，而弗敢爲。（帛書《老子》乙本）

　　　　以輔萬物之自然，而弗敢爲。（北大漢簡《老子》）

　　這段主要涉及「能輔」與「以輔」、「弗敢」與「弗能」的問題。帛書出土後，學界即展開了探討，如張舜徽認爲，各本均作「以輔萬物之自然而不敢爲」。「以」字帛書甲、乙本並作「能」，「不」字並作「弗」，今從寫正。篆書以字作「㠯」，能字作「𦟀」，《老子》原文蓋本作「𦟀」，傳寫者缺脫而爲「㠯」耳〔註168〕。鄭良樹認爲能、以古通用，謂能輔萬物之自然而不爲者爲聖人〔註169〕。高明認爲「能」、「以」可以同訓爲「而」，在此，「能輔」似較「以輔」

<hr>

〔註168〕張舜徽：《周秦道論發微》，《張舜徽集》，武漢：華中師範大學出版社 2006年，第143頁。
〔註169〕鄭良樹：《老子新校（七）》，《大陸雜誌》，59卷（2），第48頁。

義勝〔註170〕。竹簡《老子》出土後，劉笑敢先生認為甲本突出了「能」與「不能」的對立，對比鮮明而一致。竹簡丙本和帛書本以「能」與「弗敢」相對照，則失去了對比方的對應性〔註171〕。

究竟作「能輔」還是作「以輔」？「輔」應作何解？學界有以下幾種不同的觀點。一種觀點批評《韓非子・喻老》的錯誤轉引：「恃萬物之自然而不敢為也。」他們以《廣雅・釋詁》對「輔」的理解為據，即「輔，助也」，認為韓非子改「輔」為「恃」不正確〔註172〕。另一種觀點認為「輔」應作「恃」，或理解為「順」〔註173〕。這兩種觀點均是在郭店楚墓竹簡《老子》出土之前提出來的。竹簡出土後，經整理發現，通行本中「輔」甲組作「尃」，丙組作「榑」，這樣就產生了另外一種新觀點，認為「尃」乃本字，而「榑」以及「輔」均為通用假借字〔註174〕。其實這裏採取哪種觀點並不很重要，關鍵是這些觀點提出者的理論前提是什麼。考究以上三種觀點，我們不難發現他們共同的理論前提。批評第一種觀點一般都引王充《論衡・自然篇》中的話來加以論證，但一般都沒有進一步解釋為什麼需要輔助或不排除輔助的行為。當然王慶節對此進行了一番探討〔註175〕，但在筆

〔註170〕 高明：《帛書老子校注》，第140頁。
〔註171〕 劉笑敢：《老子古今：五種對勘與析評引論》（上卷），第621～622頁。
〔註172〕 朱謙之、高明、王慶節等均持此種觀點。朱謙之認為：「《廣雅・釋詁二》：『輔，助也。』《易・象傳》：『輔相天地之宜。』《論衡・自然篇》曰：『然雖自然，一須有為輔助之也。』此即老子『以輔萬物自然』之旨。」參見《老子校釋》，第262頁。
〔註173〕 焦竑、劉師培、馬敘倫等均持此種觀點。如焦竑曰：「『恃』一作『輔』，非。既曰自然矣，而又輔之，非自然也，今從韓非本。」參見《老子翼》，上海：華東師範大學出版社2011年，第156頁；其餘分別見《老子斠補》，《劉申叔遺書》，南京：江蘇古籍出版社1997年，第883頁；《老子校詁》，第174頁。
〔註174〕 丁原植、趙建偉、廖名春等均持此種觀點。分別參見丁原植：《郭店竹簡老子釋析與研究》，臺北：臺灣萬卷樓圖書有限公司1999年，第79～80頁；趙建偉：《郭店竹簡〈老子〉校釋》，《道家文化研究》第十七輯，陳鼓應主編，北京：三聯書店1999年，第295～296頁；廖名春：《郭店楚簡老子校釋》，北京：清華大學出版社2003年，第133頁。
〔註175〕 王慶節認為，老子的這一「輔自然」的思想可能根本就不應當從要麼「有為」要麼「無為」這樣截然兩分的思路來考察。老子的自然乃至無為概念的要害和核心既不在於是「有所作為」還是「無所作為」，也不在於「有心作為」還是「無心作為」，而在於如何達到和達成自我與他人的「自己而然」。老子所說的「無為」不過是我們選擇達成天地萬物「自己而然」目標的手段和途徑，而不是相反。參見《解釋學、海德格爾與儒道今釋》，第158～159頁。

者看來仍然有不足之處。而第二種、第三種觀點基本上都認爲老子的「無爲」或「自然」反對「人爲」或「有爲」，如解爲「輔」違背了老子的「無爲」思想。如古棣認爲：「『萬物之自然』已排斥了人爲，所以不能是作輔助講的『輔』字，而應是作依賴講的『恃』字。」〔註176〕丁原植認爲：「聖人要是『輔萬物之自然』，這就顯示出被輔助的萬物需要有所『輔助』。若是如此，則何以能稱作『萬物之自然』？而同時作爲『輔者』的聖人，也就因爲表現了有所『輔助』的積極性，『輔』也就成爲一種『有爲』，後文又如何可說是『聖人……弗能爲』？」〔註177〕

其實，「自然」與「無爲」並不反對「作爲」、「人爲」，因此，不管是理解爲「輔助」還是「依靠」、「順從」都不違反老子的「無爲」觀念。就本章而言，最容易產生以下兩種誤解：一是認爲萬物之自然必須依靠聖人的輔助，即聖人的無爲是萬物之自然的原因〔註178〕。二是認爲聖人應該幫助他者達到「自己而然」的目的〔註179〕。但實際上，「自然」就是行爲實施者的自己而然，是一個動態的狀態與過程，而不是一個外在的靜態目標。「自然」也並非反對聖人與百姓等一切生存個體之間產生各種關係，但這種關係的形成必須以生存個體的無爲方式爲前提。這裏的「不欲」、「不貴」、「不教」都表達了「無爲」的觀念，而「欲不欲」、「教不教」則與「爲無爲」的句式相近，也與「無爲而無不爲」的句式相近，表達了無爲的內涵。聖人就是以這種行爲來生存與處世。因此，無論是聖人的「輔」也好，「恃」也好，都表明聖人以無爲的方式生存發展著，聖人自身的行爲帶來的種種狀態與過程（如治的行爲、過程本身）就是自然。而「輔萬物之自然」中的萬物顯然包括人民或百姓〔註180〕，這裏的「自然」是萬物之本性，體現了萬物以無爲方式生存的過程與狀態。這裏同樣不存在「聖人無爲」而「萬物自然」這麼一個「原因→結果」的模式，如果認爲只有聖人的無爲才使得萬物（包括百姓）自然的話，那麼恰恰表明，萬物（包括百姓）其實並不是眞正地自己而然。如果僅將聖人的無爲理解爲原因的話，那麼聖人自己反而可能處「自然」之外，或者說聖人自己

〔註176〕古棣、周英：《老子通·老子校詁》，長春：吉林人民出版社，第313～314頁。
〔註177〕丁原植：《郭店竹簡老子釋析與研究》，第79頁。
〔註178〕池田知久：《道家思想的新研究——以〈莊子〉爲中心》，第561頁。
〔註179〕王慶節：《解釋學、海德格爾與儒道今釋》，第158頁。
〔註180〕劉笑敢：《試論道家式責任感》，《道家文化研究》第二十二輯，陳鼓應主編，北京：三聯書店2007年，第38頁。

並不自然。這顯然不是《老子》的本意。當然，我們也不需要對這裏的「自然」進行某種層次的劃分，或者範圍大小的比較，如認爲聖人的行爲帶來的種種結果與狀態包括了萬物的自然在內，那麼聖人之自然就一定比萬物之自然的範圍要大了。自然作爲一種價值，反映了一切生存個體的自然本性真實呈現的理想生存狀態，它是不能量化的，不能說誰自然多一點，誰少一點，而只有自然與不自然之分。自然是一個普世的、永恒的價值觀念，它描述了根源於道的天地萬物以及人類的真實存在狀態，強調了一切存在者均依據自身的內在原則而存在，表達了對一切生存個體的生存境遇的共同關注與同等重視。

小　結

本章主要對老子的自然觀念進行了初步考察，通過對「自然」與《老子》中「自 V」結構詞組的分析，我們得出了「自然」作爲一個大觀念的基本結論。「道法自然」是老子哲學中最重要的命題，「自然」作爲老子哲學的中心價值根源於「道」。道是天地萬物等一切存在者（物之自然）的根源，同時「道」又內在於天地萬物之中，道之自然體現爲天地萬物等一切存在者之本性的顯現。但根源性自然只是一個基礎，萬物本性之呈現有賴於人的自覺精神，這就是人之自然。「自然」作爲一個追問一切存在者生存狀態之根本原因的觀念，首先是人對自身存在根據的追問，「自然」即「自己而然」、「自主而然」，這強調了人的主體性，意味著人類對自身行爲進行反思，追求精神獨立與自覺。自然是行爲者有目的有意識地自己而然，本質上是自由。其次，老子強調人對天地萬物實現自然狀態的責任。人類應當自覺地持守根源於「道」的天地萬物之本性，促成天地萬物等一切存在者達到自然的狀態。爲了更好地規範人類的意志和行爲，老子對「自然」觀念的內涵進行充實，這就是「無爲」觀念。「道常無爲」表明作爲天地萬物本根的「道」是以無爲的方式存在的，因此天地萬物也必然要以無爲的方式存在。老子的無爲觀念主張對個人的意志進行規範，強調自我調控與反思。總之，自然就是生存個體以無爲的方式生存在世的狀態與過程。

在《老子》的哲學中，「無爲」與「自然」這兩個重要觀念並非只是表達人類才應有的生活原則或價值，而是天地萬物所共有的生存方式與價值原

則。在老子看來，「道」是宇宙的根源，天地萬物均以一共同的價值觀念生存，這是一種本真的存在論關懷，體現了自然觀念中科學精神與人文精神的統一。作為老子哲學的一個重要觀念，「自然」表達了對一切存在者生存境域的關注，強調了人的自覺精神，表達了一種普遍的價值關懷，這是老子自然觀念的核心意義。老子的自然觀念影響深遠，先秦道家的另一個重要代表莊子進一步發展了老子的自然觀念，在極力弘揚個體自我的獨立精神的同時，給自然觀念注入了更為豐富的內涵。

第三章 《莊子》的自然觀念

　　在正式進入本章之前，有必要對複雜的《莊子》文本略作探討，儘管文本考證不是本書的主要任務。郭象整理《莊子》定下三十三篇的格局之後，自宋代開始，學者們就陸續懷疑《莊子》中很多篇目的眞僞，一直到近幾十年，學界在《莊子》文本的考證上推出了不少新成果〔註1〕。然而，這些新成果並不能平息長期以來關於《莊子》文本問題的各種爭議，究竟哪些篇目是莊子本人所作，哪些是莊子後學所作，學界一直有不同意見，也從來沒有形成過統一的意見。目前相當一部分學者認爲內篇爲莊子本人所作，而外、雜篇則爲莊子後學所作。但也有學者認爲內篇七篇絕不是莊子的思想，而外雜篇不少篇目恰恰是莊子所作〔註2〕。總之在《莊子》文本問題上，意見紛呈，莫衷一是。現在審視這些研究成果，我們當然肯定其積極的意義，但與近幾十年來《老子》文本的研究相比，這種意義還顯得很單薄，因爲這些研究成

〔註 1〕 葉國慶：《莊子研究》，上海：上海商務印書館 1936 年。羅根澤：《諸子考索》，北京：人民出版社 1958 年。關鋒：《莊子內篇譯解和批判》，北京：中華書局 1961 年。張岱年：《中國哲學史史料學》，《張岱年全集》，石家莊：河北人民出版社 1996 年。張恒壽：《莊子新探》，武漢：湖北人民出版社 1983 年。崔大華：《莊學研究》，北京：人民出版社 1992 年。張遠山：《莊子奧義》，南京：江蘇文藝出版社 2008 年。劉笑敢：《莊子哲學及其演變》（修訂版），中國人民大學出版社 2010 年。海外漢學家則有 A.C.Graham, *Studies In Chinese Philosophy and Philosophical Literature*, State University of New York Press, 1990.

〔註 2〕 任繼愈：《莊子探源》，《哲學研究》1961 年第 2 期，見另《十家論莊》，胡道靜主編，上海：上海人民出版社 2004 年，第 187～196 頁。

果大都依據傳世文獻的分析，缺乏地下新材料的印證。《莊子》一書的形成、傳衍過程，尚待出土文獻的印證和進一步深究〔註3〕。正是基於這種現狀，當前的莊學研究形成了一種新的趨向，即研究重點已不再停留在《莊子》的文本考訂問題上，而轉向了思想觀念的研究〔註4〕。這理應成爲莊學研究的方向，也只有這樣才能眞正推動莊學的研究。故本書所說的《莊子》或「莊子」大多數情況下都是指莊子及其學派，少數情況下指莊周本人。《莊子》文本的複雜情況致使《莊子》一書反映出來的思想駁雜甚至矛盾，因此本書並不嘗試將《莊子》詮釋爲一個完整的哲學體系，而是力圖以自然觀念爲中心重新解析《莊子》哲學。

其次，我們來對《莊子》中作爲哲學觀念的「自然」一詞稍作統計與分析。「自然」一詞作爲一個哲學觀念最先出現在《老子》中，隨後在其他一些典籍中也陸續出現〔註5〕。莊子是老子之後先秦道家最重要的代表，那麼作爲哲學觀念的「自然」在《莊子》中又是一種什麼情形呢？我們先看《莊子》中「自然」一詞出現的次數。據郭慶藩的《莊子集釋》，《莊子》中「自然」一詞共出現了八次，出現的篇目分別是《德充符》、《應帝王》、《天運》（兩次）、《繕性》、《秋水》、《田子方》、《漁父》。但作爲一個哲學觀念，「自然」一詞實際上只有六次。首先是《天運》中的一段文字，學界通常認爲不應歸屬於《莊子》文本：

〔註3〕 郭齊勇：《中國哲學史》，北京：高等教育出版社 2006 年，第 80 頁。

〔註4〕 這一類的研究成果已經不少，如崔宜明：《生存與智慧：莊子哲學的現代闡釋》，上海：上海人民出版社 1996 年。朱哲：《先秦道家哲學研究》，上海：上海人民出版社 2000 年。鄭開：《道家形而上學研究》，北京：宗教文化出版社 2003 年。徐克謙：《莊子哲學新探：道·言·自由與美》，北京：中華書局 2005 年。楊國榮：《莊子的思想世界》，北京：北京大學出版社 2006 年。韓林合：《虛己以遊世：〈莊子〉哲學研究》，北京：北京大學出版社 2006 年。王博：《無奈與逍遙：莊子的心靈世界》，北京：華夏出版社 2007 年。王威威：《莊子學派的思想演變與百家爭鳴》，北京：人民出版社 2009 年。鄧聯合：《莊子哲學精神的淵源與釀生》，北京：光明日報出版社 2011 年。李大華：《自然與自由——莊子哲學研究》，北京：商務印書館 2013 年。李振綱：《大生命視域下的莊子哲學》，北京：人民出版社 2013 年。此外還有不少從美學、文藝學等方面進行研究的著作，茲不詳列。

〔註5〕 據劉笑敢的統計，「自然」一詞出現在《墨子》中一次，《管子》中一次，《荀子》中兩次，《呂氏春秋》中五次，《韓非子》中八次，《春秋繁露》中十三次。參見《老子古今：五種對勘與析評引論》（上卷），第 273 頁。此外，《列子》中出現了六次，《鶡冠子》中出現了四次。

　　帝曰：「汝殆其然哉！吾奏之以人，徵之以天，行之以禮義，建之
以大清。夫至樂者，先應之以人事，順之以天理，行之以五德，應之
以自然。然後調理四時，太和萬物。四時迭起，萬物循生；一盛一衰，
文武倫經；一清一濁，陰陽調和，流光其聲；蟄蟲始作，吾驚之以雷
霆；其卒無尾，其始無首；一死一生，一僨一起；所常無窮，而一不
可待。汝故懼也。」

　　從「夫至樂者」到「太和萬物」一共 35 字，其中含有「自然」一詞。從
宋代的蘇轍，直至近現代的王先謙、馬其昶、馬敍倫、劉文典、于省吾、王
叔岷等人均對此進行了研究〔註6〕，陳鼓應綜合諸家看法，亦認為此段文字乃
郭象注竄入。這些研究成果理據充分，結論中肯，應當受到重視。此段非《莊
子》原文，殆無爭議；不過關於此段文字的性質，我比較認同王叔岷先生的
觀點，即不是郭象的注，而是成玄英的疏〔註7〕。除了王叔岷先生提出的道藏
本中將此段文字置於成玄英疏「故云汝近自然也」之後這一明證外〔註8〕，我
認為分析郭注也可提供證明。其實郭象已經對「建之以太清」一段文字進行
了注釋，注文曰：「由此觀之，知夫至樂者，非音聲之謂也；必先順乎天，應
乎人，得於心而適於性，然後發之以聲，奏之以曲耳。故咸池之樂，必待黃

〔註6〕 王先謙曰：「姚云：『徐笠山以『夫』至此三十五字，爲郭注誤入正文，蓋本
　　　 之穎濱，宣本亦無此三十五字。云『俗本雜入』。」參見《莊子集解》，北京：
　　　 中華書局 1987 年，第 123 頁。馬其昶的《莊子故》引用蘇轍曰：「『夫至樂者』
　　　 三十五字，係注語誤入正文。」于省吾曰：「蘇說是也。郭慶藩《莊子集釋》
　　　 竟未採此說，疏矣。茲列五證以明之：敦煌古鈔本無此三十五字，其證一也。
　　　 『先應之以人事，順之以天理』，與上『奏之以人，徵之以天』詞複，此證二
　　　 也；『調理四時，太和萬物，』與下『四時迭起，萬物循生。』詞義俱複，其
　　　 證三也；上言『行之以禮義，建之以太清，』清字與下文生、經爲韻，有此
　　　 三十五字，則清字失韻，其證四也；郭於三十五字之下無注，其證五也。」
　　　 參見《雙劍誃諸子新證》，北京：中華書局 1962 年，第 258 頁。王叔岷曰：「趙
　　　 諫議本，道藏成疏本，王元澤新傳本，林希逸口義本，皆無此三十五字。」
　　　 參見《莊子校詮》（上冊），北京：中華書局 2007 年，第 512 頁。
〔註7〕 王叔岷先生認爲此三十五字乃疏文竄入正文，「道藏本成疏尚存其舊，非郭注
　　　 誤入正文也。于氏所謂『詞複』及『詞義俱複』，不知此乃成疏解釋正文也。
　　　 上文『吾奏之以人，徵之以天，行之以禮義，建之以大清，』與下文『四時
　　　 迭起，萬物循生；一盛一衰，文武倫經。』云云，本爲韻文，意亦一貫。《書
　　　 鈔》一○五、玉海一○三引亦並無此三十五字，宣解本去之，是也」。參見《莊
　　　 子校詮》（上冊），第 512 頁。
〔註8〕 任繼愈主編：《正統道藏》（第十六冊），文物出版社、上海書店、天津古籍出
　　　 版社 1988 年，第 461 頁。

帝之化而後成焉。」〔註9〕在這一段注文中，郭象已經提到了「順乎天、應乎人」，這與所謂「羼入的注文」中的「應之以人事，順之以天理」豈不重複？郭象之注本尚簡潔，這種重複顯然說不通。並且「順乎天、應乎人」就是針對「建之以太清」前一段中的「奏之以人，徵之以天」而言的，那麼所謂「羼入的注文」應該置於何處妥當呢？無論怎麼放置這一段「注文」都避免不了重複問題。其實這個重複的問題也給我們帶來了一絲線索，因為在傳統的經文注疏中，語義相近、相同甚至語句重複的情況主要發生在注與疏之間。通行本中成玄英並沒有對《莊子》文本中的「奏之以人、應之以天、行之以禮義，建之以太清」一段進行完整的解釋（只進行了字詞解釋），也沒有對郭象的注進行完整的疏釋。因此這一段話應該是成玄英的疏，這樣既對郭象之注進行了疏釋，也對前面一整段經文進行了解釋，文義通暢，合情合理。總之，《天運》篇此段文字中的「自然」一詞應屬於成玄英的疏，不應計入《莊子》文本。

其次，《秋水》中的「自然」一詞不是表達哲學觀念的固定合成詞，這一點前文已經提及。該段文字如下：

> 以趣觀之，因其所然而然之，則萬物莫不然；因其所非而非之，
> 則萬物莫不非。知堯、桀之自然而相非，則趣操睹矣。

很顯然這裏的「自然」與「相非」正好相對，乃「自是」的意思，表達的不是「自然」觀念。且這裏的「自然」是一種照應用法，倒裝結構，應理解為「然自」，亦即「是自」。成玄英的《莊子疏》曾明確指出此處的「然」與「非」相對應〔註10〕，蔣錫昌也專門辨析過這個「自然」的用法〔註11〕，但遺憾的是仍有學者失察於此，誤將此「自然」（自是）作為一個哲學觀念〔註12〕。

〔註9〕郭慶藩：《莊子集釋》，第503頁。

〔註10〕成玄英《莊子疏》：「然，猶是也。夫物皆自是，故無不是；物皆相非，故無不非……堯以無為為是，有欲為非；桀以無為為非，有欲為是：故曰知堯桀之自然相非。」

〔註11〕蔣錫昌認為，古書關於「自然」一詞，約有兩義：一為「自成」，此即常語；一為「自是」，此為特語。《莊子·秋水》：以趣觀之，因其所然而然之，則萬物莫不然；因其所非而非之，則萬物莫不非。知堯、桀之自然而相非，則趣操睹矣。「然」、「非」對言，則「然」即「是」，「自然」即「自是」。言知堯桀之自是而相非，則趣操睹矣。參見《老子校詁》，第113頁。

〔註12〕章啟群：《論魏晉自然觀》，北京：北京大學出版社2000年，第102～103頁。王凱：《逍遙遊：莊子美學的現代闡釋》，武漢：武漢大學出版社2003年，第103頁。李大華：《自然與自由：莊子哲學研究》，第292頁。

　　除了《莊子》文本外，王叔岷先生所輯《莊子》佚文中有三處「自然」。其一：「上不資於無，下不依於有，不知所以然而然，忽然而生，故曰自然之生也。」（《講周易疏論家義記殘卷》）王氏按：「此不類《莊子》文，頗似舊注。據《天地篇》郭注：『上不資於無，下不待於知，突然而自得此生矣，又何營生於已生，以失其自生哉！』與此文相近。郭注多本於向秀注，則此或爲向注佚文與？姑識之以存疑。」〔註13〕其二：「天即自然。」（《大正藏‧經疏部‧大方廣佛華嚴經隨疏演義鈔》〔註14〕卷一）王氏按：「此較《老子》『天法道，道法自然』更進一層。郭象《天道篇》注亦云：『天者，自然也。』」〔註15〕其三：「不知所以然而然，故曰自然。」（《大正藏‧經疏部‧大方廣佛華嚴經隨疏演義鈔》卷一四、《大正藏‧續論疏部‧成唯識論述記集成編》卷七）王氏按：「《達生篇》：『不知吾所以然而然，命也。』然則命亦自然也。」〔註16〕因爲輯佚工作本來就是一種零散的搜集與整理，資料的來源模糊，故一般僅作爲參考。

　　綜上所析可知，《莊子》中表達哲學意蘊的合成詞「自然」只出現六次。與五千餘言的《老子》相比，《莊子》中對「自然」一詞的使用明顯偏少。即使只將內篇看作是莊子本人所著，「自然」也才使用了兩次，依然很少。錢穆先生曾據《莊子》內篇中「自然」一詞僅兩見的事實而認爲：「似莊子心中，自然尙未成一特定之觀念。」〔註17〕此結論實不足取，近來有學者亦指出，莊子對「自然」的說法，比老子沒有前進多少〔註18〕。若單從「自然」一詞的使用次數來看，這個結論可能不錯；但若從自然觀念的內涵來看，則《莊子》中的自然觀念顯然不是以「自然」一詞的數量來衡量的，因爲莊子表達自然觀念的詞語更爲靈活，手法更爲豐富〔註19〕。太史公對莊子之思想評價曰：「莊子散道德，放論，要亦歸之自然。」（《史記‧老子韓非列傳》）不愧爲太史公，高屋建瓴，一語中的。「自然」是莊子思想的中心觀念，但莊子自然觀念的表達主要不是通過「自然」一詞，而是通過自然這個大觀念下的很

〔註13〕 王叔岷：《莊學管窺》，北京：中華書局 2007 年，第 239 頁。

〔註14〕 原文未標書名號，今爲方便查找，略做改動。

〔註15〕 王叔岷：《莊學管窺》，第 239 頁。

〔註16〕 王叔岷：《莊學管窺》，第 239～240 頁。

〔註17〕 錢穆：《莊老通辨》，第 426 頁。

〔註18〕 王中江：《道家形而上學》，第 187 頁。

〔註19〕 張揚明指出，莊子是從多方面取譬來闡釋自然的道理，所以很少言自然二字而言自然之實。參見《老子考證》，臺北：臺灣黎明文化事業公司 1985 年，第 184 頁。

多單元觀念以及其他大觀念，尤其是莊子提出的一些新觀念，極大地豐富和深化了《老子》的自然觀念。本章主要圍繞《莊子》中的「道、物」、「物、我」、「天、人」、「安命、逍遙」這些觀念來詮釋莊子的自然觀念。

第一節　道物無際：自然之本體

　　道物關係一直以來被作為莊子自然哲學的核心問題加以探討，那麼道家的自然哲學究竟是不是古希臘自然哲學意義上的那一回事呢？事實上，我們不可能在早期道家那裏找出一部類似於亞里士多德《物理學》的自然哲學經典，即像亞里士多德那樣系統地分析自然哲學問題：自然本原的數目和特性，時間、空間的定義、屬性，運動的分類以及與靜止的關係等等。很顯然，老莊對天地萬物的關注與亞里士多德《物理學》所探討的問題，無論是方式還是目的都很不一樣。早期道家並非將天地萬物作為一個與人相對立的、可感的實體進行對象性考察與觀照，他們也從不去辨析這些事物現象以獲得某種知識。相反，他們都極尖銳地批判對天地萬物進行分析式的考察，反對那種主客對立式的認知方式。老莊對宇宙萬物本源的探索旨在為當下的生命存在尋求一個穩妥的「根」，以期重建或恢復人與人之間、人與宇宙萬物之間的那種和諧共生的理想秩序。「道」是天地萬物的終極本源，但同時又內在於萬物之中，呈現在天地萬物生生不息的活動之中。老莊圍繞著「道」所進行的一系列探索，無不體現了強烈的現實關懷和人文精神。因此，儘管現代研究者們紛紛「研究出」了老莊的自然哲學，但道家哲學中並沒有純粹以自然界為研究對象、旨在勾勒出世界圖景的自然哲學〔註20〕，老子與莊子也並非亞里士多德意義上的自然哲學家〔註21〕。

〔註20〕李澤厚認為，老子對自然現象的描述不過是「借自然以明人事而已，並非對自然知識的真正研究或總結」。參見《中國古代思想史論》，第85頁。

〔註21〕蒙培元指出，「切不可將老子看成是純粹的自然哲學家或『以知識為價值』的形而上學家」。參見《「道」的境界：老子哲學的深層意蘊》，《中國社會科學》1996年第1期。李伯聰認為，如果把古希臘以泰勒士開端和以米利都學派為代表的自然觀稱為「純自然觀」，那麼，中國古代幾乎沒有那種形式的「純自然哲學家」和「純自然觀」理論，而只有把「天」和「人」聯繫在一起考慮的「天人觀」。這裏表現出了中國哲學傳統和希臘哲學傳統的一個重要不同之點。參見〈讀〈莊子·大宗師〉〉，《自然哲學》第一輯，吳國盛主編，北京：中國社會科學出版社1994年。

即便是自然哲學，也絕不可能迴避人的存在，必然要對人的當下生存境況進行深入地思考〔註22〕。

回到道與物關係問題上，莊子哲學的最終目的並非論證「道」如何創生了天地萬物，而是嘗試將本體之「道」眞正內置於「人」的生命以及其他一切存在者之中，從而使本源於「道」的自然價值得以眞正實現，即天地萬物得以眞正自成自化，而人類獲得眞正的自由。因此，莊子對道物關係的深入探討其實是對老子哲學的反思，尤其是力圖解決老子自然觀念的內在張力。

一、老子自然觀念的內在張力

前文我們已經通過辨析《老子》中的各種象喻，揭示了老子在道物關係上的眞實主張，得出道物一體融貫的結論。然而這一結論只是部分地解決了老子自然觀的內在張力，因爲老子始終沒有放棄以一種近乎知性的方式言道。通過命名，「道」與萬物的關係呈現出一幅較爲清晰的圖像：「有物混成，先天地生，……可以爲天下母」（第 25 章），「道生一，一生二，二生三，三生萬物」（第 42 章）。老子這種清晰的知性言說方式常常給我們造成一種印象：「道」似乎就是「一個」獨立實存之物，其先天地萬物而生的特徵更是強化了這一形象。再加上老子常常以經驗事物爲喻，如「母」、「牝」等，這更加引發了我們將「道」看作一個實體性存在，有如一個具體存在物一樣，或曰老子「至少亦有此姿態」〔註23〕。通常我們都誤認爲老子在對宇宙的生成過程作一種知識性的描摹〔註24〕，實際上「道」本身無法眞正用經驗知識來描繪，「道」本無「名」，「道」這個「名」不過是我們勉強借用一個詞來稱謂而已，亦即我們通過言說創造了一個名稱來稱謂一個「言」不能眞正表達的東

〔註22〕陳其榮認爲，自然哲學追尋自然本體的目的，不僅要從理論上、邏輯上將它作爲具體自然物的產生的根據，通過它來說明紛繁複雜的大千世界，而且要通過它與宇宙整體和永恒建立聯繫，爲人生尋求「安身立命」之地，使人在精神上獲得解放，達到理想的境界。參見《自然哲學：自然科學與形而上學的交融》，《自然辯證法研究》1999 年第 6 期。

〔註23〕牟宗三：《才性與玄理》，第 152 頁。

〔註24〕這種誤解很可能源於老子的言說方式。牟宗三先生認爲，《老子》採取分解的講法，分解地講之，則系統整然，綱舉目張。種種義理，種種概念，皆連貫而生，各有分際。參見《才性與玄理》，第 150～151 頁。

西，這中間多少有些悖謬〔註25〕。但我們畢竟無法眞正摒棄「言說」，因此老子採用了一種特殊的言說方式，即常常使用一些表意含混、晦澀的詞彙來呈現不可言說之「道」〔註26〕，由此，「道」更加充滿神秘色彩〔註27〕。在《老子》中，兩種描述「道」的方式混雜在一起，故一方面我們有一幅關於「道生萬物」的清晰圖像，另一方面，「道」本身模糊不清，我們無法得知更多。

從根源性自然（物之自然）內涵來看，老子的言說方式造成的「道」之先在性、獨立性形象使道物關係的理解陷入困境，使「物之自然」的說法成爲悖論，即物之自然（本性、原初性狀）並非根源於物自身，而是決定於「道」。從自覺性自然（人之自然）內涵來看，儘管我們也認爲老子是「由一切自然的表現說道，而不是以道代替原來神性義的天帝」〔註28〕，但「道」的創生性、先在性、超越性特徵暗示我們更早以及同時代盛行的「天帝」「天」等觀念亦具有此種特徵，那麼將兩者關聯起來就並非牽強。在那些將《老子》視作君主面南之術的人那裏，「道」很容易與人間的君主形象關聯起來，這就無意之間使得本來以「不爭」、「處下」、「柔弱」爲特徵的「道」成爲主宰者，從而也使得人之自然中人的自由意志受挫，因而並不自然。此外，作爲「物」的「人」，其本性也是根源於「道」，「如果人的行爲都是由『道』的自我決定之歷程事先加以規定，則人間世界的事件也將沒有改變的餘地」〔註29〕。

但問題還不僅如此，「道」在《老子》那裏不僅僅是宇宙萬物的本源，而且還是一切現時存在者存在的根據，用現代詞彙來說似乎有原則、性質、規

〔註25〕 顏世安認爲，老子以知識語句描述自然本相，與以「無」等模糊詞表達的自然世界不可知原則剛好相矛盾。這個矛盾是老子道論最令人困惑的問題之一。老子既認爲自然本原玄奧模糊，以此暗示自然的深不可測，瓦解人對知識的自負，他爲什麼又想以知識的語句描述道生萬物？這可能是一個複雜的理論在草創之時難免的含混。參見《從〈太一生水〉看先秦自然道論的分流》，《江蘇社會科學》2001 年第 6 期。

〔註26〕 其實老子之所以使用一些表意模糊晦澀的詞組來論「道」，旨在利用「名」的模糊含義來消解「名」在一般意義上對意謂的辨析功能，從而保存自然之道的渾然一體性。參見拙作《道不可道嗎？——從「名」「實」之辨重新審視《老子》第一章》，《中國哲學史》2014 年第 3 期。

〔註27〕 史華慈分析了老子中的神秘主義因素，並認爲這恰恰是因爲老子試圖以「言說」來表達本體之道面臨的尷尬和無奈。參見《古代中國的思想世界》之第六章「道家之道」。

〔註28〕 李杜：《中西哲學思想中的天道與上帝》，第 131 頁。

〔註29〕 Chung-Hwan Chen: *What does Lao-Tzu mean by the term「Tao」?* 臺灣《清華學報》，1964 年 2 月。

律、方法等內涵，如「以道佐人主者，不以兵強天下」（第30章），「天之道，利而不害；聖人之道，為而不爭」（第 81 章）等等。那麼這兩個不同層面的道有何關聯呢？〔註30〕《老子》語焉不詳，通常我們會借用西方哲學的範疇從宇宙論、認識論、本體論等層面對道進行解析，而這種解說極易割裂「道」，或曰這種解析都迴避了「不同層面」的「道」是否有內在關聯以及如何關聯的問題。

　　以上諸問題涉及「道」、「物」與「言」的關係，對此，莊子以其獨特的「言說」方式，重新闡釋了道物關係，力圖消除老子自然觀念的內在緊張，為實現真正的自然掃除障礙。

二、「道」生「物」

　　莊子繼承了老子的思想，也認為「道」是宇宙萬物之本源。然而正是在這個問題上，學界一直存在著爭議，爭議的焦點集中在《大宗師》中論道的一段文字上：

> 夫道，有情有信，无為无形；可傳而不可受，可得而不可見；自本自根，未有天地，自古以固存；神鬼神帝，生天生地；在太極之先而不為高，在六極之下而不為深，先天地生而不為久，長於上古而不為老。豨韋氏得之，以挈天地；伏戲氏得之，以襲氣母；維斗得之，終古不忒；日月得之，終古不息；堪坏得之，以襲崑崙；馮夷得之，以遊大川；肩吾得之，以處大山；黃帝得之，以登雲天；顓頊得之，以處玄宮；禺強得之，立乎北極；西王母得之，坐乎少廣，莫知其始，莫知其終；彭祖得之，上及有虞，下及五伯；傅說得之，以相武丁，奄有天下，乘東維，騎箕尾，而比於列星。

　　很早就有研究者認為這一段不像莊子之言，如嚴復說：「自『夫道有情有信』以下，至『而比於列星』止，數百言皆頌歎之詞，然是莊文無內心處，

〔註30〕　袁保新分析了「道」之歧義性及其內在義理的糾結，其中專門分析了陳康先生對老子之道的研究。陳康先生認為老子的「道」具有雙重性格，一是作為「存有原理」（seinprinzip），另一是「應然原理」（sollensprinzip），前者具有必然性，無一物可以脫離約束，後者則是規範性的法則，可以遵守，也可以違背。袁保新指出，問題是：兩者性質明顯屬於不同層次，卻在老子的思想中共同隸屬在「道」一概念之下，這是否意味老子在思想上混淆了「存有」與「應然」之間的區分？參見《老子哲學之詮釋與重建》，第26頁。

不必深加研究。」〔註31〕顏世安贊同嚴復之說，認為莊子論道「常在對自然的靈動把握中表達道的深意」〔註32〕，而「該章思想平淡，缺乏深意」，「與莊子對宇宙時空問題的基本看法不合」，因為莊子「曾明確否認天地有一個起始，這一否定應是莊子對宇宙時空問題的基本見解」〔註33〕。徐克謙也指出，莊子在這段文字中說這個「道」是可以被人「得」到的，伏羲氏、肩吾、黃帝、顓頊、西王母、傅說等人都曾「得之」。如果說「道」純粹就是「世界的本原」的意思，那麼，所謂「人得到世界之本原」將是怎麼回事，是怎樣的情景？實在有點匪夷所思〔註34〕。

其實以上揣測與評斷大都缺乏足夠的證據，難以取信。如果我們相信《莊子》中確實有「道」作為宇宙萬物之本根的觀念，那麼我們就不能為了追求一個所謂「完整的」、「不矛盾的」《莊子》哲學體系而完全排除《大宗師》中這段「道」生萬物的材料。事實上莊子確實繼承了老子的「道」為宇宙萬物本根的基本思想。針對以上爭議，下面將結合文本來分析《莊子》道生物的觀念。

首先，在現有的《莊子》文本基礎上，我們實在缺乏任何有力的證據證明此一段文字非莊子之言，因此那種主張這段文字內容不值得分析或是「無內心之處」的結論都是先入為主。《莊子》一書洋洋灑灑十萬餘言，究竟哪些話是有心之說，哪些話是無心之言，哪些值得深究，哪些不值得深究，有何標準？如何來確定這樣的標準？在現有材料的基礎上，這不應成為《莊子》研究中的障礙。如果我們帶有一個先入之見來研究莊子，認為莊子應該如何，而不應該如何，這都是在研究莊子之前已經定下了一個「莊子形象」，以此形象來整齊文本，無異於削足適履，豈不悖謬？

其次，有學者以莊子的時空觀來證明「道」不是宇宙的根源，莊子確實有時空無限的觀點，這一點毋庸置疑；但時空無限與道為萬物之本根的思想是否矛盾呢？顏世安舉了下面一段來證明。

> 冉求問於仲尼曰：「未有天地可知邪？」仲尼曰：「可。古猶今也。」
> 冉求失問而退，明日復見，曰：「昔者吾問『未有天地可知乎？』夫子

〔註31〕 嚴復：《莊子評語》，《嚴復集》第四冊，王栻主編，北京：中華書局1986年，第1117頁。
〔註32〕 顏世安：《莊子評傳》，第182頁。
〔註33〕 顏世安：《莊子評傳》，第182頁。
〔註34〕 徐克謙：《莊子哲學新探：道・言・自由與美》，第47～48頁。

曰：『可。古猶今也。』昔日吾昭然，今日吾昧然，敢問何謂也？」仲尼曰：「昔之昭然也，神者先受之；今之昧然也，且又爲不神者求邪？无古无今，无始无終。未有子孫而有孫子可乎？」冉求未對。仲尼曰：「已矣，未應矣！不以生生死，不以死死生。死生有待邪？皆有所一體。有先天地生者，物邪？物物者非物。物出不得先物也，猶其有物也。猶其有物也，无已！聖人之愛人也終无已者，亦乃取於是者也。」

（《知北遊》）

　　對這一段的理解頗有爭議。孔子承認「未有天地可知」，是因爲他將這種「知」限定爲對「物」的「知」。從「物」的層面來看，天地是物，未有天地之時仍然還是「物」，所以說古今一樣，都是物。嘗試從「物」上去推論以追求本根之道〔註35〕，這是將「道」也看做「物」，殊不知終極本根之「道」超越經驗，根本不可能依靠「言」來「知」，莊子亦拒絕用形而上的言說方式來描述這個宇宙本根之「道」，故只能通過當下的生命去體悟。「古猶今也」，郭象注曰：「天地長存，乃無未有之時。」〔註36〕這個注釋未必準確，而孔子的回答實際上表明天地萬物無時不處在一個生生不息的過程中，未有天地之時，也仍然只是像天地一樣的物。冉求開始昭然是因爲直接以心神體悟到天地萬物的本根，即「用心神去領會」〔註37〕，一切生命的本源都是「道」。而後的昧然乃是嘗試從經驗之物出發，去探求終極本根之道，即所謂的「爲不神者求」。照此方式，冉求當然永遠無法找到最終的存在者作爲萬物之本根，故迷惘不知。當孔子反問以「未有子孫而有孫子可乎」時，他的意思是說天地萬物都是自爲「子孫」又生「子孫」，生生不息、延綿不斷。這種說法與「古猶今也」的主旨一樣。其實古今、終始、生死諸觀念都是在經驗層面對「物」進行描述，但在大道之中，一切經驗描述性詞彙都顯得不適應，因爲「道」既不是經驗之物，但道又是一切經驗之物得以存在的根據，並且體現在萬物生生不息的過程中，故具體事物有生死，但以道觀之，萬物無死無生，生死一體。再看「有先天地生者物耶」以下一段。陳鼓應將其譯作：

　　　　有先於天地而生的東西嗎？化生萬物的道不是物象。萬物所由出

〔註35〕對此，王夫之《莊子解》曰：「爲根本之論以求知道者，必推而上之，至於未有天地之先，爲有所以然者，爲萬有之本。此其昧也，惟滯於不神之形，而於物求之。」參見《莊子解》，北京：中華書局2009年，第267頁。
〔註36〕郭慶藩：《莊子集釋》，第762頁。
〔註37〕陳鼓應：《莊子今注今譯》，第588頁。

不得先於道，由它（道）而有了天地萬物。有了天地萬物，各類便生
生不息。聖人的愛人永不休止，也就是取法於天地的生生不息。〔註38〕

顏世安認爲孔子的反問是：「難道有一個先天地生的本原之物嗎？在本原
之物前一定還有更本原之物，這樣向上推溯，永無停已。」〔註39〕對於「物
出不得先物」一句，他認爲表達的意思是「不可能有一個絕對先在之物」，並
且這一思想確實是「客觀上把老子那個萬物之先，生天生地的本原之物給否
定了」〔註40〕。這說明莊子理解的道「不可能是先天地生的混沌實體，即一
種絕對先在之物」〔註41〕。

究竟要如何理解孔子的這一段話？關於「有先天地生者物耶？」一句有
兩種理解。第一種，將「者」字解釋爲「之」〔註42〕。意爲「有先天地而生
的東西（之物）嗎？」這裏的「物」就是表「東西」之類的模糊指代，有如
老子的「有物混成」之「物」，不是指具體之物。第二種，在「者」字處斷句：
「有先天地生者，物耶？」「者」接在陳述或描述語句之後表示「……的人或
物（東西）」。這是先肯定有先天地而生的東西，然後反問：（這個先天地而生
的東西）是「物」嗎？這裏的「物」究竟是指什麼？結合孔子的回答「不神
者」的提法，很顯然這裏的「物」指的是具體物象，孔子反問：「有一個先天
地生者，是具體可感之物嗎？」

以上兩種讀法應取何種妥當？且看下文：「物物者非物」。很顯然，這是
對上句反問的一個回答。這裏的「物」正是對上句「物」的一個否定，這樣
才顯得此句有意義，否則上下文不融貫。並且孔子是針對冉求的「昧然」在
進行闡釋，冉求所昧者正是拘執於具體之物象，故緊接上文之「物」做進一
步說明比較符合句意。故第二種讀法更適合。緊承上句，該句意爲「使得萬
物成爲萬物的物（道）不是具體之物」。然後看「物出不得先物」。在這句中，
第一個「物」顯然是指具體之物象，第二個「物」是指上句「物物者」，表達
的意義是「道」。該句意爲「天地萬物的出生不能先於物物者」。有了「物物
者」才有了天地萬物，才有具體物象的生生不息。這就是所謂的「萬物皆種
也，以不同形相禪」（《寓言》），也就是上文所說的死生一體。至此，我們不

〔註38〕 陳鼓應：《莊子今注今譯》，第588頁。
〔註39〕 顏世安：《莊子評傳》，第183頁。
〔註40〕 顏世安：《莊子評傳》，第184頁。
〔註41〕 顏世安：《莊子評傳》，第184頁。
〔註42〕 王先謙：《莊子集解》，第194頁。

難看出，時空無限與「道」爲宇宙萬物之本原的觀點並不矛盾，因爲這是兩個不同層面的問題。從「物」的層面來看，莊子確實有時空無限的觀點，由經驗之物出發，天地是物，天地之前還是物，作爲整體世界的「物」不會消滅，故無古今、無始終、無生死。從「道」的層面來看，「道」是宇宙萬物存在的根據，是整體世界得以形成的終極本源，莊子反對將「道」看作「物」，因爲「道」非「物」，「道」雖然體現爲具體時空中萬物的生生不息，但它本身卻不以時空爲限〔註43〕。

最後，徐克謙挖掘出「道」的「行」、「言」的內涵，從而使得「道」彰顯出其存在論的價值與意義，對此筆者完全贊同，但這並不能否認莊子之「道」的本根性與宇宙生成論意義。徐氏反覆強調了莊子之道的存在論意義，卻完全否認「道」作爲天地萬物本根的宇宙生成論意義，失之偏頗。既然老莊同時作爲早期道家的重要代表，爲何論述莊子之「道」時對老子之「道」隻字未提？忽視莊子對老子之「道」的繼承性恐不妥。且徐氏對以西方哲學的概念範疇來解讀道家之「道」提出了批評，也進行了反思，但可惜的是，他自己在借鑒海德格爾的存在論思想來解讀莊子之道時，又忽略了《莊子》之道的宇宙生成論之意義，最終還是遮蔽了對「道」的理解。

至此，我們可以得出一個結論：那些認爲《大宗師》論道與莊子時空觀念有矛盾的觀點都無非基於這種理解：如果道作爲宇宙的本根而存在，那麼道生育了天地萬物，豈不表明先有道才有天地萬物？豈不明顯地表明道存在的時間性嗎？其實這種觀點都拘執於莊子的言說，認爲莊子之言說表達的就是一種宇宙生成論，卻忽視了莊子的言外之意。莊子顯然反對從「物」出發去推論生天地萬物的「道」，因爲這樣得出的「道」最終還是一「物」。這樣一種知性的認知方式不是追問本體之道的方式，本體之道無法以言說的方式來表達。並且正如前文所述，我們不能將「先」（包括「生」）作爲一個簡單的時間觀念來看待，不管是《老子》還是《莊子》中。將「先」視爲一個純粹的時間觀念極易導致將道看做是知性層面的存在之物，從而將之置於時間範疇中來討論，進而產生所謂「道」生天地萬物之前與之後的問題。換言之，是將宇宙本根之道（生天地萬物之道）與天地萬物存在之道（在萬物中的道）

〔註43〕 崔大華先生指出，作爲根源的「道」的超越性，主要是指「道」不是某種實體，而是關於世界萬物綜合或整體的實在性的那種狀態，因而不具有時空形式。參見《莊學研究》，第128頁。

割裂爲二。殊不知，宇宙本根之道就是一體連貫的，既無時間上的先後之分，也沒有空間上的特定位置。道生天地萬物與經驗中的母生子不一樣，母生子形成了兩個獨立的實體，且必須先有實體之母〔註 44〕；而道不是實體，與物不相分離，老子的「道物—母子」之喻旨在強調生命的根源以及生命之間的親緣關係，道就在天地萬物生生不息的過程中顯現。

綜上所證，完全否認《莊子》哲學中的道具有宇宙生成論的本根意義顯然是站不住腳的。不過與《老子》相比，莊子很少對宇宙本根之「道」作知識性（概念式）的闡述，即不關心這個「道」是如何生育天地萬物的，像《大宗師》中那樣論道的文字在《莊子》中極爲少見。這一點，正如顏世安所說，不能以《大宗師》中論道一章作爲莊子道論的核心〔註 45〕。爲了避免在道物關係上產生更多的誤解，莊子自覺地採取了謹愼的言說方式。在他看來，只有區分言說「道」和言說「物」的不同，才能眞正區分「道」和「物」的關係。

三、「道」非「物」

老子的哲學確立了「道」爲宇宙萬物之本根，並且對「道」生天地萬物的過程有較爲詳細的描繪。然而正是老子的這種言說方式造成了不少的誤解，因此，任何進一步的形而上之言說都將無助於「道」的理解，相反只會使「道」更加晦澀難懂。莊子顯然意識到「言說」對「道」的影響，因此他一方面儘量迴避「道」是如何生成天地萬物的問題，即很少以知性的言說方式對宇宙本根之「道」進行直接的描繪；另一方面他意識到「道」並非一個可感的獨立實體性存在，我們根本就不應該以描述實存之物的方式來言說「道」，亦即不應以描述經驗現象的話語來表述「道」〔註 46〕。這樣他就對言說「道」與言說「物」的兩種不同方式進行劃界，這一點對於理解莊子之道物關係十分重要。

〔註 44〕 這裏不是說「母」這個名稱必須先於「子」，在邏輯上，「母」「子」兩個名稱沒有先後之分。

〔註 45〕 顏世安：《莊子評傳》，第 182 頁。

〔註 46〕 王威威亦指出，在莊子看來，「道」非「物」，「道」與「物」有嚴格界限，因此，適用於「物」的語言與思維方式都不能應用於「道」。參見《莊子學派的思想演變與百家爭鳴》，第 30 頁。

（一）「未始有物」

「物」是如何形成的呢？在莊子看來，「物」的形成始於「言」，而「言」則離「道」。莊子對述說「物」的知性認知方式有一個清醒的認識：

> 古之人，其知有所至矣。惡乎至？有以爲未始有物者，至矣，盡矣，不可以加矣。其次以爲有物矣，而未始有封也。其次以爲有封焉，而未始有是非也。是非之彰也，道之所以虧也。道之所以虧，愛之所以成。果且有成與虧乎哉？果且無成與虧乎哉？有成與虧，故昭氏之鼓琴也；無成與虧，故昭氏之不鼓琴也。

這一段通常被認爲是在探討宇宙起源，「未始有物」即宇宙初始未形成萬物的階段〔註47〕。其實莊子在這裏的主旨是探討「體道之不同境界」〔註48〕。「至知」就是沒有任何具體事物的知識，所謂「未始有物」就是郭象所說的「忘天地，遺萬物，外不察乎宇宙，內不覺其一身」、「曠然無累，與物俱往，而無所不應也」〔註49〕。在此狀態下，「物」沒有與「我」形成對待〔註50〕，「我」不存在，只有純粹的「吾」〔註51〕。這種超越物我對待而達到的狀態就是下文將要論及的「天」〔註52〕，這是一種存在狀態，一種精神境界，而非歷時性的宇宙起源階段。因此莊子在這裏所說「古之人」倒未必是指生活

〔註47〕陳鼓應：《莊子今注今譯》，北京：中華書局1983年，第70頁。

〔註48〕崔大華：《莊子歧解》，北京：中華書局2012年，第70頁。

〔註49〕郭慶藩：《莊子集釋》，第75頁。

〔註50〕元人趙德《四書箋義》曰：「『吾』、『我』二字，學者多以爲一義，殊不知就己而言則曰『吾』，因人而言則曰『我』。」張遠山認爲，「吾」、「我」語意差別細微，日常漫談每每浮泛混用；文士「吾」、「我」並舉，多屬錯綜爲文的修辭。然而「吾」、「我」語用差別顯著，哲人辨析義理，常作最格區分：「我」可作名詞、概念、範疇，義近「主體」，故可以說「物我」、「人我」、「我執」、「勿我」。「吾」不可做名詞、概念、範疇，僅爲自指代詞，故不可說「物吾」、「人吾」、「吾執」、「勿吾」。參見《莊子奧義》，南京：江蘇文藝出版社2008年，第82頁。

〔註51〕莊子的「吾喪我」旨在強調人的精神主宰是「吾」，而與事物相對待的則是「我」，喪失了「我」也就是超越了物我對待，回歸到本眞的純粹精神「吾」。陳少明亦有相關討論，參見《吾喪我：一種古典的自我觀念》，《哲學研究》2014年第8期。

〔註52〕這裏的「天」指的是莊子「以天代道」之「天」，其眞實內涵是「道」的境界。王夫之注此段曰：「有封者，物自物，我自我，我偶兩未能喪，而爲氣之所鼓，以與物相刃相靡於是非，若宋榮子是已。有物則有待，若列子是已。皆限於所知，而不至於未始有物之天。其所不至，則其所虧也。」參見《莊子解》，第94頁。

在遠古時代的人，而是指生活在這種「整體的世界」〔註53〕中體驗到「至知」境界的人。其次，「物」已經成為人觀照的對象，「吾」開始蛻變為「我」，即「我」知道有「物」在。但僅「知」有「物」而已，並沒有關於事物「界域」方面的知識。再次，「我」開始辨析「物」的界域，即「以為有封」。這個邊界是「我」為「物」設定的，不過「我」對這個分界並無是非好惡。最後，設定物之界限且將「我」的是非好惡加諸其上。「知」的最低一個層次即是非之知，同時也可以說是最複雜的「知」，「我」關於物的這種是非之知日益昌盛，則與「道」漸行漸遠。「道」之「虧」並非說「道」本身消損了〔註54〕，而是指人不斷地給物增附各種「界線」、「是非」從而導致關於「物」的「知識」增加，同時「物」的原初本性被遮蔽，此即老子所謂的「樸散則為器」，最終人遠離了「道」。實際上這種對「物」的「知」也並無成虧之分，因為「物」本無所謂成虧，所謂的「成虧」都是人通過知性建立起來的，這些對物的是非好惡並非物之本然狀態，更與「道」相隔甚遠。如果人不斷地去辨析「物」且積纍這種關於「物」的知識，甚至創設更加繁雜的名物制度，則「物」與「我」紛紛遠離本真之道。在這一過程中，如果人缺乏反省和自覺，一味地追求虛而不實的「名」，則「我」淪為「物」的追逐者，人最終為自己所創設的名物所奴役，逃離了本真之「道」，此一過程亦可稱為「異化」。

（二）「道未始有封」

從「未始有物」的觀點，我們可以看出莊子的一個結論：所有具體的知識只能是對「物」的知識，對於「道」我們沒有也不可能形成任何具體的知識。這就是莊子從認知方式上對「道」、「物」所設定的界線。他將老子的「道可道，非常道」思想進一步發揮，事實上他已經主張「道不可道」，即不能以知性方式（言）來把握「道」。他基本上拋棄了老子那種對「道」近乎知性的述說方式，但莊子同時又在喋喋不休地言說著，那麼莊子究竟要如何說？又能說些什麼呢？

〔註53〕 韓林合認為，莊子之道實際上就是作為整體的（現實）的世界，所謂「作為整體的世界」並非簡單地指某種萬物萬事之總和，而是指某種事實結構或某種巨大的事實，通常意義上的所有事物均處於這樣的事實結構之中。就其本然狀態而言，作為整體的世界根本無所謂物與物、物與事、事與事的區別。參見《虛己以遊世：〈莊子〉哲學研究》，第17頁。

〔註54〕 成玄英曰：「夫道無增損，物有虧成。是以物愛既成，謂道為損，而道實無虧也。故假設論端以明其義。有無既不決定，虧成理非實錄。」參見郭慶藩：《莊子集釋》，第76頁。

夫道未始有封，言未始有常，爲是而有畛也。請言其畛：有左有右，有倫有義，有分有辯，有競有爭，此之謂八德。六合之外，聖人存而不論；六合之內，聖人論而不議；春秋經世先王之志，聖人議而不辯。

莊子很少直接論述「道」爲宇宙的開端、天地萬物之母，而只是提出了他關於「道」的基本觀點：「道未始有封」。弔詭的是，這個命題竟然又直接以知性認知方式對「道」、「物」作了最基本的區分。「道」不是一個具體可感之物，不能像「物」那樣依靠人的感官、智識來爲之設定邊界，簡言之，不能以「物」的存在條件──時間與空間──來規範「道」。道沒有界域，不能以時空來描述。其實「物」自身也沒有界域之分，「物」的界域也不過是人爲的設定。因爲人畢竟是有「言」的動物，且不得不「言」，而「言」終歸又是個體之言，故「言」無定則。各種「言說」就是對「物」的一種分辨，「言說」即意味著分辨。這就是辨析「物」的界域之事，即用左右、倫義、分辯、競爭等規範來設定「物」，儒墨即圍繞著這些規範以及爲規範所整齊的「物」爭論不休。但這些爭辯始終都是落在「物」上，本不及道。

何謂「六合之內」與「六合之外」呢？其實「六合之內」與「六合之外」既可以看作是一個空間範疇，也可看作是一個時間範疇。對於現時現在之「物」，聖人可以論說而不評議，對於雖非現時之物卻是陳跡的歷史之物，如先王治世的記載，聖人可以評議卻不去爭辯是非臧否。爲什麼不爭辯？因爲各種「知」實際上都源於與人相對待之物，即「知有所待而後當」(《大宗師》)，而物（所待者）卻流動不居，變化不定，如果偏執於由己所出之描述「物」的「言」，則各執己見，爭論不休，則「儒墨之是非」鵲起。「言」只能在「物」的範圍之內有效，故聖人能夠以「言」來論說與評議六合之內。而六合之外則是一個非「物」的世界，對於一個言不可及的超經驗世界，聖人不發虛妄之言，故存而不論。同樣在「道」與「物」的關係問題上，能「言」的僅僅只是「物」而已，而所言者（物）特未定也，這樣「言」本身都缺乏定則，極易導致各種是非之爭。對於超越當下存在的東西則是「言」所不能及，換言之，本體之「道」不可以「知物」的方式來獲得，不可以「言」的方式去把握〔註55〕。「道未始有封」實際上是主張「道」不可以「言」設「封」，任

〔註55〕鄭開從知識論語境角度對此進行了探討，本文其受啓發良多，參見《道家形而上學研究》，導論第一節。

何對「道」設置界域的做法實際上是將「道」化爲「物」。在此基礎上，一切從「物」的角度出發來追問宇宙本原的觀點都被認爲是認知方式的僭越。

> 有始也者，有未始有始也者，有未始有夫未始有始也者；有有也者，有无也者，有未始有无也者，有未始有夫未始有无也者。俄而有无矣，而未知有无之果孰有孰无也。今我則已有有謂矣，而未知吾所謂之其果有謂乎？其果无謂乎？

這一段向來被認爲是莊子探討時空觀的經典文獻。學界曾據此爭論莊子在時空問題上是有開端論者還是無開端論者，實際上都失之遠矣。宇宙萬物究竟有沒有一個開端，這個開端是什麼？如果從「物」的角度來看的話，那麼我們永遠無法證實這個開端。莊子顯然洞察於此，因爲這些問題都是在以「知物」的方式去追問「道」，已經潛在地將「道」看作是一個「物」，將「道」看作開端。這種知性提問方式混淆了道物關係，故莊子將這種問題化解爲知性自身的矛盾，即妄圖以知性的方式去設定一個知性本身不能回答的問題。事實上，我們只知道「萬物以不同形相禪」，如果以追問「禪物之物」的方式去追問宇宙的本原或開端，那麼本根也是一「物」，可「道」又不是「物」。這樣我們就進入了知性的無窮惡循環之中，永遠不能得出一個答案〔註 56〕。當然莊子也可以像老子那樣去闡述這個本根之道，如「道生一，一生二，二生三，三生萬物」，但莊子顯然看到了這種近乎知性的陳述方式解決宇宙本根之道的局限性，故自覺地劃定所探討問題的畛域，嚴格限制用知性方式探討形而上之道。

（三）「道，物之極。」

莊子既然確立了「道」、「物」的區分，因此他對那種潛在地將「道」視爲「物」以及以「言」論「道」的做法提出了各種批評。這種批評在《則陽》篇中體現得很明顯。

〔註 56〕 有學者認爲這裏出現了「二律背反」。即一方面，從「疑始」、「至矣」和用循環論取消否定開端論的思想說，莊子是時空無開端者；另一方面，從主張道是先天地生而又生天地者的思想說，莊子是時空有開端論者。蕭美豐認爲道與天地萬物是一種即體即用、體用合一的關係，這就決定了道的無始無終永恒運動性質，也就是天地萬物的無始無終永恒運動性質，兩者是一回事。所以，就道是天地萬物本源，體用相離而言，時空是有開端的，就道即是天地萬物自身，即體即用而言，時空是無開端的。道與天地萬物即體即用體用合一，爲莊子道的基本性質，決定了莊子是時空無開端論者。參見《莊子時空觀新探》，《莊子與中國文化》，黃山文化書院編，合肥：安徽人民出版社 1990 年。

少知曰：「四方之內，六合之裏，萬物之所生惡起？」大公調曰：「陰陽相照相蓋相治，四時相代相生相殺。欲惡去就於是橋起。雌雄片合，於是庸有。安危相易，禍福相生，緩急相摩，聚散以成。此名實之可紀，精微之可志也。隨序之相理，橋運之相使，窮則反，終則始。此物之所有，言之所盡，知之所至，極物而已。觀道之人，不隨其所廢，不原其所起，此議之所止。」

在這裏，「少知」與「大公調」的名字就耐人尋味。「少知」意味著知識的不足，猶如《逍遙遊》中的「小知」，因此要汲汲追尋知識，而「大公調」則意味著「道爲之公」，或曰「道」即「大公」。少知追問天地萬物的本原問題，這又正好觸犯了莊子所劃定的界線，即不可用知性的方式追問形而上之「道」。所以大公調的回答完全是對現存事物——現象進行描述，而自覺地迴避了對道進行知性形而上學式地分析。陰陽、四時、欲惡、雌雄、安危、禍福、緩急等等這些都是人能從天地萬物等現實經驗事物中直接體驗、感知的，這些現象都通過「物」呈現出來，故可用「言」來描述，即以知性的方式來分析天地萬物之名實與精。但這些事物——現象的根本原因是什麼？天地萬物是如何產生的？這些問題不是「言」所能解決的。因此，莊子提出了「此議之所止」的警告，亦即就此打住，不要再以知性方式去追問。

可少知卻不能理解，仍然希望得到一個完美的答案：

少知曰：「季眞之莫爲，接子之或使，二家之議，孰正於其情，孰偏於其理？」大公調曰：「雞鳴狗吠，是人之所知。雖有大知，不能以言讀其所自化，又不能以意其所將爲。斯而析之，精至於无倫，大至於不可圍。或之使，莫之爲，未免於物而終以爲過。或使則實，莫爲則虛。有名有實，是物之居；无名无實，在物之虛。可言可意，言而愈疏。未生不可忌，已死不可徂。死生非遠也，理不可覩。或之使，莫之爲，疑之所假。吾觀之本，其往无窮；吾求之末，其來无止。无窮无止，言之无也，與物同理。或使莫爲，言之本也。與物終始。道不可有，有不可无。道之爲名，所假而行。或使莫爲，在物一曲，夫胡爲於大方？言而足，則終日言而盡道；言而不足，則終日言而盡物。道，物之極，言默不足以載。非言非默，議有所極。」

這一段堪稱是莊子對這個問題的經典回答。少知提出的季眞與接子大概是當時對宇宙本原提出過一些觀點的學者，可以代表當時對宇宙本原問題的兩種觀點。接子很可能便是稷下學者接予，但在這裏，季眞與接子是何身份

本身並不重要，重要的是他們的觀點。季子主張宇宙萬物沒有一個東西（物）在後面主使，認為萬物都是自然地生出來的，不是由於什麼力量的作為〔註57〕。而接子則認為總有個什麼東西使萬物生出來的〔註58〕。那麼這兩家之說哪個正確呢？大公調的回答仍然取可感之物為譬。雞狗能叫這是人所能感知的，但雞狗為什麼能叫，即使是最有知識之人也無法以「言」的方式道出來，也不可能以智識去解釋其所將為。如果我們以這種「知」的分析方式進一步「言說」，那麼我們最多可以分析到「至精」與「至大」。但即使「至精」精到不能描述其內在紋理，「至大」大到無法去測量其範圍，「精」、「大」仍然是對「物」的描繪〔註59〕，都不曾遇著「道」，因為「道」是「不期精粗」的。主張「或之使」的人試圖找出存在於可感之物背後的至精或至大之物，這是以知「物」的方式來尋求「道」，即以知性的方式去尋求知性本身不能理解的「道」，顯然悖謬。主張「莫之為」的人則反對背後有一個至精之物的存在，這種觀點看上去與前者相反，但實際上當我們借用經驗性的話語「有」或「無」來表達存在或不存在一個「物」時〔註60〕，我們實際上已經陷入了知性言說方式之中。換言之，「莫之為」與「或之使」兩者的思維方式並無不同，即都是以知物的方式從物上立論去推「物」背後的東西，至於這個東西是否存在並不能改變這種思維方式。這樣一種知性的認知方式不僅產生了一個悖論，即說不能說或不能確定存在的東西，而且還再次衝破了莊子的討論界域，試圖以「言」從可感之物出發去描繪不可言說的形而上之道。而道終始無窮，且「道」這個名稱也不過是假借而已，真正的「道」不僅無法稱謂，而且不可知。「言」只能稱謂「有名有實」之物，即可感之物。至此，莊子對「道」與「物」作了最後一個結論：道，物之極〔註61〕。道是物之始極，而非物，

〔註57〕 馮友蘭：《論莊子》，《莊子哲學討論集》，北京：中華書局 1956 年，第 122 頁。

〔註58〕 馮友蘭：《論莊子》。

〔註59〕 《莊子・秋水》篇中借北海若曰：「夫精粗者，期於有形者也；无形者，數之所不能分也；不可圍者，數之所不能窮也。可以言論者，物之粗也；可以意致者，物之精也；言之所不能論，意之所不能察致者，不期精粗焉。」這一段亦可以看做莊子對道物關係之闡述。

〔註60〕 韓林合認為，「有始」或「未始有始」（「有窮」或「無窮」）、「有」或「無」這樣的說法根本不能用來表述作為整體的世界，它們只適合於表述世界之內的事物。參見《虛己以遊世：〈莊子〉哲學研究》，第 18 頁。

〔註61〕 關於「道，物之極」一句的斷句及文本均存在爭議，陳鼓應總結了兩種斷句：第一種，道、物之極，指道和物兩者的極限。第二種，道，物之極。即道者，物之極處。此外，有人認為這裏的「物」字誤衍。參見《莊子今注今譯》，第 699 頁。

言與默均不足以發其微。因此對這種頑固地以知性的方式喋喋不休地追問形上之道的做法，莊子再次提出了否定：「議有所極」。這和上一段對話提出的「此議之所止」的警告一樣，是對「存而不論」的一個重要說明。

至此我們可以看到莊子在認知方式上對「道」、「物」關係進行了劃界。莊子對「道」「物」的分辨表明「道」並非「物」，「物」屬於經驗世界，而「道」則屬於形上世界，形上世界不能通過知性思維獲得任何真理，因此，莊子拒斥通過「言」去分析「道」，這就為認知「道」留下了一片不可言說的神秘之域。那麼我們究竟要如何才能接近「道」呢？雖然莊子從認知方式上強調了「道」「物」之別，但同時，他又對「道」與「物」關係進行了一番革命，以消解超越、玄妙的「道」與現實經驗之「物」之間的隔閡，從而為我們認知「道」提供一個路徑，這就是莊子之道的形而下化。

四、「道」在「物」

作為宇宙本根之「道」是如何成為天地萬物的存在根據的呢？道的形而下化是莊子之「道」最重要的特徵，《莊子》對此有較為詳細的探討。關於道物關係，莊子提出了一個重要的命題：「物物者非物」。「物物者」是指使具體事物成為其自身的背後之「物」，這個「物」當然就是「道」。值得注意的是，莊子在這裏並不直接指明「物物者」就是「道」，而是以兩個「物」字迭用的形式來表達萬物存在之根據的意思，這一方面體現了莊子對以「言」稱「道」的迴避，「道」不可以知性方式去直接言說，另一方面表明莊子不再強調道對萬物的生成作用，即直接從「道」出發談萬物的形成與演變，正如老子講「道生一，一生二，二生三，三生萬物」一樣，而是從現實經驗之物出發，追問具體之物的存在根據。當然，從「物」出發也可能導向具有生成作用的宇宙萬物本源之道，而「非物」這一否定又潛藏著深層追問：「物物者」究竟與具體之物是什麼關係？進而言之，「物物者」存在於何處？《知北遊》中的東郭子問道是很重要的一段文字：

> 東郭子問於莊子曰：「所謂道，惡乎在？」莊子曰：「无所不在。」
> 東郭子曰：「期而後可。」莊子曰：「在螻蟻。」曰：「何其下邪？」曰：
> 「在稊稗。」曰：「何其愈下邪？」曰：「在瓦甓。」曰：「何其愈甚邪？」
> 曰：「在屎溺。」東郭子不應。莊子曰：「夫子之問也固不及質正獲之

問於監市履豨也〔註62〕，每下愈況。汝唯莫必，无乎逃物。」

　　首先東郭子提問的方式就存在問題。當我們問「什麼東西存在於何處」時，我們潛在地已經將這個「東西」視爲「物」，處於具體的時空之中。以這種方式去問根本就不受時空限制的「道」顯然是荒謬的，因爲「道」不是一個對象化的存在，不能以感官感知，「道」非「物」，沒有物的形體狀態。東郭子採取了一種知性的追問方式，而這種知性認知方式是無法追問「道」的，故莊子在對話的最後明確地批判了這種提問方式。莊子的「無所不在」實際上是將東郭子「道惡乎在」的知性認知方式徹底消解，可惜東郭子蒙昧不知，仍然執著地追問一個具體方所。這樣追問就更加悖謬了，也沒有任何意義，莊子無奈只好嘗試通過令人驚異的回答來震懾東郭子。「道」的「無所不在」表明莊子的宇宙本根之道並不是一個超然物外的實體性存在，「道」就內在天地萬物等一切存在者之中，用莊子的話來說就是「物物者與物無際」（《知北遊》）。「物物者與物無際」即「道物無際」，亦即「道」在「物」。這樣「道」終於從《老子》中「先天地生」的「母」的形象與地位徹底轉入到一切存在者之中，成爲一切存在者之本體。

　　現在我們再回過頭來看「得世界之本原的說法匪夷所思」的質疑，其實這恰恰是因爲將「道」看作世界本原之實體「物」所致。實際上，這裏的「得」不是一般所說的外在的得到、獲取的意思，「得」又通「德」〔註63〕，「德」又是「性」，根源於「道」。道生天地萬物，道只是作爲一個終極本源而已，「生」的過程實質是天地萬物內在本性的呈現。道不是一個超然物外的實體，「道」就內在於天地萬物之中，通過萬物生生不息的活動來彰顯，這種內在於天地萬物之中的存在根據也就是「德」。所以《大宗師》論道所說的伏羲氏、肩吾、黃帝、顓頊、西王母、傅說等人都曾「得之」，並不是說得到一個外在的、對象化的東西，這種「得」是生命的內在之「德」，

〔註62〕　此處斷句採高亨說。高亨認爲，此十九字爲一句。質正，官名，即《周禮》之「質人」。獲，女奴也。此處「履豨」殆指鞋與豬之價格也。質正之女奴問監市官以鞋與豬之價格，必指其物，不能漫無所指。今東郭子之問道，漫無所指，故莊子曰：「夫子之問也固不及質正獲之問於監市履豨也。」參見《莊子歧解》，第584頁。

〔註63〕　其實我們不必從通假的角度來看「德」與「得」的內在關聯，因爲經典文獻中就有「德」、「得」解釋。《管子·心術上》曰：「德者道之舍，物得以生。生知得以職道之精。故德者，得也，得也者，其謂所得以然也，以無爲之謂道，舍之之謂德。故道之與德無間。」

實質就是源於「道」的本性。天地萬物從「道」得到了這種「德」，並且保存完整就具有了巨大的神力，表現在人的身上就是神人、聖人、至人。莊子一再地反對將「道」作爲一種外在的工具或事物來追問，即「道」不是一個超然物外與人相對的對象，如：

　　　　无始曰：「道不可聞，聞而非也；道不可見，見而非也；道不可言，言而非也！知形形之不形乎！道不當名。」无始曰：「有問道而應之者，不知道也；雖問道者，亦未聞道。道无問，問无應。无問問之，是問窮也；无應應之，是无內也。以无內待問窮，若是者，外不觀乎宇宙，內不知乎大初，是以不過乎崑崙，不遊乎太虛。」（《知北遊》）

道不可聞、不可見，這是繼承了老子「視之不見名曰『夷』」、「聽之不聞名曰『希』」，「道不可言，言而非也」則是《老子》首章「道可道，非常道」的意蘊，「道不當名」顯然注釋了老子的「吾不知其名，字之曰道，強名之曰大」。可見「道」在老子和莊子那裏始終不是一個外在的可感實在，言說「道」實在是無可奈何的事情，即「說」「不可說」。事實上「道」本身內在於天地萬物之中，這正是本體之道，故將「道」作爲外在存在來把握，錯誤地以知性認知方式去「問道」、「應答」，試圖在「物」外尋「道」，終歸是「騎驢找驢」。

　　最後，我們來看看學界通常認爲的「宇宙生成論與存在論在早期道家思想家那裏混雜在一起」的觀點。老子顯然留下了太多的疑難，一方面以一種清晰的近似知性的認知方式（知識性的話語）來分解形而上之「道」，似乎要描摹一幅宇宙生成演化的圖景，這種言說方式也體現在郭店竹簡的《太一生水》一篇中〔註64〕；但一方面他又宣稱「道」不可「道」，否定知性認知方式可以眞正認識「道」，這無疑又否認了對宇宙生成演化進行圖景式描繪的可能性。在宇宙生成論層面，「道」就是老子所說的「天地母」、「先天地生」；在存在層面，老子說「執古之道，以御今之有」（第14章），但道物究竟是一種什麼關係，模糊不清。這一點學界已經有所關注，劉笑敢先生曾指出：「道的含義還比較含混，道的宇宙論意義和本體論意義向無明確區別，這反映了理

〔註64〕學界一般認爲，《太一生水》與今本《老子》不太可能屬於同一個系統，而很有可能屬於老子思想之發展。但就郭店竹簡體系而言，彭浩、艾蘭等學者從竹簡的形制、書風出發，主張該簡屬於《老子》丙篇之一部分，即抄作時間基本相同。李學勤認爲該篇顯然是對今本《老子》42章之引申解說。詳見《郭店老子與太一生水》，刑文編譯，北京：學苑出版社2005年。

論思想發展的曲折性和理論開創前進的艱苦性。」〔註65〕顏世安亦認為：「《老子》中有一種把道與自然知識混合在一起的敘述方式，談論道似乎與談論宇宙初始、萬物演化是一回事。這種混合敘述方式在道家文獻中一直保持著，直到西漢《淮南子》仍是如此。」〔註66〕其實這種所謂的「混雜」現象關鍵在於「言」。莊子顯然注意到老子面臨的困境以及「言」的問題，是故一方面，他對認知「道」與認知「物」的方式進行嚴格劃界，將「知識」限定在「物」上，禁止知性認知方式僭越「物」而達「道」，對本體之道不以「言」論。從這個角度來看，莊子之「道」就像海德格爾所說的「無」一樣「不在」〔註67〕。另一方面，他又讓這個「道」形而下化，與物相即，這樣宇宙本根之道就內在於天地萬物等一切存在者的顯現中，是為萬物之本體。

至此，讀者不禁要問，以上對《莊子》中「道」、「物」關係的討論目的何在？與自然觀又有何關聯呢？其實只要結合前文所述老子之自然觀的內在緊張，我們就不難理解這一目的。如果有一個「道」超然物上，那麼我們憑什麼說物之本性（物之自然）乃其自身所具有，萬物能自生自化呢？很顯然，消解「道」對「物」可能造成的「壓迫」，解放「物」自身的存在，使「物」真正地呈現自身之本性，必將成為莊子自然觀的首要任務。如果說老子之道還有較明顯的宇宙生成論痕跡、「道」很容易被誤認為一實體性之「物」的話，那麼莊子則努力地克服任何可能導致「道」、「物」相分離的說法，進一步消解了「道」作為先天地生的超越性、主宰性形象，使得道物相融，道物無際，從而克服了《老子》中「物之自然」的內在緊張。莊子之「道」作為萬物之本體，體現在天地萬物等一切存在者之本性的呈現之中，尤為人這一自覺精神主體所體認〔註68〕。如果說老子之「道法自然」明確將「道」作為自然的

〔註65〕 劉笑敢：《莊子哲學及其演變》（修訂版），第 111 頁。

〔註66〕 顏世安：《從〈太一生水〉看先秦自然道論的分流》，《江蘇社會科學》2001年，第 6 期。

〔註67〕 海德格爾曾提出這樣一個問題：究竟為什麼存在者存在而無反倒不存在？其實這一問題可以理解為針對傳統西方哲學的形而上學提出來的。傳統西方哲學追問了存在者，卻忽視了存在者的「存在」本身。同樣，在《莊子》中，莊子否定了那種以探尋物的方式追問「道」，因為這樣就和傳統西方哲學執著於存在者一樣，將「存在」本身理解為「存在者」了。「道」非「物」，故不像「物」那樣存在著。

〔註68〕 「道」在老莊中的這一轉變反映了老莊之異。牟宗三先生比較了老莊之差異，認為老莊「義理之形態（不是內容）有異」，即《老子》之道有客觀性、實體性及實現性，至少亦有此姿態。而《莊子》則對此三性一起消化而泯之，純成為主觀之境界」。參見《才性與玄理》，第 152 頁。

價值之源的話，那麼莊子則通過化道入物、道物相融的方式來最終關注「物」自身的存在狀態，「道法自然」在莊子這裏便是「物任其性，自生自化」。本體之道不離事物現象，一切存在者之本性根源於本體之道，本體之道也通過萬物之本性在現實中顯現。人作為擁有自覺意識的生存個體，正是這種本體的真正擔當者。只有意識到「道」生「物」，「道」乃生存個體的生命之源，才能真正融於「道」，持守人、物之本性；只有意識到「道」非「物」，不拘執於道物之辨，不「析物」與「逐物」，才能保持人與物各自本性的獨立性，讓生命本源之道呈現出來；只有意識到「道」在「物」，本體不離生命現象，才能真正關注當下一切存在者的生存狀態，從而自覺地開創天地萬物等一切存在者的理想生存狀態——自然狀態。

第二節　吾喪我：自然之精神

人如何生存在世是莊子哲學的主題：人應該如何面對世間的一切困境？如何為當下的生命存在尋求安居之所？如何衝破現實社會中的種種阻礙以獲得心靈的解脫？這些問題正是莊學之實踐性格的體現〔註 69〕，亦始終困擾著莊子。那麼莊子是如何解決這些問題的呢？人在具備了基本的理性思維之後，便要向周遭世界進行追問，一旦這些追問不能真正帶來某種解脫，人們都不免要思考自身的存在問題，孔子便提出了「克己復禮」，而老子則提出了「自知者明」。人對自身的這種反思與追問在莊子那裏進一步深入，《莊子》哲學處處體現了對人的生命安頓、生存困境諸問題的關注，圍繞這些問題，莊子對人與天地萬物之間的關係進行反思。

一、人之自然

人究竟是什麼？在莊子看來，人首先是作為有形的生命體存在著，人的生命與天地萬物一樣根源於「道」。《莊子》中多以「根」喻「道」，如「物已死生方圓，莫知其根也」（《知北遊》），「萬物有乎生而莫見其根」（《則陽》），萬物生生不息、形態萬千，而總的根源則在於道。人生天地間，與

〔註 69〕高柏園認為，所謂實踐性格，乃是指莊學之主要用心並不在知識之建構，亦不在德性之肯定，而在消除生命之困頓與盲昧，使人由成心執見的盲昧困頓中自覺超拔，而能齊物逍遙，養生盡年，此即實踐在莊學中的優先性。參見《莊子內七篇思想研究》，臺北：文津出版社 1992 年，第 61 頁。

萬物共處，所謂「號物之數謂之萬，人處一焉」(《秋水》)。人亦是「物」，且還只是「萬物之一」，即便是那些聖人，也擁有普通人一樣的形體相貌，故莊子感歎道：「眇乎小哉，所以屬於人也。」(《德充符》) 人的渺小就在於人只不過是萬物之一而已。作爲萬物之一，人的形體與萬物同根同源，作爲生物體的人必然參與萬物的變化，這就是「物化」。但人是不是只能如此被動地參與天地萬物之演化呢？在《齊物論》中，莊子對於人生有一番十分深刻地發問：

> 非彼无我，非我无所取。是亦近矣，而不知其所爲使。若有眞宰，而特不得其眹。可行已信，而不見其形，有情而无形。百骸，九竅，六藏，賅而存焉，吾誰與爲親？汝皆說之乎？其有私焉？如是皆有爲臣妾乎？其臣妾不足以相治乎？其遞相爲君臣乎？其有眞君存焉？如求得其情與不得，無益損乎其眞。一受其成形，不忘以待盡。與物相刃相靡，其行盡如馳而莫之能止，不亦悲乎！終身役役而不見其成功，茶然疲役而不知其所歸，可不哀邪！人謂之不死，奚益！其形化，其心與之然，可不謂大哀乎？人之生也，固若是芒乎？其我獨芒，而人亦有不芒者乎？

圍繞著「眞宰」，歷代注釋歧義紛呈。郭象注《莊子》一再消解超越萬物的眞宰形象，其實並不符合莊子的本意。在莊子看來，這種眞宰是眞實存在的，「只是因爲世人昏昧糊塗，只知任憑私情的外發，而不知有一個『眞君』爲全身血肉的天然主宰，所以終身馳騖追逐，至於形骸殘敗，天眞喪盡，而仍然沒有覺悟」〔註 70〕。由此可知，莊子著重強調了人的自覺意識與獨立精神，這體現了自覺性自然的意蘊，而這一點正好隱藏在「物化」觀念的背後。

（一）物化

凡是有生命的個體，都必然要面臨生命的形成與終結，即生與死。人作爲一個生命體，當然不可能例外。那麼人應如何面對生老病死？莊子對此的思考主要體現在「化」的觀念上。

「化」這個字根源頗早，在甲骨文中已經出現，字形作「𠤎」。《說文解字》解「化」字曰：「教行也。從𠤎從人，𠤎亦聲。」朱芳圃《殷周文字釋叢》曰：「化象人一正一倒之形，即今俗所謂翻跟頭。」段玉裁《說文解字注》曰：

〔註70〕 方勇、陸永品：《莊子詮評》，成都：巴蜀書社 2007 年，第 48 頁。

「教行於上，則化成於下。賈生曰：『此五學者既成於上，則百姓
黎民化輯於下矣。』老子曰：『我無爲而民自化。』」

「化」作「教化」恐怕是後起之義，且「化」是一個合體字，構成其體
的一半是「七」字（非「匕」或「七」），聲同「化」。《說文解字》不將「化」
歸入「人」部，而歸入「七」部，必然有其根源，兩個字之間是否有某種關聯
呢？對此，段玉裁注曰：

上七之而下從七謂之化。化，篆不入人部而入七部者，不主謂七於
人者也，主謂七人者也。今以化爲變七字矣。

段注還是在許愼字義基礎上解釋，在「教化」之義內轉圈，並無新義。
因此，我們不妨從「七」字入手。「七」《說文解字》曰：「變也。從到人。凡七
之屬皆從七。」對此，段玉裁倒是進行了辨析：

變者，變也。凡變七當作七，教化當作化。許氏之字指也。今變七
字盡作化，化行而七廢矣。大宗伯以禮樂合天地之化，百物之產。注
曰：「能生非類曰化。生其種曰產。」按虞、荀注《易》，分別天變地
化，陽變陰化，析言之也。許氏以七釋變者，渾言之也。到者，今之
倒字。人而倒，變七之意也。

從這裏似乎可以看出，表示「變化」最初則只用「七」，後來引申出「教
化」之義，則專用「化」。但漢字的演變與發展使得「七」逐漸爲「化」所代
替，不僅字形，還包括字義，故後世所言「變化」者皆統言「化」，而不用「七」，
此即所謂「化行而七廢矣」。那麼「七」的初始含義是什麼呢？是如何演變的
呢？段玉裁在釋「七」字時引用的一條注無疑是一個線索。所謂「能生非類曰
化，生其種曰產」，「化」就是「生產」、「生育」，但這是「化」取代了「七」
之後，故「化」之另一早期形態「七」的原始義很可能就是「生育」、「生產」。
並且很可能「七」表示「生產」、「生育」的含義時並不區分所謂的「非類」與
「同類」，因爲上古時代，先民所造之字數量極少，不大可能對表示同一行爲
的字作詳細之辨析與區分。這大概可以看作「化」形成發展的第一個階段。
後來爲了特指人的生育、變化，於是在「七」上添加一「人」旁，表人化〔註

〔註71〕「化」添加一個「人」旁，與「七」之含義有了區分，但恐非「生非類」與
「生同種」的區分，而是「生人」與「生物」之分。即「化」是指人之「七」，
生育人稱之「化」。從字形上來看，「化」是兩個人一正一倒之象，很可能是
表示男女交合之象，由交合而生育，同時也象徵一種變化。

71〕。很可能同時就引申出了「教化」之義。這個時候「七」、「化」兩字仍然同時使用。這可能是第二個階段。再後來，人們常常將「化」代替了「七」，同時「七」的含義也轉移到「化」之中，即「化」籠括了「七」的最初含義，統指生育、生產、變化，當然也包括其後來引申義「教化」。在這個時候，人們又開始對「化」進行辨析，區分出「化」與「產」的不同，「變」與「化」的不同。這可能是第三階段。

「化」一詞在《老子》中出現了三次。都是講「自化」，一是百姓之化，如「我無爲而民自化」（第 57 章）。「自化」即百姓自己而然的意思。一是萬物之化，如「萬物將自化，化而欲作，吾將鎮之以無名之樸」（第 37 章）。這裏的「自化」和「化」都是指萬物按照各自本性來生成發展。與老子相比，莊子更加注重「化」，「化」的觀念貫通《莊子》一書始終〔註 72〕。《莊子》全書大量使用了「化」字，全書約有 90 多處。與「化」構成的詞彙比比皆是，如「物化」、「造化」、「自化」、「風化」、「變化」等。在所有這些詞彙中，「物化」無疑是核心。從詞語結構上看，「化」作爲一個不及物動詞，其主詞是「物」。「物化」的基本含義就是事物的變化、轉化，既有物與物之間的轉化，如《逍遙遊》開篇所說的「鯤化爲鵬」，也有人與物之間的轉化，如《至樂》篇中的滑介叔左肘生柳。但這種純粹物之間的互相轉化遠非莊子所要探討的，亦非「物化」觀念的眞正意蘊。莊子之所以提出「物化」，主要是凸顯物化中不化之「吾」的超越性存在及其意義。這一觀念最先在莊周夢蝶的寓言中出現。

　　昔者莊周夢爲胡蝶，栩栩然胡蝶也，自喻適志與！不知周也。俄
　然覺，則蘧蘧然周也。不知周之夢爲胡蝶與？胡蝶之夢爲周與？周與
　胡蝶，則必有分矣。此之謂物化。（《齊物論》）

　　雖然莊周與蝴蝶的這種「化」還只是出現在夢境中，但這種「化」已經突破了作爲生命體的「人」（莊周）與「物」（蝴蝶）之間的差異性，在「化」這種活動中眞正的主人是莊周的精神。「自喻適志」的說法清楚地表明了這一點，「自」指代的是純粹的精神（吾），在夢蝶過程中，莊周自我意識卓然獨立，精神有愉悅與適意的享受〔註 73〕。而「不知周也」則表明

〔註 72〕 吳光明認爲莊書本身裏的「化」是萬物的總括特徵，莊書開篇即以兩個動詞
　　　　開始：「有」與「化」，有了東西，就有其變化。參見《莊子》，臺北：臺灣東
　　　　大圖書公司 1988 年，第 109 頁。
〔註 73〕 郭象注曰：「自快得意，悅豫而行。」參見郭慶藩：《莊子集釋》，第 112 頁。

已經忘掉作爲有形生命體的莊周，「不知」亦即是「吾喪我」後的狀態〔註
74〕。這種純粹精神的「吾」超然物外，摒棄了沉重污濁之「我」之羈絆，
獲得了絕對的自由。而在莊周覺醒之後，這種純粹精神的「吾」又落入「我」
（周）的身份中。但眞正夢蝶過程中莊周與蝴蝶的不分表明純粹自我意識
已經全然超越了物我之辨，反之，有「我」則「吾」悄然隱退，而「物」「我」
對立。莊周與蝴蝶必有分乃是人覺醒而進入現實世界中的感受，而眞正的
物化卻是超越物我、不辨周蝶的境界，也正是自覺精神的展現〔註 75〕。由
此亦可知，「物化」並不一定有實在的物之轉化，在莊周夢蝶過程中，客觀
上並沒有發生事物的相互轉化，而只有在物化過程中精神上的感受，即超
越物我之辨，物我形體的混同。「物化」超越了人、物之辨，只有純粹精神
之自我的存在，因此，莊子的物化觀念眞正要表達的是超越物我對立的自
覺精神。

　　莊子推崇這種超越物我對待的純粹精神自我，而反對拘執於主客對立的
知性思維方式。在《齊物論》中，它消解了人的主客對立認知結構，批判這
種認知結構所獲得知識的相對性、不穩定性，甚至荒謬性，從而徹底瓦解各
種常識、成見，尤其是深刻地質疑各種人爲創設的標準——「正」（正處、正
味、正色）的合理性。莊子消解了常規認知模式，又新建了一個認知結構，
也就是在物化中所形成的認知結構。在物化中，純粹的精神自我超越了物我
之對立與分辨，「吾」不知有物，亦不知有「我」，任何附加於「我」的「名」
（符號、標籤）都無關緊要，故「呼我牛也而謂之牛，呼我馬也而謂之馬」（《天
道》）。如果人在參與物化中突然以其「人之形」而凌駕於他物之上，彰顯其
身，貶抑共同演化的其他事物，就像《大宗師》中大冶鑄金時，金呼喊著「必
爲鏌鋣」一樣，那麼人的精神就終究只能局限在有限的肉身之內，「吾」被限
制爲「我」，「物」與「我」相對，從而陷入與物「相刃相靡」的境地。由此

〔註74〕　劉光義認爲，「不知周」即喪我也；「周與蝴蝶必有分」。此「分」即物之本可
　　　　本然。我喪則見蝴蝶的本然本可，則與物冥合，而以蝴蝶的知覺言，「自喻適
　　　　志」。此我喪見物本然本可之美的顯例。參見《莊學蠡測》，臺北：學生書局
　　　　1986 年，第 124 頁。
〔註75〕　有學者也認爲，莊周夢蝶之夢是一種對異化現實超越的美夢，所謂「栩栩然
　　　　胡蝶也。自喻適志與！不知周也」，就是這種超越精神的表現。參見王樹人、
　　　　李明珠：《感悟莊子：「象思維」視野下的〈莊子〉》，南京：江蘇人民出版社
　　　　2006 年，第 42 頁。

可見，「物化」觀念的主旨並不在於描述事物變化的過程或狀態，而是強調物化中眞正自我精神的覺醒與超越〔註76〕。

關於物化，我們還有兩個問題需要進一步解決，其一，純粹精神自我是否與「物」（我、物）共化呢？莊子認爲人的形體參與物化，但人的精神卻能超然物外。如他說：

> 浸假而化予之左臂以爲雞，予因以求時夜；浸假而化予之右臂以爲彈，予因以求鴞炙；浸假而化予之尻以爲輪，以神爲馬，予因以乘之，豈更駕哉！（《大宗師》）

林希逸注曰：「此一段最奇，只浸假二字便自奇特，言假使造物漸漸以予之身化而爲他物，吾亦將因而用之，此即順造化而無好惡之意。是雖寓言，亦自有理。」〔註77〕林氏看出了奇特之處，卻未指明「奇」在何處。其實「予」之「身」化，而「予」卻未嘗化，這便是說，即便身體部分甚至全部在化，作爲精神的「予」仍然在，且超然所化之「物」之上，能駕馭所化之「物」。「予」究竟是什麼？莊子沒有明言。但似乎不難看出莊子對超越有形肉身、尋求精神獨存的企慕，雖然我們還不能斷言莊周已經具備了心靈與肉身相分離的觀念〔註78〕，但莊子言語之間實已隱約蘊含了此意。這裏的「予」不同於物，不參與物化，這在《莊子》中也有證據：

> 其形化，其心與之然，可不謂大哀乎？（《齊物論》）

> 古之人外化而內不化，今之人內化而外不化。與物化者，一不化者也。安化安不化？安與之相靡？（《知北遊》）

〔註76〕 吳怡認爲，莊子思想中的「化」不是亂變，不是機械化的變，而是有自主的精神力量。參見《逍遙的莊子》，第70頁。

〔註77〕 林希逸：《莊子鬳齋口義校注》，周啓成校，北京：中華書局1997年，第113頁。

〔註78〕 徐復觀先生曾分析了《莊子》中「化」的觀念，而懷疑在莊子或莊學者的心目中，似乎已有了精神不滅的觀念。在《德充符》中，莊子承認了德可離形而獨存，《養生主》中「指窮於爲薪，火傳也」的火指精神獨存。不過徐先生也指出，這裏的精神不滅，並不等於一般所說的靈魂不滅。靈魂是生前的個體死了以後，仍然保持著一個沒有形體的個體，此一個體之存在，是以「不化」爲前提，而莊子的精神不滅的思想，則是由個體回到全體，再化爲另一個體，這是以「化」爲前提的。參見《中國人性論史‧先秦篇》，第225～226頁。劉光義認爲，莊生認爲組成吾人生命者，乃兩要素，曰精神、曰軀殼。莊生對這兩者的看法，是認爲精神不泯不滅，軀殼遞嬗演變，形態雖不一，但永爲精神的旦（誕）宅。參見《莊子內七篇類析語釋》，臺北：學生書局1984年，第110頁。

日與物化者，一不化者也。（《則陽》）

很顯然「不化者」必定不是有形之「物」，而是生命體內在的東西，或稱之爲「心」，亦即「眞宰」。莊子主張人的心應當「命物之化而守其宗」（《德充符》），這樣才能釋放人的精神，而「遊心乎德之和」（《德充符》）。如果「心」與「物」共化，則精神自我必然沉淪。「物化」終歸只是一種外化，是形體之化，而莊子追求的是一種永恒與不化的精神自我〔註79〕，期望超越外在形體的束縛與羈絆，這一點集中體現了莊子自然觀念中對人的主體精神的珍視，蘊含著深厚的人文精神。

其二，「物化」是有形生命體的變化，那麼這個變化是「物」自身化育即自化，還是由超然物外的造物者主宰變化呢？〔註80〕這實際上又涉及前文所述《老子》中自然觀的內在張力問題。《大宗師》中有兩段話常常會引起一些爭議：

偉哉夫造物者，將以予爲此拘拘也！曲僂發背，上有五管，頤隱於齊，肩高於頂，句贅指天。陰陽之氣有沴，其心閒而无事，胼躃而鑒於井，曰：「嗟乎！夫造物者又將以予爲此拘拘也。」

「夫大塊以載我以形，勞我以生，佚我以老，息我以死。故善吾生者，乃所以善吾死也。今大冶鑄金，金踊躍曰：『我且必爲鏌鋣！』大冶必以爲不祥之金。今一犯人之形，而曰『人耳！人耳！』夫造化者必以爲不祥之人。今一以天地爲大爐，以造化爲大冶，惡乎往而不可哉！」成然寐，蘧然覺。

這裏出現了「造物者」與「造化者」兩個詞，又有大冶鑄金之喻。毋庸置疑，無論是造物者還是造化者，都是喻指「道」，問題在於這裏是否表明道就是一個超然萬物而造化萬物的獨立實體呢？從大冶鑄金之喻來看，似乎應該如此理解。但通過上文道物關係的分析，我們知道莊子之「道」並非獨立

〔註79〕 吳怡認爲，「莊子的物化所以不悲，那是由於他在物化中，找到了不化的本體，這個不化的本體就是獨，也就是眞我」。參見《逍遙的莊子》，第69頁。

〔註80〕 常森認爲，莊子自然觀有一個顯而易見的矛盾，一方面，他認爲「化」是事物存在的形式，張揚事物的自然本性，另一方面，莊子又認定運動歸根結蒂乃是道或造化的規定。從邏輯上說，一種被規定的變化，如何總能符合事物的自然本性呢？換句話說，出於事物自然本性的變化，何以總能符合道的規定呢？參見《莊子的自然觀》，孫以昭、常森：《莊子散論》，合肥：安徽大學出版社1997年，第22頁。

於萬物的對象化的實體或主宰，莊子主張「道在物」，實際上將本源之「道」化入天地萬物之中，「道」便以作為「物」的不斷運動變化的「整體世界」的形象出現。「道」與「物」並不是兩個對立實體，老莊之道實質上是貫通的，只是論述方式上略有不同。老子偏向於追溯生命的終極本源，強調「道」作為天地萬物等一切生命的終極根源，所以他常常使用「母」、「宗」、「根」、「先」、「生」等觀念；而莊子偏向於強調當下生命存在對「道」的持守，讓「道」在當下生命（物）中顯現。

　　理解了這種區分，我們再來看莊子的造物者之喻。和理解老子將道喻為「母」、「宗」一樣，我們不能拘泥於比喻所呈現出來的「象」，而要體會「象」外之意。很顯然，這裏的造物者（造化者）所喻之道乃是強調「道」是天地萬物的終極根源，旨在說明物化之「物」的生命本源與根據，物化是根源於「道」的「物」之化，也就是在體現「道」卻作為「物」的「整體世界」中的萬物存在狀態的變化。莊子用造物者的比喻正是強調道的無時不在、無所不存，所化之物形態萬千，而未始離道。莊子在此並非探討宇宙生成論，因為以「大冶鑄金」來比喻「道」生天地萬物無論如何也是不恰當的，「以天地為大爐，以造化為大冶」，則大爐、大冶終歸是兩個獨立之物，大冶自身不化為爐，亦不化為爐中之物〔註81〕。這與莊子之「道」、「物」關係相違。總之，物化是天地萬物按照自身本性的生成演化。莊子觀察天地萬物的變化，概括出「物化」這一觀念，並且將作為生命體的人也納入到物化之中，反對各種抵制物化的神靈鬼怪觀念，也否定人有抵制或違逆物化的能力，這些都集中體現了莊子深刻的理性精神，表達了對天地萬物本性的尊重，表明莊子的自然觀念中蘊含著一種客觀理性的科學精神，這種精神具有十分重要的意義。

〔註81〕　錢穆先生認為，「莊子書中雖屢說此造物者或造化者，而在莊子心中，實不認有此造物者與造化者之真實存在。蓋即就於物之造與化而指稱之云耳。故莊子心中之此一造化者，乃僅如一大冶，一大爐，雖若萬物由此而出，然大冶大爐，本身亦即是一物，絕非一近似於有人格性之天與地，異於萬物外於萬物而存在，而其力又能創出此萬物。故萬物在此宇宙中之創生，正猶其創生於一大冶大爐中。大冶大爐則實非能創生出萬物，乃萬物在此中創生也。」又謂「可見莊子之所謂造物者，即指此天地之一氣」。參見《莊老通辨》，第157～158頁。關於此處大冶大爐非以獨立實存超然物外之物說，錢說至確；而以造物者為天地之一氣之論斷則主張這一段仍然是探討宇宙生成論思想，且錢穆先生深受郭象「獨化」思想影響，實懷疑「道」為本根之說，只以「氣」說「道」，謂「一氣之化而成萬物，萬物各占此大化之一分，而自有其化之獨」，可備一說。

最後我們看莊子物化觀念的意義。「物化」為生存個體的存在打開了新的觀照視域。「物化」體現了主體的自覺之知，亦即「對存在的自覺」〔註82〕，主要表現在兩個方面：第一，莊子對生死觀念的超越。既然物化是一切生命體的存在過程，那麼生死本質上只是人作為「物」的形態之轉化，而「物化」中純粹精神自我的卓然獨立也就消解了生與死的觀念，而「真我」的超越狀態正是人之自然。

> 生也死之徒，死也生之始，孰知其紀？人之生，氣之聚也。聚則為生，散則為死。若死生為徒，吾又何患！故萬物一也，是其所美者為神奇，其所惡者為臭腐。臭腐復化為神奇，神奇復化為臭腐。故曰「通天下一氣耳。」聖人故貴一。（《知北遊》）

「氣」是「物化」觀念中「物」的抽象。人、物均為一體之「氣」，死生在以「氣」為基礎的物化過程中〔註83〕，完全喪失了意義。換言之，「生」與「死」互為開端，「始卒若環」（《寓言》），生死觀念不復存在。不管是神奇還是臭腐，都不過是人以其智識為物立下的名稱，隸屬於人的主觀價值判斷，而非物自身所固有，亦非物之自然（本性）。因此在物化中，神奇臭腐並無本質區別，互相轉化，實乃一體之氣。聖人的「貴一」正是自覺超越物我對待的狀態，是尊重事物本性，而將天地萬物看做一個整體。正是因為消除了人為物立下的各種「名」，即從觀念上消除了生死之對立，莊子超脫了現實中的生死，逢生不必喜，遇死亦不必悲〔註84〕。人之所以生為「人」不過是「特犯人之形」（《大宗師》），是物化過程中的短暫存在形態而已，「若人之形者，萬化而未始有極也，其為樂可勝計邪？」（《大宗師》）人之生死都不過是「偃然寢於巨室」（《至樂》）而已，作為「物」本身並無散遣，故莊子妻死之時猶能鼓盆而歌。由物化達至對死生的超脫是莊子人生哲學的精義，有學者指出，

〔註82〕 陶東風：《從超邁到隨俗：莊子與中國美學》，北京：首都師範大學出版社1995年，第12頁。

〔註83〕 崔大華先生認為，莊子關於「化」的普遍性和多樣性的觀念，主要地、也是唯一地建立在「通天下一氣」觀點的基礎上。參見《莊學研究》，第114頁。

〔註84〕 王葆玹先生認為莊子有「惡生樂死」的觀念，參見《老莊學新探》，上海：上海文化出版社2002年，第244～251頁。其實這是對莊子生死觀的誤讀，《莊子》一書對「死」的嚮往往往出於對現實黑暗社會的批判，抨擊現實中民不聊生，生不如死的生存現狀，並非對死亡有某種獨特的價值評價。

「莊子的這種超脫，在本質上是一種經過哲學昇華的自我意識的特殊表現」〔註85〕，亦即「真我」自覺精神的體現。

第二，莊子的物化觀念並非完全就是這種灑脫與超越的境界，其中也透露著人作為「物」而無法徹底擺脫肉身的無奈與悲哀。既然物化就是宇宙萬物的真實存在狀態，因此，人作為「物」無法逃避肉身的生老病死，精神終究要寄寓於有形生命體，純粹的物化是精神自我無法主宰的過程，因此只要回歸現實生存狀態，精神難免會面臨各種壓抑與無奈，是故現實中的人難以完全按照理想中的狀態真正主宰自身命運〔註86〕。這是莊子的無奈，也是莊子的智慧。莊子的無奈其實正是對我們的一種警醒與暗示，那就是不能逃避現實，一味地幻想；莊子的智慧則指出了我們努力的方向，那就是在現實中，淡化對物的執著與貪婪，以平常心對待生死，追求精神上的獨立與自覺，從而超越物我對待，這正是莊子物化觀念的積極意義所在。

（二）「全德」與「貴真」

人之為人，必須得有人之形，有人之形，故「群於人」（《德充符》）。然而人之形體不過只是作為「物」而存在，「物」本身是一個不斷演化發展的過程，並且「萬化而未始有極也」（《大宗師》）。那麼是否有一種不與形體、外物同化的存在呢？換言之，是否有一種「外化而內不化」之存在呢？在探討物化觀念時我們發現莊子始終在尋求這種永恒的超越性精神，這種超越人之形體的純粹精神，如果從具體內容上來看，就是內在於人之形體的「德」。而「德」是直接源於天地萬物之本根的「道」，關於「道」與「德」之間的關係，《天地》篇曰：

> 故形非道不生，生非德不明。存形窮生，立德明道，非王德者邪！

人之形體相貌由道所生，生命的彰顯則在於「德」，保存形體以承載生命，涵養「德」以彰顯「道」的生生不息之功。人生命的不斷呈現與延續就是在傳承「道」的生生之「德」。換言之，「道」是天地萬物的終極本源，而「德」就湧現在當下生生不息的存在者之中，能做到這一點便是盛德之人。這種盛德之人在《德充符》中就是兀者王駘、申徒嘉、叔山無趾、醜陋之人哀駘它、

〔註85〕 崔大華：《莊子：中國傳統文化的自然主義源頭》，《教學與研究》1999 年第 5 期。

〔註86〕 這種矛盾就是人之自然與物之自然的張力，亦即自由與必然之間的緊張，這一點我們在莊子的安命論與逍遙遊之間可以看得更清楚。詳見本章第四節。

闉跂支離無脤。這些人形體上都殘缺不全，然而生命力強烈地昭示著德性的充盈，在他們那裏，生命存在之「德」實現了對殘陋形體的超越。

> 闉跂支離無脤説衛靈公，靈公説之；而視全人，其脰肩肩。甕㿜大癭説齊桓公，桓公説之；而視全人，其脰肩肩。故德有所長而形有所忘。人不忘其所忘而忘其所不忘，此謂誠忘。（《德充符》）

「德」與「形」的對立實乃「心」與「物」的對立，要達到對形體相貌的超越就必須「忘形」，即忘卻外在形骸。顯然這需要人的自覺精神（心）來支撐，「忘形」也就是「心」對「物」的超越，這樣才能真正彰顯生命的內在之「德」。「執道者德全，德全者形全，形全者神全。神全者，聖人之道也。」（《天地》）「德全」之人，形體實無所謂「全」，因爲人的精神已經完全超越了形體，契合於大道。內在的「德」極易爲外物所擾亂，所謂「德蕩乎名」就是說人一味追尋外在的名、物，不再眷顧生命的持守與續存，故很可能會導致鋌而走險，罔顧性命，這樣只會失德亡身。故莊子始終強調持守生命之「德」，忘記外在的「物」，包括自身的形體。「忘」這個詞常常被誤認爲是完全無意識的行爲，而實際上在莊子這裏，「忘」體現了人的自覺行爲。人只有首先自覺到應該忘記什麼，然後才逐漸達到將這種自覺內化爲本性，最終達到純粹的「忘」，也就是「坐忘」。

> 顏回曰：「墮肢體，黜聰明，離形去知，同於大通，此謂坐忘。」（《大宗師》）

「全德」同時也就是「忘物」，其極致便是「坐忘」。肢體與聰明對應著「形」與「知」（智），這兩者源於物我對待中的辨析與分別，只有徹底摒棄這兩者，純粹的精神自我才能達到「大通」，亦即物我一體的無待境界。在此境界中，人存守了根源性之「德」，因此精神聚斂，生命勃然，卓然獨立。《莊子》中很多的聖人、神人、至人其實並非莊子完全憑空想像捏造的神仙，而正是處於此種境界中的人。這些人能夠全德保身，故死生、外物等等都無法侵擾其內心。

> 藐姑射之山，有神人居焉。肌膚若冰雪，綽約若處子。不食五穀，吸風飲露。乘雲氣，御飛龍，而遊乎四海之外。其神凝，使物不疵癘而年穀熟。……之人也，之德也，將旁礴萬物以爲一，世蘄乎亂，孰弊弊焉以天下爲事！之人也，物莫之傷，大浸稽天而不溺，大旱金石

流土山焦而不熱。是其塵垢粃糠,將猶陶鑄堯舜者也,孰肯以物爲事!
(《逍遙遊》)

> 至人神矣!大澤焚而不能熱,河漢冱而不能寒,疾雷破山、飄風
> 振海而不能驚。若然者,乘雲氣,騎日月,而遊乎四海之外。死生無
> 變於己,而況利害之端乎!(《齊物論》)

> 死生亦大矣,而不得與之變,雖天地覆墜,亦將不與之遺。審乎
> 無假而不與物遷,命物之化而守其宗也。(《德充符》)

聖人、神人、至人能夠存守其德,不爲外在之名、物所困擾,故能達此
境界。只有忘物(包括名、有形之身)之人才能全其「德」。是故,哀駘它在
魯哀公「授之國」之時引身去國,庚桑楚在畏壘之民準備「尸而祝之,社而
稷之」之時卻「南面而不釋然」(《庚桑楚》),無他故,全其德而已。

與「德」相近似的觀念是「眞」,這又是一個表達根源性的觀念。「眞」
字在《莊子》書中出現多次,已經正式成爲一個重要的哲學觀念。從字源上
看,甲骨文中已經出現了「眞」字。《說文解字》曰:「眞,僊人變形而登天
也。」段玉裁注:「此眞之本義也。」從字形上看這種解釋大致不錯,但仍有
疑問:甲骨文中出現的這個字難道就已經包含僊人變形昇天的觀念?事實上
我們很難進一步考證,因爲除《老子》外,《莊子》之前的《易》、《詩經》、《尚
書》、《論語》、《左傳》以及與之基本同時的《孟子》中都沒有出現「眞」字,
這確實是一個很值得注意的現象。段玉裁所言「經典但言誠實,無言眞實者。
諸子百家乃有眞字耳,然其字古矣」、「引申爲眞誠」、「多取充實之意」大致
不錯,但從甲骨文到諸子學的演變過程中,「眞」這個觀念具體發生了哪些改
變不得而知。

通常「眞」給人的第一印象就是與「僞」相對立。其實「眞」「僞」對立
的觀念究竟形成於何時很難定論。很有可能在「眞」出現的初期,它並不表
示一個與「僞」相對應的觀念。而只有在《老子》提出「道」的觀念後,「眞」
才以根源於「道」爲其價值基礎與「僞」相對應。《老子》中的「眞」主要爲
道論服務:

> 道之爲物,惟恍惟惚。惚兮恍兮,其中有象;恍兮惚兮,其中有
> 物。窈兮冥兮,其中有精;其精甚眞,其中有信。(第 21 章)

> 質眞若渝。(第 41 章)

> 修之於身,其德乃眞。(第 54 章)

這裏的「眞」都只表示一種對實存之性狀、來源的描摹與肯定〔註 87〕。正是由於設定了一個「道」,「眞」才顯示出意義,即凡是根源於道的性狀或實存即爲「眞」。換言之,「眞」本身並不是一個實體性存在,而是對實體或性狀之根源、屬性所作的判定。正是由於「眞」的這種判斷性評價功能,故常常作形容詞,與其他詞結合構成合成詞,表達根源性、本然性的觀念,如「眞人」、「眞性」、「眞宰」、「眞知」等等,其中「眞人」一詞出現十八次。當然也有單獨出現的名詞性「眞」,如「貴眞」。不過這個「眞」本身並非表示實體性的存在者,而是指代各種根源於「道」的性狀,如「德」、「性」、「性命之情」等等〔註 88〕。關於這個「眞」,《漁父》中有重要的論述:

> 眞者,精誠之至也。不精不誠,不能動人。故強哭者雖悲不哀,強怒者雖嚴不威,強親者雖笑不和。眞悲無聲而哀,眞怒未發而威,眞親未笑而和。眞在内者,神動於外,是所以貴眞也。其用於人理也,事親則慈孝,事君則忠貞,飲酒則歡樂,處喪則悲哀。忠貞以功爲主,飲酒以樂爲主,處喪以哀爲主,事親以適爲主。功成之美,无一其迹矣。事親以適,不論所以矣;飲酒以樂,不選其具矣;處喪以哀,无問其禮矣。禮者,世俗之所爲也;眞者,所以受於天也,自然不可易也。故聖人法天貴眞,不拘於俗。愚者反此。不能法天而恤於人,不知貴眞,祿祿而受變於俗,故不足。惜哉,子之蚤湛於人僞而晚聞大道也!

「眞」根源於「道」,所謂「精誠之至」也不過是對來源於「道」之性狀或實體的描述,也是對「眞」的詮釋。強哭、強怒、強親都不自然,因爲不是人自覺意識的眞實呈現,也不是生存個體眞實本性的展現。反之,如果哭、怒、親都源於本性,無任何的僞飾與雕琢,那麼必然達到眞正的哀、威、和。世俗的各種活動都乖離了「道」,也就「不眞」,而純然不雜的性情之流露是不必規範於任何外在的世俗之禮樂制度。從來源上看,「眞」稟受自「道」,凡眞性、眞德、眞情皆自然而成,不可改變。這裏的「自然」強調「眞」的

〔註 87〕 陳靜認爲老子中的「眞」有二層含義:其一是斷定物之實在爲「眞」;其二是肯定質之純樸爲「眞」。參見《自由與秩序的困惑:〈淮南子〉研究》,昆明:雲南人民出版社 2004 年,第 252 頁。

〔註 88〕 錢穆先生認爲:「莊周乃本此見解(指獨化)而落實及於人生界,其由天言之則曰道,其由人言之則曰神,其由確有諸己而言之則曰德。此三者,皆可謂之眞。」參見《莊老通辨》,第 155 頁。

根源性，即根源性自然，亦即原初性狀。在《莊子》哲學中，事實與價值合一〔註89〕，源於「道」的就是「眞」，就是自然的，也就是最善的。「道」的敞開與呈現就是「眞」，換言之，天地萬物等一切生命存在的本性之綻放、延續、持存就是「眞」。在《馬蹄》篇中，莊子批判了世俗社會對「眞」矯飾：

> 馬，蹄可以踐霜雪，毛可以御風寒，齕草飲水，翹足而陸，此馬之眞性也。雖有義臺路寢，無所用之。及至伯樂，曰：「我善治馬。」燒之，剔之，刻之，雒之，連之以羈馽，編之以皁棧，馬之死者十二三矣；饑之，渴之，馳之，驟之，整之，齊之，前有橛飾之患，而後有鞭筴之威，而馬之死者已過半矣。

馬有其眞性，即原初性狀，這種本性就在馬的存續狀態中。如人爲地加以改造，則馬之眞性喪失，世俗社會的弊端就在於完全以人的需求爲核心，忽視物之眞性。然而莊子這個寓言的目的並非在於說馬，而是以馬爲喻，其眞實的意蘊在於說明人被制度奴役化後，個體自我精神喪失，不能自覺地保持源於道的淳樸本性。聖人能保持「眞」，實際上就是保持個體的獨立性與自我意識。在《莊子》中，「聖人」一詞出現頻率最高，然後是「至人」，緊接著就是「眞人」〔註90〕。「眞人」和上文所說的「聖人」、「神人」、「至人」一樣，都是強調保守住內在的、源於道的「性」、「德」，而「眞人」與此相同，「眞」涵蓋了「德」、「性」等等根源於「道」的性狀，凡保有這種「眞」則屬於「眞人」。眞人也和至人、神人一樣，「登高不栗，入水不濡，入火不熱」（《大宗師》），「不知說生，不知惡死」（《大宗師》）。

綜上所述，「德」與「眞」建基於「道」這個根源性的觀念之上，體現了一切事物之內在本性，這正是一種根源性自然。莊子推崇「德」、「眞」，進而自覺地追尋這樣一種本眞之性，這就是「全德」、「貴眞」，即自覺地保全內在的德性、眞性，讓其徹底敞開、呈現。

（三）性命之情

戰國中後期的思想家對人性的探討與思考是一種時髦，也是思想觀念深

〔註89〕 于民雄指出，生命本眞的存在就是生命的價值，事實與價值的統一，其根據是自然。參見《自然與自由——莊子「相忘於江湖」解》，《原道》第 7 輯，第 214 頁。

〔註90〕 關於聖人、眞人、至人的關係，王叔岷認爲，眞人、聖人，其實一也。眞言其體，聖言其用耳。遊於方內，則謂之聖人；遊於方外，則謂之眞人。眞人猶至人，惟至人不離其眞也。參見《莊學管窺》，第 189～190 頁。

化的表現。與莊子同時的孟子就對「性」、「命」等觀念進行了深入的辨析。對性、命的思考同樣也是莊子哲學的重要內容，尤其在討論人的生存境遇問題上，莊子就性、命而提出的一些觀點可謂振聾發聵。《莊子》內篇中沒有出現過「性」這個詞，而外雜篇卻頻頻出現，且將「性」與「命」合稱。學界曾據此推測內篇早出而外雜篇晚出。但「德」實際上與「性」有著相同的意蘊，或者說是「德」乃「性」之根〔註91〕。在對人性的分析上，莊子提出了一個重要觀念：常性。

> 彼民有常性，織而衣，耕而食，是謂同德。（《馬蹄》）

何謂常性？「常」這個詞表達了一種恒常、持續、穩定的觀念，常性即是一種持續的性狀，這一點下文將詳述。但無論是穩定還是持續，都並非指「性」靜止不變，而是說這種「性」之「常」乃是人自身所有，自身所使然。因為沒有哪個人生下來就會耕織，但能依靠耕織生存畢竟是人之自為，自成其性。故常性表達了一種動態的觀念，是生存個體的自己而然，即人自覺地形成「性」，而非受壓迫或被強加而成的，這才是「同德」。只有理解了莊子關於常性的這個界定之後，我們才能準確地理解《駢拇》一篇的主旨。

在《駢拇》中，莊子並沒有給「性」預設一個外在的標準或尺度，以之來規範與評判事物。因此在《駢拇》中，莊子實際上是採取一種「以其人之道，還治其人之身」的論證方法，即以世俗的觀點來批判常識。

> 駢拇枝指，出乎性哉！而侈於德。附贅縣疣，出乎形哉！而侈於性。多方乎仁義而用之者，列於五藏哉，而非道德之正也。是故駢於足者，連无用之肉也；枝於手者，樹无用之指也；多方駢枝於五藏之情者，淫僻於仁義之行，而多方於聰明之用也。

這段文字中的「性」與「德」都不是莊子所要論述的「性」與「德」，而是常識所支撐的「性」、「德」。「德」亦通「得」，表「得到」，不過這種「得」仍然是俗世觀點所理解的得到，即人「應該」得到的或具備的。「駢拇枝指」、「附贅縣疣」之「名」的形成，乃是通過與所謂的「正常人」之性狀的辨析與比照。以常人所謂的「共同特徵」來定義一個共同的、普遍的「性」，並以此「性」來規範與判定一切「人」，那麼駢拇枝指、附贅縣疣顯然是多餘的，不正常的，違背了共同之「性」。果真存在這麼一個共同的標準之「性」嗎？

〔註91〕徐復觀先生曾明確指出，內篇中的「德」字，實際便是「性」字。參見《中國人性論史·先秦篇》，第205頁。

或謂是否存在這麼一個判定的標準呢？同樣，仁義禮智信等等這些道德名目常常被比附於人之有五臟，但這些道德名目果真是人之本性嗎？莊子對篇首設定的這些問題進行了仔細地分析。

> 是故駢於明者，亂五色，淫文章，青黃黼黻之煌煌非乎？而離朱是已。多於聰者，亂五聲，淫六律，金石絲竹黃鐘大呂之聲非乎？而師曠是已。枝於仁者，擢德塞性以收名聲，使天下簧鼓以奉不及之法非乎？而曾、史是已。駢於辯者，累瓦結繩竄句，遊心于堅白同異之間，而敝跬譽無用之言非乎？而楊、墨是已。故此皆多駢旁枝之道，非天下之至正也。（《駢拇》）

莊子顯然是在借用俗世的「駢拇枝指、附贅懸疣」觀念來批判與真性、常性相違背的種種現象，但莊子本人實不認可「駢拇枝指、附贅懸疣」之說，這在下文將明言。如果「明」、「聰」、「仁」、「辯」真的是人之常性，則根本無須任何外在標準來加以衡量與規範，即無須分辨五色、辨認五聲六律，亦無須任何道德名目來判定，更不須堅白同異的辨析。這些所謂的「明」、「聰」、「仁」、「辯」就像俗世所謂的「駢拇枝指、附贅懸疣」一樣，是旁門左道，不是至正，即不是人之常性。那麼何謂至正？

> 彼至正者，不失其性命之情。故合者不為駢，而枝者不為跂；長者不為有餘，短者不為不足。是故鳧脛雖短，續之則憂；鶴脛雖長，斷之則悲。故性長非所斷，性短非所續，無所去憂也。（《駢拇》）

至正者乃是根源於「道」的「性命之情」，也就是生存個體自足之性。莊子意在批判任何強制性的共同標準與規範，反對將「人」普遍化、抽象化，而主張生存個體的個性與自主。「至正」乃是從這些生存個體自身出發得出來的結論，故「合者不為駢，而枝者不為跂」。「至正」體現了「個性」與「本性」的觀念：從性之根源來看，「道」、「德」是「性」之本，萬物皆有此本源之性，故可謂本性；從事物自身來看，如果任何事物都以其內在原則作為自身存在合理性的唯一根據，那麼生存個體各以其自身之「性」為「性」，是可謂「個性」。莊子實際上否認存在一個規範化的、普遍化的人性，繼而否認世俗觀念中所謂的「駢拇枝指、附贅懸疣」之說，而主張存在著的都是個性。如前文所言，「道」、「德」並非一個獨立的實體，一切生命的當下呈現與延續就是「道」之所在，因此個性亦即本性，也就是生存個體的自成自化之性。個性的觀念實際上表明了莊子對人這一特殊個體

自覺精神的關注，同時也是對物之自然的尊重。對於人而言，莊子主張要由生存個體自我覺醒來塑造這個「性」，此「性」是恆常存在的，即「性」之所成恒在於生存個體自身。「常性」的眞實內涵就是個體自覺地持守本性，自己自覺地發展出「個性」。

通常《駢拇》一篇被認爲是莊子對儒家道德的批判，其實這恐怕遠非《莊子》此篇的眞正目的。在這篇中，莊子確實批判了儒家的仁義禮智信等道德名目，但卻不能得出莊子反對一切仁義道德〔註 92〕。相反，莊子提出了一種新的「道德」觀。

> 意仁義其非人情乎！彼仁人何其多憂也。且夫駢於拇者，決之則泣；枝於手者，齕之則啼。二者，或有餘於數，或不足於數，其於憂一也。今世之仁人，蒿目而憂世之患；不仁之人，決性命之情而饕貴富。故意仁義其非人情乎！自三代以下者，天下何其囂囂也？（《駢拇》）

莊子在這裏提出了一個發人深省的問題：仁義禮智信等道德名目究竟是不是人之常性呢？如果這些道德名目是人之常性，那麼就必然如同鳧脛鶴脛、駢拇枝指一樣，不能斷，不能續，不能決，不能齕。可現實狀況呢？仁人憂世，不仁之人決性命而貪富貴，這表明莊子對現實人性的反思與批判。其實同樣的境況也出現在孟子那裏。可以說，莊子的比喻都能爲孟子所用。孟子若見莊子此篇，他必定會反駁：仁人之所以憂世就在於根源於人心的「仁義禮智」已經被人錯誤地當作「駢拇枝指」決之、齕之了。因爲孟子主張仁義禮智根源於心，反躬自省盡其心，則知性實乃天所賦，缺乏這些則非「人」，故他說：「人之所以異於禽獸者幾希；庶民去之，君子傳之。」（《孟子‧離婁下》）「仁，人心也；義，人路也。舍其路而弗由，放其心而不知求，哀哉！人有雞犬放，則知求之；有放心而不知求。學問之道無他，求其放心而已矣。」（《孟子‧告子上》）所以同樣在孟子這裏，仁義禮智就像鶴脛鳧脛一樣，實乃天性，不可缺失，否則不成其人。

莊子提出的新「道德」觀旨在批判世俗社會抽象地談論道德，反對預設一個外在的絕對普遍性的規範來格正生存個體，從而將外在的規範性制度內

〔註 92〕盧國龍指出，「道家對儒家所倡禮義的批判，自始至終都貫穿著一種極爲深沉和理性的憂慮。理解了莊子，我們就不難理解先秦道家對禮義的批判，根本義在於現實批判，對蘊涵其中的人文精神非但不作武斷的否定，反而具有一種同情的理解」。參見《道教哲學》，北京：華夏出版社 1997 年，第 37～38頁。

化爲人之「性」。他主張生存個體以自覺精神積極地創造自我，將根源於「道」的本性真實呈現出來，只有這樣才是自然。真正的仁義不需借助於任何外在制度與規範，所謂「至仁無親」、「虎狼仁也」表明了他對規範化與制度化之「仁」的深刻反省。對「常性」的褒揚與對現實人性的批判表達了莊子積極追求生存個體自成其性的精神。

「人之自然」是莊子自然觀念的重要內涵，通常我們只強調《莊子》中人自身擁有根源於「道」的原初本性，卻忽視了這種本性的保持與涵養必須依賴人的自覺精神與自我意識。自然作爲人之本性，根源於「道」，體現爲「德」、「真」、「性」。但這種本性不是我們今天所說的純粹生物「自然性」，而是生存個體自覺保持與形成的本性。如果沒有人的自覺意識，則本性就如同萬物本能一樣，「人」也就成了純粹的「物」，而「物化」也就成了純粹事物的變化，人在物化中沉淪而無自覺，這恰恰是莊子所積極批判的。莊子十分強調人的獨立意識與自覺精神，主張人應該持守本體之道，「全德」、「貴真」以自成其性，反對外在壓制與奴役，超越物我對待，從而達到精神自我的解放，這是莊子自然觀念中蘊含的重要人文精神，也是自然能夠成爲道家的核心價值的關鍵。

二、物之自然

「物」也是《莊子》一個十分重要的觀念。因爲人始終生活在物之中，不可離開物而獨存，物構成人的生存境遇。因此在思考人的問題上不可避免地要關涉到「物」的問題，莊子對物的本然性狀進行了深入思考，下面我們以「自」、「常」、「固」幾個觀念爲例進行分析。

（一）「自」

前文我們已經對「自」的詞性、詞源進行了分析，並且指出「自」作爲反身代詞的重要哲學意蘊以及對理解《老子》自然觀念的重要性。《莊子》中也大量使用了「自」，涵蓋了「自」的諸多用法，「自」在《莊子》中最重要的用法是表達事物的本源性、根源性觀念。

> 有自也而可，有自也而不可。有自也而然，有自也而不然。

這段話的出處有必要交代一下。在郭慶藩的《莊子集釋》中，這段話出在《寓言》一篇中，而陳鼓應則將其置於《齊物論》中。這主要是文本方面

的問題，本書主要析其義理。郭象之注曰：「自，由也。由彼我之情偏，故有可又不可。」〔註93〕成玄英疏曰：「夫各執己見，故有可有然。自他既空，然可斯泯。」〔註94〕無論是郭象的注還是成玄英的疏，其實都沒有揭示出「自」的真正意蘊。「自」固然可訓爲「由」或「從」，但無論是「由」還是「從」，都不是表示由於彼我看待事物角度不同而產生各種然不然、可不可之爭。「自」在這裏表達的是一種根源性觀念。莊子在這裏使用的「然」、「不然」、「可」、「不可」只是借用了「言」而已，表面上看是相對立的，但其真實意蘊卻是強調根源於「物」自身的「本然」、「本可」，亦即物之本性，這一點我們在探討「固」這個觀念時再結合《齊物論》深入分析。成玄英將此處的「自」與「他」相提並論，認爲「自他既空，然可斯泯」，卻不知言「自」則無對待，豈可與「他」對言？且這段材料中的「可」、「不可」、「然」、「不然」並不是相對待而產生的觀念，而是表本然、本可的觀念。實際上《莊子》從來都不反對承認物「自有」其「本然」（包括「然」、「不然」）、「自有」其「本可」（包括「可」、「不可」），而是反對象儒墨那樣人爲設定「然、不然」與「可、不可」，他主張要讓物「自顯其然」、「自顯自可」。「自」表根源性的觀念在《莊子》中很常見：

> 孔子曰：「夫子德配天地，而猶假至言以修心，古之君子，孰能脫焉！」老聃曰：「不然。夫水之於汋也，无爲而才自然矣。至人之於德也，不修而物不能離焉。若天之自高，地之自厚，日月之自明，夫何脩焉！」（《田子方》）

在以孔子爲代表的儒家看來，「德」乃人修身之結果，故他認爲老子之德是修心的結果。而在老子看來，「德」秉承自「道」，生而與俱，無需外攝，不必言修。莊子在此使用了一個比喻，即人自身內在之德的呈現如同水之湧現，乃根源於道的本性之呈現。顯然，「自然」在這裏指的是一切事物自身之本性，即根源性自然。天、地、日月之「高」、「厚」、「明」均屬於各自之本性。

「自」既然表達了一種根源性的觀念，那麼如果要追問的話，這個根源最終是什麼呢？

> 夫吹萬不同，而使其自己也。咸其自取，怒者其誰邪？（《齊物論》）

〔註93〕 郭慶藩：《莊子集釋》，第 951 頁。
〔註94〕 郭慶藩：《莊子集釋》，第 951 頁。

這一段歷來注解家意見紛呈〔註95〕。「天籟」之「天」指的是什麼？郭象注曰：

> 夫天籟者，豈復別有一物哉？即眾竅比竹之屬，接乎有生之類，會而共成一天耳。……自己而然，則謂之天然。天然耳，非爲也，故以天言之。以天言之所以明其自然也。豈蒼蒼之謂哉！而或者謂天籟役物使從己也。夫天且不能自有，況能有物哉！故天者，萬物之總名也，莫適爲天，誰主役物乎？故物各自生而無所出焉，此天道也。
> 〔註96〕

莊子、郭象對「自然」、「天然」等觀念的理解有很大不同，但郭象此處對「天」的理解確實有助於理解莊子的「天籟」。「天籟」並非別有一物，「天」就是包括了眾竅比竹之屬以及借用這些而發聲的「風」、「人」，即「有生之類」。這裏涉及對人籟、地籟、天籟的依次理解。南郭子綦所謂的「女（汝）聞人籟而未聞地籟，女（汝）聞地籟而不聞天籟」意在表明，世俗之人只看到了人與物之異，故有人籟與地籟之別，即人籟是竹簫之聲，地籟則萬竅之風聲。但卻沒有看到人與物之同，即根源於「道」，也就是《莊子》使用的「天」。如果看到人、物根源於道，則人所發出之聲與地所發出之聲都是人、物自己發聲而已。「吹萬不同」表明莊子並不否定存在各種不同的聲音，但他筆鋒一轉，聲雖有萬，而聲之所由則一也，即人、物源於道（「天」）。天籟不再關注具體發聲之物的差異，而關注發聲之物的根源相同，即均源於本根之「道」，亦即莊子所說的「天」。所謂「咸其自取」強調了根源於道的物之本性的呈現，怒者也就是其聲之所由出之物自身，非謂別有一怒者。值得注意的是，「咸其自取，怒者其誰邪」再次印證了莊子在道物關係上的基本觀點，同時也是對

〔註95〕 宣穎曰：「待風而鳴者，地籟也。而風之使竅自鳴者，天籟也。」參見《南華經解》，曹礎基校點，廣州：廣東人民出版社 2008 年。鍾泰曰：「『人籟』、『地籟』、『天籟』，雖分三名，而所欲發明者，亦惟天籟而已。顧天籟非言語文字所可摸擬狀繪，不得已因託於地籟以言之，是以子由『敢問其方』，而子綦獨稱地籟也。」又曰：「所以疑子綦始終未談及天籟也，不知地籟有作止，而天籟無作止，能於無作無止處著眼，天籟故不在地籟外，亦且不在人籟外也。」參見《莊子發微》，上海：上海古籍出版社 2002 年，第 28～30 頁。劉坤生認爲「天籟乃是宇宙自然之本體，萬物由此而顯現，其關鍵是它對萬物絕無任何壓力」，「這裏『自己』一詞是關鍵，說明地籟和人籟之聲雖根源於天籟，但又是自己所自由的發出」。參見《莊子哲學本旨論稿》，第 43～44 頁。

〔註96〕 郭慶藩：《莊子集釋》，第 50 頁。

老子之自然觀之內在張力的解決。因為「怒者其誰」反映了莊子之道是完全以物來呈現的，也說明莊子旨在從物的層面消解「道」的主宰形象，讓物之本性完全由其自身來形成、發展，物才得以真正地「自然」。

在此基礎上，《莊子》順利展開了另外一些重要的觀念：「自生」與「自化」。其實「生」亦是「化」之行為，故統稱之「自化」。「自化」之主詞即「物化」之「物」，即反身代詞「自」指代的是天地萬物等一切存在者。「自化」也就是天地萬物本性的顯現，亦即天地萬物之自然。

> 汝徒處无為，而物自化。墮爾形體，吐爾聰明，倫與物忘，大同乎涬溟；解心釋神，莫然无魂。萬物云云，各復其根，各復其根而不知；渾渾沌沌，終身不離；若彼知之，乃是離之。无問其名，无闚其情，物固自生。（《在宥》）

理想的狀態便是萬物互不相傷，自生自化。然而物之本性只有在人釋放成見之心、消弭感官之知後才能呈現，這就要求人摒棄智識、與物冥合，簡言之，就是無為。只有人自覺地持守自身的本性，才能體悟到「物」之本性的存在狀態。「自生」、「自化」表達了「物」的存在狀態，但這種狀態是在人與物沒有分離的場景中呈現的，若分辨與離析出人與物，則所認知的是「名」籠罩下的「物性」，而物之本性則隱匿。由此可見，物之本性不能由人的對待式觀照來「知」，換言之，「自」所表達的物之根源性自然並非與人相對立之客觀物所具有。

（二）「常」

關於「物」，莊子還提出了一個很重要的觀念：「常」。單獨使用的「常」表達了一個本來、天然、天生的、恒常的、穩定的觀念。其實對「常」的關注可以上推到《老子》。「常」是《老子》哲學的一個重要觀念，一共出現了二十九次。其用法主要有三：一是作名詞，主要單獨使用，是一個重要的概念，如「覆命曰常，知常曰明；不知常，妄作凶。」（第16章）「知和曰『常』，知常曰『明』。」（第55章）另外還有「用其光，復歸其明，無遺身殃；是為襲常。」（第52章）「襲常」在這裏也主要表達「常」的觀念。這一類主要有六個。二是作形容詞，通常置於名詞前，表描述性與限定性。如第一章「道可道非常道，名可名非常名。」（第1章）「常德不離，復歸於嬰兒。」（第28章）這種用法在《老子》中一共有五個。三是作副詞，表示經常地，如「道常無為而無不為。」（第37章）「道之尊，德之貴，夫莫之命而常自然。」（第

51 章）「民之從事，常於幾成而敗之。」（第 64 章）這一類一共有十八個。由此可見老子對「常」的重視。《莊子》中「常」字大概有五十四個，除了六處作人名之外，還有四十八處。其中作名詞的多達十一處。出現了「常」、「常然」、「無常」、「常性」等重要觀念。正如上文所述的「常性」之「常」一樣，「常」是一個表達恆常、穩定的觀念，但這種穩定性、持續性並非靜止不變，而是一種動態之「常」。這可以從「無常」這一觀念得到印證。

> 夫物，量无窮，時无止，分无常，終始无故。……察乎盈虛，故得而不喜，失而不憂，知分之无常也。（《秋水》）

> 芴漠无形，變化无常。（《天下》）

所謂的「无常」並非說沒有「常」，而是說無靜止之「常」，而有動態之「常」。即「无常」亦是「常」。在莊子看來，天地萬物均有其「常」，這種「常」表現為「然」，但此「然」非人所稱謂的是非、臧否之然，而是天地萬物之「本然」。「常」在這裏與「常性」一樣，表達的是一種根源性的「然」，即根源於「道」的物自身之「然」。

常然主要是對物自身存在狀態進行描述的觀念，莊子認為天地萬物各有其自身的眞實面相，人為的各種創設都改變與遮蔽了物本性之然，使物盡失其性。

> 屈折禮樂，呴俞仁義，以慰天下之心者，此失其常然也。天下有常然。常然者，曲者不以鈎，直者不以繩，圓者不以規，方者不以矩，附離不以膠漆，約束不以纆索。（《駢拇》）

「常然」是指事物按照其內在原則呈現出來的眞實狀態，就好比本性之曲不以鈎為標準，本性之直不以繩為尺度，本性之圓不以規來衡量，本性之方不以矩來裁制。如果用鈎、繩、規、矩、膠漆、纆索等人為創設的規範與制度來整齊事物，則事物之本性（常然）必將喪失。

（三）「固」

在《莊子》中，還有與「常」之意蘊近似的一個詞「固」，「固」的大量使用在一定程度上正好解釋《莊子》中「常」的使用相比於《老子》而言較少的現象，而《老子》中「固」出現很少，且還沒有《莊子》中「固」的意蘊。「固」雖然有靜止、牢固的意思，但在《莊子》中，它主要是一個表達根源性的觀念。在《齊物論》與《寓言》中，有對物之根源性觀念的探討。

道行之而成，物謂之而然。（《齊物論》）

有自也而可，有自也而不可。有自也而然，有自也而不然。惡乎然？然於然。惡乎不然？不然於不然。惡乎可？可於可，惡乎不可？不可於不可。**物固有所然，物固有所可。无物不然，无物不可。**

（《寓言》）

「然」與「可」是如何形成的呢？其實這裡隱含了兩種不同的「然」與「可」（包括「不然」與「不可」在內，因為「然」、「不然」實際上都是一種「然」，「可」、「不可」實際上也都是一種「可」）。第一種是人借助於「名」所稱謂的「然」與「可」，即對事物進行比較區分之後得出來的「然」與「可」。莊子首先從道與物說起。「道」乃因為人的行走而成為「道」，「物」乃因人的「命名」而成為「物」（《廣雅》：然，成也）。從經驗常識角度來看，物與物之間是有區別的，故物有然與不然、可與不可之分。但這種區分是人通過「名」為物創設的，並非事物自身所固有。這樣我們就得出莊子所說的第二種「然」與「可」，即事物之「本然」與「本可」，亦可說是事物之固然與固可。

則天地固有常矣，日月固有明矣，星辰固有列矣，禽獸固有群矣，樹木固有立矣。（《天道》）

本然與本可乃天地萬物自本自根的固有之性狀，這種根源於「道」的「然」與「可」與人的認識行為（命名、指稱）所賦予之「然」、「可」完全不同，前者是事物自身內在的本性之顯現。本然與本可無所謂「然」與「不然」、「可」與「不可」的區分，故曰「物固有所然，物固有所可。無物不然，無物不可」。

綜上所述，無論是「自」、「常」還是「固」，都是強調物自本自根的性狀，我們可以稱之為「根源性自然」，即物之本性。這種本性與莊子的道物關係緊密相連，正是因為「道」在「物」，因而一切事物的本性成為可能。莊子主張尊重物之本性，明確地以「自然」一詞來表達「物」的這種本然與本性，如「無為而才自然」（《田子方》）、「順物自然而無容私焉」（《應帝王》）。莊子顯然承認事物依據各自內在本性發展的客觀性，並且一再表達了對這種源於道卻最終體現為經驗中的物之本然性的推崇，這表明莊子的自然觀念中確實蘊含著一種客觀理性的科學精神。但莊子顯然又反對人以知性認知方式，借助於「言」為物創設下「然」與「可」，因為說出來的這種「然」、「可」並不是物之本然與本可。可他在反對這種人為創設的「然」、「可」的同時又主張物有其「本然」與「本可」。按照他的這種主張，我們就面臨一種困境：一方面

莊子否認人爲創設的各種「然」、「可」眞正屬於物，另一方面他又主張物有其自身之「然」、「可」，可當「說出」物有其本然與本可（自然）的時候，「言說者」實際上又與「物」處在一種關聯之中，並且正是通過這種關聯我們重新爲「物」創設了「然」、「可」。那麼這種關聯除了是主客對立的知性認知方式之外，還能是什麼呢？如果沒有其他關聯的可能性，那麼我們注定無法走出這個困境。因此，莊子必然要回答：我們怎麼能夠眞正認識「物」之本然與本可，從而證實這種本然、本可不是我們人爲創設的？或謂物之本然與本可（自然）是如何向我們昭示的呢？這些問題實際上是在追問物之本性之所以可能，除了根源性的道之外，是否還與我們的精神相關以及有何關係。

三、道通爲一

　　通常我們都只將莊子對物之本性、本然的關注看成他的自然觀念。誠然，莊子說「順物自然」、「無爲而才自然」，這表明他確實關注物之本性，強調「物固有所然、物固有所可」。但如果將這種「物之自然」看做是莊子在對事物之性狀作純客觀的描述，人似乎是站在「物」的對立面而要完全順應這個「物」，那麼我們很可能就面臨著上文所說的困境。

　　首先我們從「言」的層面來看。歸根到底，這種困境就是言說造成的。對於「言」的局限性，莊子有清醒認識。對於知性認知模式的形成，他總結爲「道行之而成，物謂之而然」（《齊物論》），即在主客對立的語境中，人以「言」、「行」爲「物」立下規則，使得「物」呈現出來。但這種知性認知方式的弊端是顯而易見的：一方面，「夫言非吹也，言者有言，其所言者特未定也」（《齊物論》）。人所「命」物之「言」不像風吹動，完全沒有目的與意識，而必定有成心，既然帶有人的主觀成見，則人人各異。且「言」所命之「物」本身變化不定，人之言行所創設的「然」、「可」並非物所固有，即我們所認識的遠非物自身；一方面，不同的人往往創設下不同的「然」、「可」，即各種紛繁的規範、法則、指稱，圍繞著各種不定的言論、知識進行各種爭辯，必然是非混雜、各執一詞，這就是儒墨之是非。由此可見，通過「言」來名物、識物的道路並不能眞正認識萬物〔註97〕，相反只會偏離大道，所謂「是非之彰也，道之所以虧也」（《齊物論》）。故莊子對常規的認知方式進行了革命，

―――――――――――

〔註97〕　勞思光先生認爲，萬說紛紜，皆由有「言」而起，「言」又不能接觸眞相，在其本身限制下，徒增煩擾。參見《新編中國哲學史》第一卷，第204頁。

即徹底消解人、物的截然對立局面，破除一切對待，這在《齊物論》中得到了集中體現。可莊子畢竟承認「物」有其本然與本可，因此關鍵在於以何種方式讓物向我們昭示其本然之性？言說必然要導致一種主客對待場景的產生〔註98〕，而莊子雖然破除了主客對待關係，但卻無法真正消除「言」，故他只能無心而「言」，此即所謂「卮言日出」，並且莊子借助「言」表達一種「不言」的狀態：

> 天地有大美而不言，四時有明法而不議，萬物有成理而不說。聖人者，原天地之美而達萬物之理。是故至人无爲，大聖不作，觀於天地之謂也。（《知北遊》）

天地萬物本各有根源性之然與可，如天地本來常在，日月自有其光明，星辰自有其秩序，禽獸自有其族群，樹木自有其生長。天地四時萬物均有其自身之「然」，即大美、明法、成理，只是這些「然」（本性）並不能通過「言」來達到眞正曉諭的目的，因爲「言」所表達的物之本性已經逃離了天地萬物自身，離根源之「道」漸遠，故聖人不言、不議、不說，即通過無爲、不作的方式體認天地萬物之本性。由此可見，物之自然只能通過物我相融的方式來獲得。具體而言，莊子特別強調「莫若以明」：

> 道隱於小成，言隱於榮華。故有儒墨之是非，以是其所非而非其所是。欲是其所非而非其所是，則莫若以明。（《齊物論》）

> 是亦彼也，彼亦是也。彼亦一是非，此亦一是非，果且有彼是乎哉？果且无彼是乎哉？彼是莫得其偶，謂之道樞。樞始得其環中，以應无窮。是亦一无窮，非亦一无窮也。故曰莫若以明。（《齊物論》）

什麼是「莫若以明」？學界提出了各種解釋〔註99〕，要理解這裏的「明」

〔註98〕勞思光先生認爲，「蓋一有任何『言』，即陷入主客分立之境」。參見《新編中國哲學史》第一卷，第 203 頁。

〔註99〕郭象注曰：「夫有是有非者，儒墨之所是也；無是無非者，儒墨之所非也。今欲是儒墨之所非而非儒墨之所是者，乃欲明無是無非也。欲明無是無非，則莫若還以儒墨反覆相明。反覆相明，則所是者非是而所非者非非矣。非非則無非，非是則無是。」參見郭慶藩：《莊子集釋》，第 65 頁。王先謙認爲：「莫若以明者，言莫若即以本然之明照之。」參見《莊子集解》，第 14 頁。樓宇烈認爲，「莫若以明」的「以」字當訓爲「已」，「以」、「已」二字古通用。「以明」或「已明」意即「止明」、「去明」、「棄明」或「不用明」，如同說「不用智慧」。參見《「莫若以明」解：讀〈齊物論〉雜記一則》，載《溫故知新：中國哲學研究論集》，北京：商務印書館 2004 年。陳鼓應將之翻譯爲：以空明

必須結合老子中的「明」〔註100〕。莊子之「明」的觀念繼承自老子,尤其是老子的「知常曰明」與「自知者明」思想。莊子認為只有徹底根除人的成見與各種習俗規範,摒棄任何將物對象化的企圖——也就是「無為」,即拋棄一切人為因素——才能真正地認識事物。將各種「言」帶來的是非之辯置於以「道」為樞紐的環中,故「是」「非」「兩行」,即「是」顯其「所是」,「非」亦顯其「所是」(即「非」之所以為非),我們與這些「是」「非」相遇於「道」之中,而「物」自身真實地向我們敞開,物與人的真實本性徹底顯現,有如日月朗照,無一絲隱匿,這就是「明」。「兩行」以對待雙方各自是其所是的方式最終超越了「兩」,而歸於「一」。只有這樣我們才能真正領悟帶來「是」「非」的「言」外之「意」,即「莛與楹」、「厲與西施」(「言」)之「自身」(「本然」與「本可」,即「意」),而無須彼此對照而執著於「莛與楹」、「厲與西施」這些「名稱」(言)。既承認「言」而又拒絕對「言」進行是非判斷,讓言說之「物」本身充分展示出來的狀態就是「明」,也就是「以道觀之」,最終達到「道通為一」。但是我們還必須注意這個「一」其實是不可言說之「一」,甚至都不能使用「一」這個名來表達。既然已經是「一」了,所以無須去分別辨析,不用「言」了;可是當我們「說出」這個「一」時,就已經不是「一」了,因為「言」破了「一」而與「一」為「二」了。同理這個「二」又與「一」為「三」,這樣就陷入無窮。因此最好是不言也不以「言」為「言」,即不將「言說」看成是有意識地在分辨,這樣「言」本身就能在「一」之中而不破壞「一」。莊子只主張純粹的「因」。但這裏的「因」絕非簡單地因順外物,而是對人與天地萬物之本性徹底呈現的不可言說之狀態的「因」,只有這樣才是真正的「一」,也就是真正的「明」。

總之,莊子固然需要通過「言」表達他的觀念,但我們絕對不能拘泥於莊子之言,而要理解他的言外之意。是故通常莊子所謂的「順物自然」、「無為而才自然」似乎都將「自然」一詞作為一種對「物」之本性的客觀描述,但實際上莊子主張消解在主客對立的場景中以「言」名物。當我們說出「物之自然」之「自」時,我們就已經將「自」所指代之「物」置於

的心境去觀照事物本然的情形。參見《莊子今注今譯》,第 54 頁。屠友祥認為,「莫若以明」就是「以是明是,以非明非」。參見《言境釋四章》,上海人民出版社 1998 年,第 168 頁。

〔註100〕吳根友先生曾明確指出這一點,參見《讀莊獻疑:〈齊物論〉「莫若以明」新解》,《中國哲學史》2005 年第 4 期。

我們的視域之中，或曰我們進入了「物」，「物」向我們昭示，物與人的各種隔閡無障礙地打開，各自的本性充分呈顯。故只有從「言」的角度來理解，我們才不至於誤認為莊子所說的「自然」為客觀對象的描述。「自然」其實是人自覺拋棄一切是非之言說、超越物我對待，從而讓物我無遮蔽地呈現的狀態。所謂「道通為一」，不是指道整齊萬物為一整體，而是說物、我根源於道的本性完全無礙地展現，只有超越「言」以及物我對待的人之自覺精神才能領悟此種「一」。

其次，從「自我」的超越層面來看。莊子對人的形體與精神似有分開的觀念，換言之，有以精神超脫形體的觀念。這一點前文已略論及，其實在《老子》那裏已有潛在的觀念。老子曰：「何謂貴大患若身？吾所以有大患者，為吾有身，及吾無身，吾有何患？」（第 13 章）「死而不亡者壽。」（第 33 章）老子很重視「身」，主張「貴大患若身」，但是否有超越「身」的存在呢？或者說「身」滅了而仍有不亡者乎？不亡者又是什麼？這些在《莊子》中得到了解答。莊子提出的「吾喪我」是理解《齊物論》的一片鑰匙。本來從語言學的角度來看，古漢語中的「我」與「吾」的實指是同一的，只是充當句子的成分有側重而已，而莊子則偏以這種弔詭之言來表達其深層的意蘊。這裏的「我」顯然不同於「吾」。「吾」作為主詞表明了其核心地位與主導性，而「我」作為賓語則是所喪之對象。這裏莊子所謂之「我」不僅指一種形體性的存在，更主要地是指社會化、文明化的我〔註101〕，或謂「情態的我」〔註102〕，或謂「知性之我」；而「吾」乃是「真我」，表現為「心」〔註103〕。「心」可以獨存且應該獨存，即應獨立於形體之「我」，即為外物（物、制度）所纏繞之「我」〔註104〕。「心」（「吾」，或謂「真我」）的這種獨立性同樣可以見於《德充符》一篇中。殘缺的形體只是一物而已，與物俱化，故「物視其所一而不見其所喪，視喪其足猶遺土也」；而根源於「道」之「德」乃是人之本真、本

〔註101〕楊國榮：《莊子的思想世界》，第 177 頁。

〔註102〕陳靜：《「吾喪我」：〈莊子・齊物論〉解讀》，《哲學研究》2001 年第 5 期。

〔註103〕陳少明亦指出，剔除了自我中「我」的肉身化特徵與空間向度之後，剩下的「吾」的內涵是什麼呢？它就是心，即自我意識。參見《「吾喪我」：一種古典的自我觀念》，《哲學研究》2014 年第 8 期。

〔註104〕這種被制度所纏縛的「我」在《齊物論》中指的是困頓蒙昧的人生，羅安憲指出，「吾喪我」所要喪的其實即是如此的人生。「吾喪我」的我，其實不是「我」本身，而是現實之中俗人之「我」的種種心理困頓與人生的種種窘迫。參見《莊子「吾喪我」義解》，《哲學研究》2013 年第 6 期。

性，是「眞我」，亦是「吾」。執著於「我」則必然喪失掉了「吾」，對此，惠施與莊子有一段很重要的對話：

> 惠子謂莊子曰：「人故無情乎？」莊子曰：「然。」惠子曰：「人而無情，何以謂之人？」莊子曰：「道與之貌，天與之形，惡得不謂之人？」惠子曰：「既謂之人，惡得無情？」莊子曰：「是非，吾所謂情也。吾所謂無情者，言人之不以好惡內傷其身，常因自然而不益生也。」惠子曰：「不益生，何以有其身？」莊子曰：「道與之貌，天與之形，無以好惡內傷其身。今子外乎子之神，勞乎子之精，倚樹而吟，據槁梧而瞑。天選子之形，子以堅白鳴。」（《德充符》）

首先這一段話有一個斷句的問題。通行本多將「是非吾所謂情也」作爲一整句看，如陳鼓應將其譯作「這不是我所說的『情』」〔註105〕。我認爲這種斷句不妥，理由有二：其一，這裏如果以「是」作指示代詞「這」的話，則「是」在此並無所指。因爲上文惠施並沒有對「情」作一個界定，也沒有指出他所謂的「情」的內涵。相反，惠施一直談論的都是「無情」，缺乏對「情」本身進行界定，如果莊子直接說出「這不是我所說的情」，顯然語意不連貫，很突兀。只可能是惠施一開始就並未給出一個「情」的界定，而莊子在認可「無情」說之前，先來界定自己所說的「情」，這樣才能解決前兩個回合問答的疑惑。其二，郭象的注與成玄英的疏都以「是非」斷句。郭象注曰：「以是非爲情，則無是無非無好無惡者，雖有形貌，只是人耳，情將安寄！」成玄英疏曰：「吾所言情者，是非彼我好惡憎嫌等也。若無是非，雖有形貌，只是人耳，情將安寄！」〔註106〕

莊子與惠施對話的第一回合就已表明雙方對「情」之內涵的理解分歧，莊子所說的「情」乃是人對「物」之「情」，這種情乃是非好惡之情。顯然這裏的「情」源於「物」、「我」對立，是「我」對外物的是非好惡等主觀感受或認知。值得注意的是，這裏的「物」不僅僅指身外之物，還包括人自身之形體，這樣理解才符合《德充符》一篇的主旨。因爲各種形體殘缺的人在莊子那裏都是德性充盈之人，人不應該爲自身的形體相貌而喜怒哀樂。由此可見，形體與內在的「德」是相對獨立的，一爲形骸之外，即人之形體相貌；一爲形骸之內，即人之內在的、稟受自「道」的「德」。人之爲人當然要有其

〔註105〕陳鼓應：《莊子今注今譯》，第166頁。
〔註106〕郭慶藩：《莊子集釋》，第222頁。

形，但最重要的不是形，而是「德」。要保住這個「德」就必須不以對外物的好惡來損傷內在的德性。「常因自然」之「自然」是誰之自然？很顯然這個「自然」並非對外在事物之存在狀態的客觀描述，而是指「我」與「物」各自本性呈現出來的狀態。在這個場景中，無「我」、無「物」，只有物（包括人之形體相貌）所展現出來的狀態。故「常因自然」就是要讓根源於「道」的「物」、「我」本性如其所是地綻放，而人則自覺順應「我」與「物」當下所呈現的狀態，不作任何辨析。然而惠施卻頑固地認為若不益生，則沒有「身」。至此我們又不難看出，莊子與惠施不僅在「情」的理解上不同，在「身」的理解上也存在偏差。惠施所講的「身」多指形體之身，這個身當然需要物的滋養與補充，這個莊子並不反對；但問題是莊子所理解的「身」往往偏向於內在的德或真。這一點徐復觀先生曾作過辨析：「《莊子》一書，用『身』字，用『生』字時，是兼德（性）與形而言，並且多偏在德（性）方面。所以他之所謂『全身』或『全生』，有時同於全德。但他用『形』字，則常僅指的是外在的官能或形骸（五官百體）所表現的動作。」〔註107〕依據徐先生這一論斷，我們來看莊子對惠施的批判：持守「天」、「道」所予之形體相貌，涵養作為生命存在的本真之「德」，切勿以是非好惡之情傷「身」（形、德、性）；而惠施卻追逐外物而喪失其「神」（內在的德、性），即個體的自覺意識與獨立精神，挫傷耗損其「精」（精力、形體），顯然這不是自然。

在莊子生活的時代，人與物的關係是任何一個尋求生命安頓的思想家都必然要面對的問題。莊子顯然洞察到了當時社會上普遍存在的追逐名利、「喪己於物」的現象。在道物關係問題上，他預設了萬物的本性根源於道，提出了作為人之本性的「德」、「性」、「真」等觀念和表達物之本性來源的「自」、「常」、「固」等觀念。作為擁有自覺精神的人，莊子主張人應尊重一切物（包括「人」）的本性。具體而言，一方面，莊子反對人為地損害物之本性，因此，他反對人對物的各種作為方式。另一方面，他極力呼籲個體自我的覺醒，強調人的自覺精神與自主意識，生存個體要「全德」、「貴真」、「自成其性」，積極地進行自我塑造，保持自己生命的內在根源，自我主宰，警惕在無意識的狀態下被外物以及外在的規範、制度所馴化。只有個體自我真正覺醒，精神真正獨立，才談得上「自然」，也才能真正保持根源於道的本性。針對那些「危身棄生以殉物」的現象，他反對將「物」

〔註107〕徐復觀：《中國人性論史・先秦篇》，第 210 頁。

置於主客對立的認知視域，對之進行分析、辨別，以「言」名「物」，從而設立各種名物制度，以人的喜好標準與尺度來削「物」適「人」。莊子在反對「殉物」的同時也反對「役物」，「物化」觀念則集中體現了莊子以積極的自覺精神超越物我對待而達到「道通爲一」的境界，在此境界中，「人見其人，物見其物」（《庚桑楚》）。

第三節　天人合一：自然之境界

天人關係是一個十分古老而又新鮮的話題。所謂古老，指的是先秦的思想家們早已開始探討這個問題，並且圍繞這一話題提出了一個重要觀念：天人合一。所謂新鮮，指的是現代研究者都試圖重新發掘出這一觀念的新意蘊，以期將這一古老的哲學觀念置入現代人的思維領域，爲解決現代人所面臨的種種生存困境提供新的視域。在對這一重要觀念進行反芻與開新的過程中，審慎地辨析古人在天人觀念上的得失至關重要，對於莊子哲學而言尤其如此。「天」是《莊子》思想中最爲重要的觀念之一，天人之辨也一直是莊學研究的重心。但《莊子》天人關係的研究一直都存在不少爭議，其實關鍵還在於如何詮釋莊子哲學中「天」的內涵以及「人」的地位問題。本節將主要解決三個問題：一是天之內涵的重新闡釋；二是無爲觀念與「天」以及自然觀念之間的關係；三是重新認識天人合一問題。

一、天義新釋

「天」是中國哲學史上最複雜的觀念之一，也是古代哲學家均要探討的重要話題。對此，學界提出了很多觀點〔註108〕。在先秦諸子中，莊子對天的探討無疑是最爲重要的一家。《莊子》中出現最多的一個哲學觀念就是「天」，據統計，莊子使用「天」字多達六百五十五次〔註109〕。《莊子》中天實有四層內涵。

〔註108〕馮友蘭先生曾指出天的五種含義，詳見《中國哲學史》，第 35 頁。張岱年先生認爲，上古時代所謂天，本有兩重意義，一指有人格的上帝，一指與地相對的天空。莊子所說的天指包括地在內的自然世界，可稱爲自然之天。參見《中國古典哲學概念範疇要論》，《張岱年全集》第四卷，第 472、474 頁。湯一介先生認爲，「天」有多種涵義，歸納起來至少有三種涵義：（1）主宰之天（有人格神義）；（2）自然之天（有自然界義）；（3）義理之天（有超越性義、道德義）。參見《論天人合一》，《中國哲學史》2005 年第 2 期。

〔註109〕朱哲：《先秦道家哲學研究》，第 97 頁。

（一）形而下之天

天的第一層涵義是指物理之天，或謂實在之天，通常與「地」相對言，如「天無不覆，地無不載」（《德充符》）。也有單獨使用而指物理之天的，如「垂天之雲」，「絕雲氣，負青天」（《逍遙遊》）。這裏的「天」實乃可感之天。從這一層「天」的外延來看，姑且將之看做是狹義上的實體之天。

天的第二層涵義是在第一層涵義基礎上的延展，包括與「物理之天」相對應的「地」以及天地之間的萬物（人除外）。概言之，即天地萬物，總名之為「天」，或謂之廣義上的實體之天。《莊子》中常常將「天地」、「萬物」並舉，共同表達「天」的這層內涵。可莊子行文常常是洸洋自恣、縱橫捭闔，不為任何成規俗矩所限，故有時「天地」之「天」又離析出「日月星辰」，如「吾以天地為棺槨，以日月為連璧，星辰為珠璣，萬物為齎送」（《列禦寇》）。有時「天地」似乎又是高於萬物之存在，如「天地者，萬物之父母也」（《達生》）。有時「天地」似乎又是籠括了萬物在內，言「天地」則實包括了萬物，如「日出而作，日入而息，逍遙於天地之間，而心意自得」（《讓王》）。其實這些都不妨礙莊子這一層天的主旨，即天地萬物均為實體性的存在，合稱為「天」。這層含義的天既然是指實存的天地萬物，那麼它就可以稱為一「物」，不過是一「大物」，即萬物的集合。這裏「天」與「人」的關係建基於前文探討過的「物」、「我」（人）關係之上。換言之，天地萬物之總名「天」與「人」之關係是「物」與「我」（人）之關係的邏輯提升。由「物」與「我」（人）之關係上陞到「天」與「人」關係正是莊子哲學的內在理路。

天的第三層含義實源於前兩層含義。既然天地萬物是獨立自存的實然性存在，那麼它們是一種什麼樣的存在狀態？天地萬物有其自身之「然」與「可」，其自生自化、不斷地湧現、延續生命的狀態與過程，在莊子看來就是「天」。這裏的「天」是一個描述天地萬物自身存續狀態的觀念，那麼我們能不能將描述天地萬物自身存續狀態之「天」詮釋為「天然」與「自然」（現代漢語意義上的自然，或謂自然而然[註110]）呢？考慮到郭象《莊子注》正是以「天然」詮釋「天」，並進而詮釋「自然」，因此我們必須嚴格限定用來詮釋莊子之「天」的「天然」、「自然」之內涵。將這裏的「天」詮釋為「天然」是與將「人」詮釋為「人為」相對應的。將「天」詮釋為「天然」僅僅在與

〔註110〕劉笑敢先生認為天的第二個意義即自然而然，就是今日所說之天然。參見《莊子哲學及其演變》（修訂版），第 126 頁。

「人爲」相對應的意義上來使用。這裏的「天然」與現代漢語詞彙「自然」相通，故在這個意義上我們又可以將「天」詮釋爲「自然」，但注意這不是老莊、郭象之「自然」。

與人（人爲）相對立之「天」的存在狀態在《莊子》中很常見，如《秋水》篇曰：

> 曰：「何謂天？何謂人？」北海若曰：「牛馬四足，是謂天；落馬首，穿牛鼻，是謂人。故曰：『无以人滅天，无以故滅命，无以得殉名。謹守而勿失，是謂反其眞。』」

這是莊子天人之辨的重要材料。牛馬四足的存在狀態是一種純粹本性顯現，這與《馬蹄》篇中提出的馬之眞性完全一致，「天」就是事物自身狀態的眞實呈現，就是事物的原初性狀。「落馬首，穿牛鼻」是人的行爲，馬頭上本來並無彎頭，牛鼻上也並無繩索，但是人爲地給馬裝上彎頭、給牛穿上繩索後，馬、牛已經不是原來的馬、牛了。因爲牛馬因爲人的行爲而改變了其本眞之性，其生命從此亦不是其自身的生命了。人爲破壞了事物的本性，事物也就不再是天然的。

「天」的這一層含義在《莊子》中出現極多，並且因爲「天」的這層含義實際上是表示描述性的，因此又多作形容詞，與其他名詞構成短語，如「天池」、「天性」等等。在這些名詞裏，「天」的意蘊暗示了其後所接名詞的存在狀態是純天然的，非人爲的。

不管是「人爲」還是「天然」，這兩種存在狀態都是建立在一種物、我對象性觀照的基礎上。換言之，從天人對立出發來探討天人合一是莊子闡述「天人合一」思想的一個進路與方式。因此我們又可以說，「莊子的天人合一是以天人對立爲前提的」〔註111〕。但莊子的「天人合一」最終卻是要取消「天人對立」。而那種認爲莊子的「天人合一」就是要徹底取消「人爲」而崇向天地萬物的存在狀態之「天」（「天然」）的觀點——儘管我認爲莊子哲學走向安命論後有遁入這種境地的嫌疑，但在走向天人合一的過程中人的自覺精神是不可忽視的——也就必然遵循荀子的批判，認爲莊子的天人合一取消了人的獨立性。進而言之，這種觀點主張的「天人合一」始終都是兩個對象化的實體之間的「合一」，以一方放棄與順從爲前提，即人要效法「天」的存在狀態，完全放棄人的自覺精神與行動，與天地萬物同歸於化。如果這就是莊子天人

〔註111〕劉笑敢：《莊子哲學及其演變》（修訂版），第130頁。

合一思想的意蘊，那麼我們很難發現其積極意義，我們也很難看出其中的人文意蘊與關懷，因爲在這種情境中，人最終淪落爲與天地萬物一樣本能性地存在。這種觀點通常只看到莊子之天的根源性自然內涵，卻忽視了人之自覺性自然的內涵。而實際上恰恰相反，眞正的「天人合一」是以人自覺超越物我對待（天人對立）爲前提的，莊子積極批判了人「役物」與「役於物」的存在方式，而主張人自覺地超越物我對待，尋求精神上的「天人合一」。通常的理解都被莊子的論說方式所迷惑，拘泥於莊子論述「天人合一」的言說方式與進路，卻沒能領會這種言說方式背後的眞正意蘊。

從《莊子》文本來看，我們必須承認莊子在使用描述天地萬物（總名之「天」）的存在狀態之「天」時似乎有意識地將之作爲一種理想的價值追求，如莊子說「無以人滅天」，即不要以人爲去損害天然。但我們更應該看到，莊子對「物」之本然狀態的崇尚與尊重，並不是在一種物我對立的場景中發生的，即物之本性根源於道，並且只能在人自覺超越物我對待而與物相融的境界才能眞正呈現。「天人對立」只是常規思維下物與人的生存狀態，人逐物、辨物最終「喪己於物」，結果人不能成其人，物也不能成其物，均背離了「道」。莊子旨在提醒我們認識到這種對立狀態的後果，即生存個體的獨立精神面臨喪失，因此他主張一種超越人爲與天然對立之上的境界與狀態。這種狀態是人與物的相融合一，也就是《莊子》中「天」的第四層內涵。

（二）以「天」代「道」

「天」的第四層涵義是指「道」，這是莊子對「天」的內涵所作的重要拓展，也是對「天」賦予的一層新意。《莊子》中常常「天」、「道」並稱，如：

> 道與之貌，天與之形，惡得不謂之人？（《德充符》）

這是莊子與惠施辯論「情」時提出的觀點。通常這句話被理解成「道」賦予了人相貌，而「天」則賦予了人形體。但形體相貌實屬同類，爲何由兩個不同的觀念來描述其來源？顯然，這裏的「天」並非與「道」相對立的一個觀念，並且也不能將「天」理解爲與「地」相對之「天」或萬物之總名「天」，因爲《莊子》中既有「官天地、府萬物」（《德充符》），也有「以天地爲爐」（《大宗師》），但卻沒有實體之天生成人之形體相貌的觀念。相反他認爲作爲形體之「人」與天地萬物同體，其本源一致，實質相同，皆爲「氣」。如他說的「遊乎天地之一氣」（《大宗師》），「通天下一氣耳」（《達生》），同爲「氣」則表明作爲「物」皆同，故有「物化」之說。事實上，「道與之貌，天與之形」兩句

互文，「天」與「道」的意蘊完全相同〔註112〕，故人之形體相貌均根源於「道」。
這與道乃天地萬物等一切生命存在之本根的觀念一致。

再如：

> 天地雖大，其化均也；萬物雖多，其治一也；人卒雖眾，其主君
> 也。君原於德而成於天。……故通於天地者，德也；行於萬物者，道
> 也；上治人者，事也；能有所藝者，技也。技兼於事，事兼於義，義
> 兼於德，德兼於道，道兼於天。（《天地》）

其實天地萬物以及人均根源於「道」，融貫在當下生命中的便是「德」，
而莊子更借助了「天」這個觀念。這三個觀念的內涵實際上相通，不過具體
表現形式不同，側重點不一樣。具體而言，「道」強調根源性、本源性，「德」
強調生命的實現與呈顯，而「天」則偏重於物我相融的當下狀態與境界。所
以這一段中「道」、「德」、「天」三個觀念看似層次不同，但並無眞正意義上
的等級秩序之分。不過莊子更多的是以「天」來說「道」。

> 是遁天倍情，忘其所受，古者謂之遁天之刑。（《養生主》）

這裏的「天」無疑就是指「道」，而這裏的「情」實指本源於「道」的「德」，
亦即「性」。本來天地萬物等一切存在者都本源於道，「物」在大道之中不斷
生息衍育，所謂「萬物云云，各復其根」（《在宥》）。作爲有意識的生命體「人」
如果不能持守此「根」，則是違背了生命中的本眞之性，也就是乖離生生不息
之道，忘記當下鮮活生命的來源，故謂之「遁天之刑」。

爲何莊子要以「天」來詮釋「道」呢？其實「以天代道」與「道在物」
的思想一致，即將形而上之「道」化入形而下之「物」中來，簡言之，道的
形而下化。道的形而下化是老子之後道家一直努力的方向，而問題正是從老
子那裏生發出來的，即形而上之道如何與現實人生、治道等層面關聯。「道」
在老子那裏極爲玄虛深遠，無形無象，無朕無跡，不可憑藉感官去把握，也
不可依靠知識去理解，生生不息，永不匱竭。這樣一種形而上之道顯然很難
爲常人所理解與接受。於是老子設定了「道」具體化爲萬物之中的「德」，即
「失道而后德」。如果這裏的「德」不是「道德」內涵的話，那麼這裏的「失」
就不能理解爲喪失，而應該理解爲本源於「道」而內在於「物」的本性。「德」

〔註112〕陳引馳認爲，《莊子》文本中，「道」、「天」有時就是相關聯而溝通的。《德充
符》：「道與之貌，天與之形」，「形」、「貌」同一，「道」、「天」相通。參見《〈莊
子〉「天」「性」脈絡與美的生成》，《學術月刊》1994 年第 8 期。

是「道」在當下生命存在中的呈現與延續。老子說：「含德之厚，比於赤子。」（第 55 章）我們可能並不知道什麼是「道」，也不知道如何去體會這個「道」，但當「道」轉化爲「德」而灌注到現實經驗層面的生命（如赤子、嬰兒）中時，我們立刻能夠通過現實生命的存在來感受大道之淳厚與綿延。當然僅僅如此還是很不夠的，因爲老子使用「玄德」一詞來表明「德」的玄妙，如「常知稽式，是謂『玄德』。『玄德』深矣，遠矣，與物反矣，然後乃至大順。」（第 65 章）「德」仍然是難以感知的神秘玄妙之在。老子之後，道和萬物之間的關係到莊子和稷下道家才提出氣化論以爲中介〔註 113〕。

莊子的「以天代道」是「道」的形而下化過程中重要的一環〔註 114〕。如何使「道」既作爲宇宙萬物等一切生命之終極本源，同時又能呈現在當下生命之中呢？「道物之辨」是莊子對這個問題的一個嘗試，也是自然觀上的一次革新。而他主要還是借助了「天」這一觀念。莊子旨在將玄而又玄、眾妙之門的終極本源之道徹底轉入當下鮮活的生命存在之中，然後通過當下生命的不斷湧現、延續來彰顯道的現時意義。事實上，莊子的嘗試很成功。「天」作爲一種有形之實體性存在既蘊含了形而上的意蘊，也有親近可感的、形而下的意味。所謂蘊含了形而上的意味，指的是「天」這個觀念首先意指物理之天，蘊含著高遠、空曠、超越的特徵。「天無不覆」表明「天」具有某種超越性，老子與莊子均使用過的「天下」這個觀念就清楚地借用了這層含義，即借助可感之「天」與一個方位詞「下」來表達一個虛指的觀念，涵蓋有形之「天」下面的大地以及萬物群生。在古人看來，天是遙不可及的、高遠的存在，周人常以「天」爲最高的主宰，相當於殷人的「帝」的觀念。「天」始終有一種神秘性與超越性，而這一點正契合於「道」。所謂「形而下的意味」指的是「天」畢竟又是一種感性存在，可以爲人的感官直接所把握，擡頭即見天。莊子正是利用了「天」的這個二重性達到了「以天代道」卻又保存了「道」之形而上意蘊的目的。

〔註 113〕陳鼓應：《管子四篇詮釋：稷下道家代表作解析》，北京：商務印書館 2006年，第 91～92 頁。

〔註 114〕其實除了「以天代道」這個最重要轉變外，《莊子》中「道」的形而下化還表現在「道」、「物」關係以及「道」「理」關係上。日本學者池田知久較早關注早期道家「道」的形而下化，曾對《莊子》中的「道」「物」關係、「道」、「理」關係進行過深入地分析，提出了很多新穎獨到的觀點。參見《自然的思想》，《中國觀念史》，第 65～66 頁。

　　那麼莊子的「以天代道」會不會削弱「道」自身的形而上意蘊呢？有學者曾指出，早期道家中「道」的形而下化喪失了「道」作爲存在論層面的根源、本體意義〔註115〕。我認爲《莊子》中的實際情形並非如此。首先我們要明白老莊道論的一個重要區別〔註116〕：《老子》之「道」偏重闡發作爲一切生命存在的終極本根意義，強調這個本根的實在性與根源性以及如何生成了天地萬物等一切存在者；而《莊子》之道則強調「道」作爲本體在當下存在者中呈顯，注重爲道所生的一切生存個體的現時生存境遇。本體之道與「物」的論說方式存在極大的區別，故莊子對之多半存而不論，不是不想論或不須論，而是根本不可以「名」知，不可以「言」論。所謂「已而不知其然謂之道」（《齊物論》），表明天地萬物生死、成毀變化不已，人無法知其「然」而當下即是「道」之所「然」，此「然」即是一切生存個體當下的處境與狀態。莊子明確區分了「道」與「物」的關係，將「言」限制在「物」上，將「道」置於言說不能及的領域。在《知北遊》中，莊子借「知」——這個名字本身所蘊含的意思就足以表明認知者的知性立場——這個人物表達了追問道的荒謬性，這更反襯出「道」的形而上之玄妙性。因此，我們並不能得出「道」在《莊子》中的形而下化導致其作爲生存論層面的形而上之道的地位之喪失。如果說《老子》探討「道」是如何一步步生育天地萬物的思想帶有濃厚的宇宙生成論色彩、比較接近一種知性的形而上學的話，那麼《莊子》主要不再關注「道」的宇宙生成論思想，而是將「道」轉入當下存在者之中，進而以實存之「天」來通「道」，即以「天」的存在狀態來彰顯形而上之「道」，開拓了一種境界型形而上學。「道」的形而下化恰恰是以拋棄知性形而上學爲前提，而留出了一片純粹超越的不可言說之「無」的領域，這種領域只有在天人合一、物我冥合的狀態下才能眞正體悟到。這種狀態也就是莊子「天」的境界。

　　至此我們可以得知，莊子之「天」不僅指天地萬物的實性存在，而且也指它們的存在狀態，即天然。而莊子「以天代道」則賦予了「天」更深厚的

〔註115〕池田知久：《自然的思想》，載《中國觀念史》，第65～66頁。
〔註116〕牟宗三先生認爲，老子常採取分解的講法，而莊子則常常採取描述的講法。描述的講法隨詭辭爲用，化體用而爲一，其詭辭爲用，亦非平說，而乃表現。描述的講法，無形式的邏輯關係，亦無概念的辯解理路。參見《才性與玄理》，第150～151頁。其實，在老莊表達方式不同的背後，正是老莊對「道」的處理方式不同。

意蘊，這裏的「天」既含有本根之「道」的終極根源意義，又含有本根之道的當下存在狀態、境界意義。很顯然，天的這一層內涵不同於第三層內涵所指的「天然」，即不是在天人對立基礎上對「天」之存在狀態的客觀描述。這裏的「天」是指「天地與我並生、萬物與我爲一」的「天人合一」狀態〔註117〕，是一切存在者的不斷呈現與延續，亦即本根之道的現時存續狀態。這裏的「天」是超越了天然與人爲對立的境界，在此境界在中，天地萬物與人等一切生命都自成自化，處在一個自然的過程與狀態，本體之「道」就在當下生命之中流轉不息。

（三）「天」即「自然」

行文至此，我們都還沒有眞正探討《莊子》中天地萬物是如何與人共成爲「天」（「道」的境界）狀態的，也沒有完全探討「物」（「天」，指天地萬物的總名）何以能「自然」且是「自然」的，更遑論這種狀態又如何爲莊子所推崇並成爲一種價值觀念。後一問題很可能在一些人那裏不但不成問題，而且還很有可能會遭到常識性的嘲諷。但如果考慮到這個「自然」並非我們現代自然科學話語中的自然界的存在狀態之「自然」（天然），或純粹對象化事物的本然存在狀態，那麼我們的這種追問就十分必要。通過對老子自然觀念的研究，我們已經知道「自然」作爲一種價值或原則根源於道，道法自然表明道本非實體之物，道以物爲體，在物之中呈現，「自然」就是「道」存在的過程與狀態，體現爲天地萬物等一切存在者自身本性之呈現。正如我們前文所述，天地萬物並不能追問自身，不能稱謂「自己」，也沒有「自己」。萬物的自己及其「本性」毫無疑問是我們以「名」標識出來的，但我們能否依靠這種「名」來認知物之本性呢？莊子顯然予以否認，因爲這種認知方式並不能讓物之本性眞實呈現，換言之，物之本性犧牲在我們的「言」之中。而人在把物當作一個對象化的工具或材料使用而稱之「天然的」，與現代意義上稱呼海嘯或地震是「自然的」、「天然的」並無不同。因此必須再次強調，這裏用來詮釋莊子之「天」（指「以天代道」意義上的「天」）的「自然」根本不是這種純粹描述性的詞語，即不是一個現代自然科學領域對已經客觀存在著

〔註117〕錢穆先生曾認爲，在莊子那裏，並無高出於人生界以上之所謂天之一境。「莊周特推擴人生而漫及於宇宙萬物，再統括此宇宙萬物，認爲是混通一體，而合言之曰天。」「莊周書中之所謂天，其實乃通指此宇宙一切物而言。」參見《莊老通辨》，第118、122頁。

的自然物存在狀態的描述性詞語。被詮釋爲「自然」的「天」（指「以天代道」
意義上的「天」）也不是一種對與人相對立的天地萬物及其存在狀態進行描述
的詞彙。儘管《莊子》之「天」有此內涵，且莊子常將「天」（天地萬物）與
「人」分開探討，從而給人以天人相分的印象，但這確實是莊子要論述「天
人合一」所必須採用的論說方式，否則無法形成共通的理解基礎〔註118〕，也
無法表達其天人合一的眞正意蘊。因此，《養生主》中的「依乎天理」、「因其
固然」這些語句形式上表達了主體庖丁對物之自然（本性）的尊重，客觀上
也達到了這種效果，即遵循了牛自身的肌體組織結構，「刀刃若新發於硎」。
然而眞正要強調的卻是這樣一種佳境：「未見全牛」，「以神遇而不以目視」，「遊
刃有餘」，人、刀、牛合一。由此可見，莊子沒有將天地萬物的存在狀態（天
然）作爲一種外在的價值或原則來推崇或鼓勵人去效法，以此來追求所謂的
天人合一。這種「天人合一」終歸是兩個獨立實體的捆綁性合一，是「勞神
明爲一」，即費心追求這種「一」卻不是眞正的「一」。那麼莊子之「天」（道）
究竟包含何種意蘊？只有當主體「我」開始關注自身命運、思考自身當下的
生存處境並且意識到此種存在本源於道同時又在不斷地傳承與延續著「道」
時，「我」（人）才眞正找回「我自己」，即與「我」親切共在的一切存在者及
其生存境遇，這是一個「物」、「我」相即相融之域。天地萬物因「我」（人）
的親近與觀照而眞正呈現其自身，或謂天地萬物本然地就是「我」（人）的生
命構成，是「我」（人）必然的生存境遇。「物」、「我」共同棲息的世界因「我」
（人）的這層追問與反思而彰顯其存在的意義。在這個世界裏，天地萬物不
再是一個冷冰冰的客觀存在物〔註119〕，而是與我相遇於「道」。「天」（天地萬

〔註118〕伽達默爾在《眞理與方法》一書中借用了維柯的「共通感」概念，伽氏認爲，
　　　　共通感在這裏顯然不僅是指那種存在於一切之中的普遍能力，而且它同時是
　　　　指那種導致共同性的感覺。維柯認爲，那種給予人的意志以其方向的東西不
　　　　是理性的抽象普遍性，而是一個集團、一個民族、一個國家或整個人類的共
　　　　同性的具體普遍性。參見《眞理與方法》，上海：上海譯文出版社 1999 年，
　　　　第 25 頁。本文在這裏借用「共通」這一觀念旨在強調人們通常共同擁有的基
　　　　本理解能力是能夠直觀具體的「天」與「人」的對立形態，而不是體悟超乎
　　　　經驗的、抽象的、形而上的「天人合一」狀態。
〔註119〕蒙培元認爲，中國哲學不只是講生命存在，而且還講生命存在的意義與價值。
　　　　從宇宙論上說，人的生命價值來源於自然界的生命創造。所謂自然界的「內
　　　　在價值」決不是外在於人的，而是與人的生命息息相關的。人與自然界的關
　　　　係是內在的而不是外在的。參見《人與自然：中國哲學生態觀》，第 5 頁。

物）的存在狀態（「天然」）不再是與人爲相對而立的狀態，「物」之本性與「我」（人）融和於現時的活動之中，天地萬物自身本眞之性（本然、本可）向「我」（人）敞開。在此一過程或狀態中，物之自然得以眞實呈現，而「眞我」的精神亦得以超越物我的對待而契合於道，領悟到這種眞性的徹底呈顯。總之，「物」、「我」共同涵泳於道之中，這就是莊子之「天」，亦即「自然」。「天」的這層內涵呈現出的價值意蘊，表明了人對天地萬物自身存在狀態、生存方式的尊重與關懷，更是出於對自我存在的關切。但這種關切不是一種對象性的認識與考察，而是一個天人共處、相融的場域〔註120〕。莊子以「天」代「道」之「天」實際上是天人融合的自然境界。

綜上所述，天地萬物自身湧現、存續的過程與狀態就是道之自然過程，道即寓居於此。在《莊子》中，「天」的存在狀態就是天地萬物等一切生命本性的呈現與延續，也是人之自然與物之自然交融而達至於「道」的境界。

二、無爲與天

在《莊子》中，以「天」代「道」意味著「天」有天地萬物等一切存在之本根本源的意涵，而「天」又作爲涵蓋天地萬物的實體性存在，其自身的存在狀態所體現出來的就是非人爲的、人力所不能及的意蘊，即「天然」這一層內涵。「天」的第二層、第三層內涵都是與「人」相對言的，即與作爲存在者的「人」及其行爲方式的「人爲」相對應。但莊子的最終目的是達到「天人合一」，而其言說方式則是從「天人對立」開始的，要達到「天人合一」之境界，就必須破除天人對立，消解天然與人爲的對立。而「無爲」正是《莊子》實現這個轉型過程而提出來的一個重要觀念。

從「無爲」這個詞本身來看，老莊是相同的，即無爲並非毫無作爲。但

〔註120〕牟宗三先生說，「自然」是繫屬於主觀之境界，不是落在客觀之事物上。若是落在客觀之事物（對象）上，正好皆是有待之他然，而無一是自然。故莊子之「自然」（老子亦在內），是境界，非今之所謂自然或自然主義也。今之自然界內之物事或自然主義所說者，皆是他然者，無一是自然。老莊之自然皆眞是「自己而然」者，故以「圓滿具足」定之。此是聖人、至人之境界。參見《才性與玄理》，第154頁。牟先生的這一段話發人深省，雖然我並不贊同他將「自然」與所謂的「他然」並提，但將「自然」定位爲「主觀之境界」在一定程度上區分了自然科學與人文科學在「自然」觀上的差異，也暗示了老莊之自然實有人之精神自覺的內涵。

老莊之無爲又有不同，老子之無爲以節制、規範爲中心，強調社會之治理，偏重事功；莊子之無爲以無待、放任爲中心，強調個體精神之超越，偏重境界。

（一）「無爲爲之之謂天」

《老子》曰：「無爲而無不爲。」《莊子》顯然承襲了《老子》的這一觀念，不僅多次直接引用了《老子》的「無爲而無不爲」〔註121〕，而且也闡釋了「道」以無爲方式存在的思想。《大宗師》曰：「夫道有情有信，无爲无形。」道作爲天地萬物的本根確實存在，但「道」本無形，其存在方式是「無爲」，故無形無跡。也即是說，道雖生育了天地萬物，但這個生育的過程實無跡可尋。然而莊子畢竟多言「天」，而少言「道」，因此，他將無爲作爲一個重要的觀念來詮釋「天」。

> 无爲爲之之謂天，无爲言之之謂德。（《天地》）

「天」在這裏正是「道」的內涵，但正如前文所說，「天」這個觀念偏向於物我冥合的境界與狀態，因此「無爲」就成了通達此狀態或境界的必要方式。這裏的「爲」（行）與「言」都是無心之行、無心之言，因此能體會「道」與「德」。其實在《則陽》篇，莊子主張「言」、「默」均不足以達「道」，但完全不言、不行更不可能達「道」，所以唯一的辦法就是不要有意識地「言」、「行」，即所言所行不將「我」與「物」置於一個對待的場景，莊子這種特殊的言說方式就是「卮言」。只有這種完全沒有成心之「言」才能保證內心虛靜恬淡，不執著於「言」，亦不執著於「言」所及之「物」，從而真正通達「道」的境界，領會「德」的暢通流行。進而言之，「無爲」則是萬物本性得以顯現的方式，只有無爲才能彰顯本眞的存在。其實無論是《老子》還是《莊子》，之所以將「無爲」作爲萬物以及人的生存方式，是因爲「無爲」原本就是作爲天地萬物本根的「道」的存在方式，而「道」的無爲存在方式就體現在天地萬物的本性呈現之中。總之，無爲就是「天」（道）的本眞存在方式，同時一切生存個體也只有通過無爲的方式才能達到本眞之道，進入「天」的境界。

〔註121〕「無爲而無不爲」在《莊子》中出現了三次，分別是：「爲道者日損，損之又損，以至於无爲。无爲而无不爲也。」（《知北遊》）「此四六者不蕩胸中則正，正則靜，靜則明，明則虛，虛則无爲而无不爲也。」（《庚桑楚》）「萬物殊理，道不私，故无名。无名故无爲，无爲而无不爲。」（《則陽》）另有「天地无爲也而无不爲也」（《至樂》）。

（二）無爲的意蘊

關於「無爲」的眞實意蘊，《莊子》中的無爲作爲人生存在世的方式，也包括了作爲與不作爲兩個方面的內涵。但與老子相比，莊子更強調「無所作爲」、「無所事事」的維度，並且他看到任何的「爲」都有可能偏離「道」，故只有放棄作爲才是最好的方式。

首先我們先看其無所作爲的內涵。莊子之所以極力主張放棄作爲，主要是面臨如何保全身心性命的問題。莊子之所以放棄「王巾笥而藏之廟堂之上」，而選擇「寧生而曳尾塗中」（《秋水》），足以表明當時社會面臨的生存困境。只有做到無爲的生存方式，在「用與無用」、「才與不才」之間作出正確的選擇，才能苟活於世。這裏的無爲主要內涵是「無所作爲」或謂「不作爲」。如果積極追求有爲，彰顯其能，則不能存活於世。

> 子獨不見狸狌乎？卑身而伏，以候敖者；東西跳梁，不辟高下；中於機辟，死於罔罟。今夫斄牛，其大若垂天之雲。此能爲大矣，而不能執鼠。今子有大樹，患其无用，何不樹之於无何有之鄉，廣莫之野，彷徨乎无爲其側，逍遙乎寢臥其下。不夭斤斧，物无害者，无所可用，安所困苦哉！（《逍遙遊》）

> 且昔者桀殺關龍逢，紂殺王子比干，是皆修其身以下傴拊人之民，以下拂其上者也，故其君因其修以擠之。是好名者也。（《人間世》）

> 汝不知夫螳蜋乎？怒其臂以當車轍，不知其不勝任也，是其才之美者也。戒之，慎之！積伐而美者以犯之，幾矣！（《人間世》）

自逞其能，積極有爲，就像狸狌一樣，結果難免喪命；修身積德追求名聲，則難免和關龍逢、比干一樣遭殺戮；不自量力，螳臂當車，則虀粉殘身。在莊子看來，積極彰顯自身的「才」、「用」最終都導致生命的毀滅，因爲這種「才」、「用」不是人之本性的呈現，而是「知」與「名」包裝下的產物，故要生存下來就要學會無爲的生活方式。《逍遙遊》一篇最終以無用大樹得以全身之喻結尾，莊子幻想著「彷徨乎無爲其側，逍遙乎寢臥其下」而最終得以保全性命，寄意大樹，實寓諸己。實際上，逍遙遊就是人以無爲的方式所實現的一種精神境界〔註122〕。

由上可知，就個體的生存而言，莊子的無爲意味著一種消極的不作爲生

〔註122〕不少學者都指出《逍遙遊》的主旨是無爲，如鄭開：《道家形而上學研究》，第 230 頁。張松輝：《〈逍遙遊〉的主旨是無爲》，《齊魯學刊》1999 年第 1 期。

活方式，這種思想的根源在一定程度上可以歸結為亂世。在一個人心叵叵可危、爾虞我詐、朝不保夕的世道中，稍有不慎就有可能身死命喪，若要苟全性命，就必須無所作為，只有這樣才有可能勉強存活下來。但即便如此也難免遭遇不測：

> 莊子行於山中，見大木，枝葉盛茂，伐木者止其旁而不取也。問其故，曰：「无所可用。」莊子曰：「此木以不材得終其天年。」夫子出於山，舍於故人之家。故人喜，命豎子殺雁而烹之。豎子請曰：「其一能鳴，其一不能鳴，請奚殺？」主人曰：「殺不能鳴者。」明日，弟子問於莊子曰：「昨日山中之木，以不材得終其天年；今主人之雁，以不材死。先生將何處？」莊子笑曰：「周將處乎材與不材之間。材與不材之間，似之而非也，故未免乎累。若夫乘道德而浮游則不然，无譽无訾，一龍一蛇，與時俱化，而无肯專為。一上一下，以和為量，浮游乎萬物之祖；物物而不物於物，則胡可得而累邪！此神農、黃帝之法則也。若夫萬物之情，人倫之傳則不然。合則離，成則毀，廉則挫，尊則議，有為則虧，賢則謀，不肖則欺，胡可得而必乎哉！悲夫！弟子志之，其唯道德之鄉乎！」（《山木》）

在這裏，莊子陷入了用與無用、材與不材之選擇的兩難困境，這種兩難困境也表明當時社會秩序的極度混亂，生存個體喪失了立錐之地。原本莊子認為只要無用、不才就可以保身存命，但現在看來也難免喪命。因為在「材與不材之間」，看似無為而實際上還是「有為」，即有固定之形態，有所拘執。無奈之下，他只有徹底地「無為」，那就是「乘道德而浮游」，「浮游乎萬物之祖」，「物物而不物於物」。其實這不過又是一番「無端崖之辭」，但細揣莊子之意，則似要忘卻形體而融入大道，使人的精神達到「道德」的狀態。若如道德狀態，則超越物我之分辨，無常態或謂根本無態，一龍一蛇，與時俱化，千變萬化而不拘泥於具體的某一形態，即「無肯專為」，只有這樣才能避免任何的傷害。這種思想與老子的「及吾無身，吾有何患」頗相關聯。進一步來看，莊子實際上已經表達了「無為」的另一層內涵，即放棄任何積極的作為同時，也要對外物的「因、順、乘、遊以及不得已之動」，也就是《莊子》無為觀念中的「作為」內涵。

其實完全不作為固然有其存在的理由，但人畢竟無法真正脫離現實世界，所謂「無所逃於天地之間」。因此人終究還得有所作為，至少在如何與物

相處這個問題上必須有所抉擇。無爲作爲天地萬物生存方式，要達到的目標或狀態就是物我共存，天地一體、天人合一。在這個問題上，莊子提出了「因」、「順」、「乘」、「遊」等觀念。「因」就是「任」，也就是「順」，所因任的是物、我當下的本然的狀態。而「乘」、「遊」則意味著人的精神超越了物、我對待的狀態。其實這些觀念基本意涵都是相通的，均表示一種對物、我本然之性的尊重與持守。下面我們以「因」的觀念爲例來分析莊子無爲觀念中的「爲」的內涵：

> 彼出於是，是亦因彼。彼是方生之説也。雖然，方生方死，方死方生；方可方不可，方不可方可；因是因非，因非因是。是以聖人不由而照之於天，亦因是也。（《齊物論》）

是非彼此都是互相對待而成，對待雙方都必須承認對方的存在才能共存，這一段通常被作爲莊子的認識論思想加以探討。實際上這裏更深層的涵義還在於，莊子對天地萬物等一切生命形態生存方式的關注。不僅僅「是」與「非」、「生」與「死」等觀念是相因而成，所有這些觀念的產生均是「物」、「我」相因而成。因此要徹底摒棄是非、生死等觀念的對待，必須要從根源上決斷，即「因」「物」、「我」之本性而不言、不行。這就是「照之於天」，也就是「以道觀之」。要達到的最終目的就是「道通爲一」，也就是「物」、「我」本性共存的「天」的存在狀態。這裏的「因」不能以主客對立的方式來理解，即「我」因順「物」，而應理解爲超越物我對待的精神之「我」因順「物」、「我」各自本性呈現的狀態。這種「因」、「順」實與「遊心」的境界相同。

（三）無爲而治

莊子的無爲觀念顯然出於對現實政治的批判與反省。在《老子》哲學的基礎上，莊子進一步深化了無爲而治的思想。

> 古之畜天下者，无欲而天下足，无爲而萬物化，淵静而百姓定。（《天地》）

> 夫帝王之德，以天地爲宗，以道德爲主，以无爲爲常。无爲也，則用天下而有餘；有爲也，則爲天下用而不足。故古之人貴夫无爲也。上无爲也，下亦无爲也，是下與上同德。下與上同德則不臣。下有爲也，上亦有爲也，是上與下同道，上與下同道則不主。上必无爲而用天下，下必有爲爲天下用。此不易之道也。（《天道》）

現實社會之「治」，實質上是將人與外物對立，以人治物，這是一種典型的有

為而治。但古時聖人帝王之治理天下則是無為而天下治。因為「汝徒處無為，而物自化」，「無問其名，無窺其情，物固自生」（《在宥》）。天地萬物既然能自成自化，則人為完全是不必要的，只會阻礙物的自成自化。莊子提出的無為觀念實質上是否定對象化的作為，而任物之自成自化，人絲毫不去干涉。也正因為此，任何摻雜了人之意志的行為一旦對他物實施了作用，則被看做是人為，違背了萬物之自性與本性，故必須加以絕棄。任物之自性就是無為，《在宥》篇曰：「故君子不得已而臨蒞天下，莫若无為。无為也，而後安其性命之情。」在無為的基礎上，莊子進而提出了「至一」或「至德之世」的構想：

> 古之人，在混芒之中，與一世而得澹漠焉。當是時也，陰陽和靜，鬼神不擾，四時得節，萬物不傷，群生不夭，人雖有知，无所用之，此之謂至一。當是時也，莫之為而常自然。（《繕性》）

> 至德之世，不尚賢，不使能；上如標枝，民如野鹿；端正而不知以為義，相愛而不知以為仁，實而不知以為忠，當而不知以為信，蠢動而相使，不以為賜。是故行而無迹，事而無傳。（《天地》）

「至一」也就是「至德之世」。所謂的「混芒」與「澹漠」不過指人與物處在一種未開化出認識之域的狀態，或謂之「混沌」。人與物共處，天地萬物、陰陽鬼神都各安其性，各自而成、化，人之智力活動無所用之，因為人不需要作為，而天地萬物陰陽鬼神均自己而然。同樣，至德之世，人、物各秉其德，各安其性，各自而為，無需任何的「義、仁、忠、信、賜」等人為創設的道德規範、符號來標識，故萬物自為自化而無任何朕迹可循，實有各種狀態之發生而無事蹟可傳頌。這種狀態在莊子看來就是自然。

綜上所述，在《莊子》中，無為是天地萬物等一切生命的存在方式，也是通達「天」境界的方式。無為反對任何改變天地萬物的本然存在狀態的作為，強加人的意志於物上，而主張因順物、我的本性。和老子的無為觀念相比較，我們不妨看看朱熹的評價：「老子猶要做事在，莊子都不要做了，又卻說道他會做，只是不肯做。」〔註123〕朱子這一論斷是比較準確的，老子之無為確實包含一種作為，而莊子的無為無論是「不作為」內涵，還是「作為」內涵，都顯然帶有消極、無奈的意蘊。所謂的「順」、「因」、「乘」以及「不

〔註123〕朱熹：《朱子語類》卷125，北京：中華書局1986年，第2989頁。

得已」，甚至對一切人為無法改變的因素（命）的無奈認可都包含了幾分沮喪與悲觀，因此我們可以說，莊子追求積極的精神自覺與自由，但卻放棄任何現實中的積極作為，故「天」只是純粹精神的自然境界。

三、「人與天一也」

通過上文對《莊子》「天」之含義的辨析，我們重點論述了《莊子》的「以天代道」的內涵。在這個基礎上，我們最後來分析一下莊子的「天人合一」思想。

第一，認知域的天人合一。《大宗師》開篇即曰：

> 知天之所為，知人之所為者，至矣！知天之所為者，天而生也；知人之所為者，以其知之所知以養其知之所不知，終其天年而不中道夭者，是知之盛也。雖然，有患：夫知有所待而後當，其所待者特未定也。庸詎知吾所謂天之非人乎？所謂人之非天乎？且有真人而後有真知。

按照通常的理解，這裏的「天」、「人」應該是指相互對立的實體性存在，即「天」指的是天地萬物，人指的是與之相對的、有意識的人。能夠區分這兩者並進而分別認識兩者之所為，也就是在兩者之間劃界，那麼就達到了「知識」的極致了。這是通常知性認知方式，建立在主客二分基礎上。知道「天」、「人」之所為，就是區分天生、天然與人為創設。如果安於這種界線而不跨越，即不依靠人的智力去獲取人所不知的事物，那麼人就能夠安享天年而不中道夭折。這種觀點可與《養生主》開篇提出的「吾生也有涯，而知也无涯。以有涯隨无涯，殆已」相印證。知識永遠沒有窮盡，知性認知方式永遠無法設置一個盡頭。所以能安於不知就是知之盛。但問題在於「知」總是人對外物的認識，即主客對待之中才能形成所謂的「知」，而外物本身並非固定不變，認知主體（人）也處在不斷變化之中，因此，要想獲得一種穩定之知實在不太可能，要想去認識（辨別）天、人之間界線也實非易事。這就是知性認知方式本身的局限。由此，莊子對「天」、「人」之分辨產生了疑問：庸詎知吾所謂天之非人乎？所謂人之非天乎？如何理解莊子的這個反問呢？其實莊子正在通過懷疑知性認知方式來重新設置一個超越「天」、「人」對立的具有新內涵之「天」，亦即上文論述的「天」的第四層內涵。顯然莊子在這裏重新設定的「天」不是處在人的對立面的所謂「天然的」（現代漢語意義上的天然，

或曰自然）事物，而指物我相融相即、共處在同一個場域中的境界「天」。這個「天」不是「我」（人）的認識對象，而是容納了「我」（人）的一切當下生命的顯現。原來「天人對立」之中的「天」（物）不再是一個冷冰冰的所謂「客觀物」，而是與「我」息息相關的、擁有自身生命並且能夠展現自己生命形態與當下處境的存在者。它向「我」（人）昭示它的生命，完全顯現自身，與「我」（人）相遇於現時生命活動之中。在這個場域中，一切都不可言說不可思慮，豈有天人之分？這就是莊子真正推崇的「天」的境界，也就是天人合一的境界。

這種境界是通過消解「言」的方式來達到的，即摒棄主客對待的言說方式，而「以道觀之」，最終「道通為一」。莊子認為只有真人能超乎物我的對象性言說視域，超乎常人的知性認識方式，無主客之分，亦無任何對待，故對任何主客二分視域中的儒墨紛爭常常化之以「天」。在《齊物論》中莊子則借聖人來消解這種知性認識方式：

> 是以聖人不由，而照之於天，亦因是也。

蔣錫昌曰：「『天』即自然。此言聖人不由『彼』、『是』之途，而唯明之自然，亦可謂因自然而是也。」〔註124〕其實這裏的「天」是指「道」，照之於「道」也就是「道樞」，樞處其環中，以應無窮而不執其一端，故是非都不是人為創設的是非，而是天地萬物的本然是非，這種是非之分際就是天倪。這裏獲得的「知」不是一種對象化的知識，而是人與天地萬物（天）共同處在一種彰顯自身本真之性的場域，這是一種人與天地萬物無遮無礙的澄明境界，亦即是天人合一的境界。

第二，生命存在境遇的天人合一。人首先作為「物」而存在。

> 中國有人焉，非陰非陽，處於天地之間，直且為人，將反於宗。

> 自本觀之，生者，喑醷物也。雖有壽夭，相去幾何？須臾之說也。

（《知北遊》）

從本源來看，人亦只是一物而已，作為物的存在，其實並無夭壽之分。因為作為物的人必然要參與萬物的變化，即物化，而物化未嘗有盡頭。故所謂夭壽不過是對「物」作為人這一特定形態存在之時間長短的描繪而已，在「萬化而未始有極也」的物化之中，這只是須臾而已。暫且為「人」，而終將返於宗。「物化」是莊子天人合一在存在論層面的重要觀念，這一點前文已詳

〔註124〕蔣錫昌：《莊子哲學》，上海：上海書店 1992 年，第 130 頁。

述。從天人合一的角度來看，物化的觀念旨在強調人應超脫物我的對待、生死的對待，天地萬物等一切生命同根同源，終歸要返於「宗」。這一層面的「天人合一」既不是人有意識追求的目標或理想，也不是兩類獨立實體的聯合與統一，「天」與「人」根源處就是「一」。天、人本就不分，故實無所謂「合」。《山木》篇曰：

> 「无受天損易，无受人益難。无始而非卒也，人與天一也。夫今之歌者其誰乎！」回曰：「敢問无受天損易。」仲尼曰：「饑渴寒暑，窮桎不行，天地之行也，運物之泄也，言與之偕逝之謂也。爲人臣者，不敢去之。執臣之道猶若是，而況乎所以待天乎！」「何謂无受人益難？」仲尼曰：「始用四達，爵祿並至而不窮，物之所利，乃非己也，吾命有在外者也。君子不爲盜，賢人不爲竊。吾若取之，何哉！故曰，鳥莫知於鷾鴯，目之所不宜處，不給視，雖落其實，棄之而走。其畏人也，而襲諸人間。社稷存焉爾。」「何謂无始而非卒？」仲尼曰：「化其萬物而不知其禪之者，焉知其所終？焉知其所始？正而待之而已耳。」「何謂人與天一邪？」仲尼曰：「有人，天也；有天，亦天也。人之不能有天，性也。聖人晏然體逝而終矣！」

這一段是莊子探討天人關係的重要篇章。這裏的「天」乃是指天地萬物、陰陽四時，人作爲萬物之一，與天地萬物俱化，也就是物化。物化的過程無始無終，物與物之間處在不斷轉化的階段，所謂「萬物皆種也，以不同形相禪」（《寓言》），但禪之者卻不得而知，即不知將要演變成什麼形態，而變成人也是一種偶然而已。故物化過程中的饑渴寒暑等現象都是天地萬物運化的一種必然，人不僅無法預料，亦無法去改變。因此可以說，人作爲物參與的萬物演化過程本無所謂「損」、「益」，「無受天損易」其實正是從人亦是「物」（萬物之一）的角度而言。「無受人益難」則表明人將自身與物對待，汲汲追求功名利祿，患得患失，所謂「吾命有在外者」也。燕子築巢寄寓人間，人類社會寄寓在天地之間，但如果人的這種寄寓始終都懷有一種和燕子畏懼人一樣畏懼天地萬物的心理的話，那麼這個社稷就岌岌可危了。這正是將人與天地萬物對立起來才產生的後果，卻不知人自本自根就與天地萬物「同出異名」，焉有寄寓哉？故最理想的狀態是不知有寄寓之感。聖人洞察到「人」、「物」均根源於本根之「道」，終要返其宗，故「天」（物）亦「天」（道），人亦「天」（道），這就是「人與天一也」。天人合一乃根源性的合一，終極性的合一。

作為存在者的人卻創設出「性」來，破壞了這個原初的「一」，故曰「不能有天」。但莊子認為聖人的境界還遠不止如此：

> 夫聖人未始有天，未始有人，未始有始，未始有物，與世偕行而不替，所行之備而不洫，其合之也若之何！（《則陽》）

聖人的精神始終未曾離散出「道物之辨」、「物我之辨」、「天人之辨」，故無始無終、與物冥合俱化，這正是天人合一的境界。天人合一畢竟是一個主觀境界問題，雖然有一個實體性的基礎，但如果精神不能真正超越對待，那麼就談不上真正的「一」，是故莊子曰：

> 故其好之也一，其弗好之也一。其一也一，其不一也一。其一與天為徒，其不一與人為徒，天與人不相勝也，是之謂真人。（《大宗師》）

所謂「好」與「弗好」，均就俗世觀點而言。不管俗世觀點怎麼看待「天」與「人」，兩者始終根源於「一」，絕不因人的喜好而改變。這個意義上的「天人合一」既是無可奈何之「一」，即根源性的且不得不「一」，但同時又是超越之「一」，即如果生存個體能夠自覺體悟到人與天本來就不是一個互為對象性的存在者，而是相契合於道，那麼就達到了真人的境界。

至此，我們不難看出，莊子的天人合一體現了強烈的自我意識，不管是認知域的天人合一，還是存在論的天人合一，都是主張人之精神超越物我對待、天人相分，讓人與物之本性充分呈顯，從而達到人之自然與物之自然的徹底敞開，最終達到境界上的天人合一，這種澄明的境界，我們可以總名之曰「自然境界」。當然我們也要看到，儘管莊子強調這種「一」建立的實體性基礎（氣的觀念、物化觀念），但這並不能改變「一」只是一種精神境界的事實。莊子對這種天人合一境界的追求始終都是以消解物我對待、批判知性認知方式來達到的，而他不斷的「說」（表達方式）本身又是一種知性方式——儘管他強調卮言的表達方式——這樣就再次陷入他在《齊物論》中已經意識到的「既已為一矣，且得有言乎？既已謂之一矣，且得無言乎？」的困境。這裏再次凸顯了「為」與「謂」的差異，表明真正的天人合一的自然境界只能在莊子的言外之意中把握。真正的天人合一境界是自覺精神積極超越的結果，存在於心靈領域中〔註125〕，只能體悟，而不可言說。

〔註125〕劉坤生認為，莊子對老子「自然」思想最大的發展，就是在心靈領域對這一點展開了廣泛而深刻的論述。參見《莊子哲學本旨論稿》，第45頁。

第四節　安命與逍遙：自然之價值

　　自由是莊子哲學體現出來的精神，這已成爲莊學研究的共識。現代哲學中的「自由」概念完全是一個舶來品，是西方文化中的一個重要觀念〔註126〕。但就「自由」一詞本身而言，中國古代亦曾出現過，早期文獻中以《後漢書》中出現較多，漢末經學家鄭玄也使用了「自由」一詞。

　　　　於是景爲驃尉，耀城門校尉，晏執金吾，兄弟權要，威福自由。

　　（《後漢書・皇后紀》）

　　　　臣等既愚闇，而諸郎多文俗吏，鮮有雅才，每爲詔文，宣示内外，
　　轉相求請，或以不能而專己自由，辭多鄙固。

　　（《後漢書・袁張韓周列傳》）

　　　　請見不請退。（鄭玄注曰：「去止不敢自由。」）（《禮少儀》）

　　　　樂，樂其所自生。（《集解》引鄭玄注曰：「自由也。」）

　　（《史記・樂書》）

　　　　此婦無禮節，行動自專由。吾意久懷忿，汝豈得自由。

　　（《古詩爲焦仲卿妻作》）

　　「自由」一詞是一種倒裝結構，與《老子》中的「自勝」、「自知」結構相同，「自由」就是「由自」。「自」在這裏與「自然」一詞中的「自」相同，都是反身代詞，而「由」則可釋爲「在」、「專」。「自由」的意思是專任自己、在自己，上述引文中「專己」、「自專由」兩個詞可以證明這一點，進一步解釋就是「能按己意行動，不受限制」〔註127〕，「按自己的意思行事或隨便胡來」〔註128〕。現代漢語中的「自由自在」其實正好互詮，即「自由」也就是「自在」。在「自由」一詞中，作爲反身代詞的「自」是不能獨立使用的，必須有先行詞爲其所反指（複指）。「自由」這個詞是反身代詞的照應用法，表明了行爲的決斷由行爲實施者自身控制，即由「自」所指代的對象自己決定。簡言之，「自由」乃是「由」「自己」，「出自」「自己」〔註129〕。從這一理解出發，

〔註126〕日本學者柳父章曾對「自由」一詞的翻譯歷史以及漢語「自由」一詞本身的意義進行了研究，參見《翻譯語成立事情》，東京：岩波書店1982年，第9章。馮天瑜亦對自由一詞的中西涵化進行了研究，參見《新語探源》，北京：中華書局2004年，第553～559頁。

〔註127〕《辭源》第三冊，北京：商務印書館1984年，第2583頁。

〔註128〕周振鶴：《「自由」從哪裏來？》，《咬文嚼字》2000年第11期。

〔註129〕葉秀山：《哲學還會有什麼新問題？》，《哲學研究》2000年第9期。

我們不難看出，「自由」與「自然」一樣，都強調了「自」所指代對象的決斷，由自己的內在本性決定發展的方向。

　　但《莊子》中並沒有「自由」一詞，更遑論「自由」的概念〔註130〕，那麼以上對「自由」一詞的分析豈不遠離我們探討的主題？其實不然，《莊子》中固然沒有「自由」一詞，也沒有近代西方文化中的自由內涵，但《莊子》確實體現出了強烈的自我決斷意識，或曰「超越某種限制的思想嚮往」〔註131〕，這是一種積極地追求自主、追求超越的精神。我們可以將傳統中的「自由」一詞挖掘出來〔註132〕，並藉以詮釋《莊子》的這種自覺精神，尤其是將這種自由與莊子哲學中體現自覺精神的「自然」觀念結合起來〔註133〕。前文的分析表明「自由」一詞在中國思想史上並不是也沒有作為一個哲學概念使用，但這並不意味著這個詞不能生發出哲學意蘊。在「自由」一詞中，反身代詞「自」所包蘊的獨特內涵給哲學詮釋創造了空間。儘管有學者指出這裏的「自由」是一個貶義詞〔註134〕，但無論解為「按己意行動」還是「隨便胡來」，都首先表達了生存個體強烈的自我意識和個人意志，進而言之，是對個體當下生存狀態的強烈關注與重視。正是人對自身境遇的這種強烈關注才構成《莊子》自由觀念的內核，也是傳統「自由」一詞中一直沒有發掘出來的

〔註130〕 徐克謙認為，「《莊子》書中的確有不少表達『擺脫束縛』、『不受限制』之類意思的詞語，因此可以說《莊子》書中是有『自由』這個概念的。」參見《莊子哲學新探：道‧言‧自由與美》，第146頁。很顯然，徐氏這裏所說的「概念」實際上是「觀念」的意思，因為《莊子》書中並沒有「自由」一詞，故談不上嚴格的「自由」概念。

〔註131〕 李振綱：《大生命視域下的莊子哲學》，第32頁。

〔註132〕 羅安憲指出，在莊子看來，人之本性既然得自於道，既為自然，自然即是自在，自在即是自由。參見《虛靜與逍遙——道家心性論研究》，第118頁。

〔註133〕 一些西方哲學的研究者較早地察覺到了一點，如葉秀山指出：「中國老莊的『自由』觀，並不與『自然』對立；其實，在老莊思想中，『自然』就是『自由』，『自由』也就是『自然』。『自然』就是『自如』，即『自己如此』，亦即自由。『自由』和『自然』本是統一的，同一的。」參見《漫談莊子的「自由」觀》，《道家文化研究》第八輯，陳鼓應主編，上海：上海古籍出版社1995年，第138頁。陳嘉映認為：「在漢語裏，自然和自由的字面意思幾乎完全一樣，發自本性的活動是自然的，也是自由的，被外力脅迫，是不自由的，也是不自然的。」參見《哲學‧科學‧常識》，北京：東方出版社2007年，第188頁。

〔註134〕 周振鶴：《「自由」從哪裏來？》，《咬文嚼字》2000年第11期。陳靜亦指出，「自由」這個詞語出現後，語義很快就貶義化了。參見《逍遙與自由——嚴復〈莊子評語〉研究》，《中國哲學與文化》第四輯，劉笑敢主編，桂林：廣西師範大學出版社2008年，第154頁。

新意蘊。很可能正是這一點與西方文化中的「自由」觀念會有某種契合之處〔註135〕，正如斯賓諾莎對自由的界定所說：「凡是僅僅由自身本性的必然性而存在，其行為僅僅由它自己決定的東西叫做自由。」〔註136〕因為沒有生存個體的自我意識與自覺精神，就根本不可能有真正意義上的「自由」。為了避免不必要的爭論與簡單的比較，下文探討《莊子》的自由觀念時，所使用的「自由」都不是西方文化中的「自由」，而是借用中國古漢語「自由」一詞來詮釋莊子的思想。

一、逍遙遊：精神自由之旅

《莊子》的自由觀念主要是通過「逍遙遊」來表達〔註137〕。究竟要如何理解《莊子》的「逍遙遊」？歷史上曾存在著向郭與支道林的理解之異。而近現代以來，研究者們更是提出各種解讀。究竟什麼是「逍遙」？什麼是「遊」？兩者有何關係？逍遙遊是何種自由？下面將結合《逍遙遊》對這些問題依次進行分析。

首先，逍遙一詞，又作「消搖」，《詩經》、《楚辭》中都曾出現過，郭慶藩亦舉出如《禮記・檀弓》：「消搖於門。」《漢書・司馬相如傳》：「消搖乎襄羊。」〔註138〕但逍遙是何意？郭象注：「夫大小雖殊，而放於自得之場，則物任其性，事稱其能，各當其分，逍遙一也，豈容勝負於其間哉！」〔註139〕而《世說新語》劉孝標注引作：「夫大鵬之上九萬，尺鷃之起榆枋，小大雖差，各任其性，苟當其分，逍遙一也。然物之芸芸，同資有待，得其所待，然後逍遙耳。唯聖人與物冥而循大變，為能無待而常通。豈獨自通而已！又從有待者不失其所待，不失，則同於大通矣。」〔註140〕總而言之，逍遙在向郭那裏就是指物各安其性，自成自化。逍遙就是天地萬物等一切存在者自己而然的狀態。而支道林注曰：「夫逍遙者，明至人之心也。莊生建言大道，而寄指

〔註135〕劉笑敢對此有一些分析，參見《兩種逍遙與兩種自由》，《華中師範大學學報》（人文社會科學版）2007 年第 6 期。

〔註136〕斯賓諾莎：《倫理學》，賀麟譯，北京：商務印書館 1983 年，第 4 頁。

〔註137〕劉笑敢指出，「逍遙」一詞在中文中成了某種自由的代名詞，這歸功於《莊子》。參見《兩種逍遙與兩種自由》。

〔註138〕郭慶藩：《莊子集釋》，第 2 頁。

〔註139〕郭慶藩：《莊子集釋》，第 1 頁。

〔註140〕劉義慶：《世說新語箋疏》，劉孝標注，余嘉錫箋疏，北京：中華書局 2007 年，第 260 頁。

鵬鷃。鵬以營生之路曠，故失適於體外；鷃以在近而笑遠，有矜伐於內心。至人乘天正而高興，遊無窮於放浪。物物而不物於物，則遙然不我得；玄感不爲，不疾而速，則逍然靡不適。此所以爲逍遙也。若夫有欲當其所足，足於所足，快然有似天眞，猶饑者一飽，渴者一盈，豈忘烝嘗於糗糧，絕觴爵於醪醴哉？苟非至足，豈所以逍遙乎？」〔註141〕支道林的注開出一新意，關鍵在於第一句，「明至人之心」即點明莊子之逍遙乃人心之逍遙，即人之精神的自我決斷。向郭之注逍遙強調了安於外物、自足其性，表明逍遙的境界不以外物爲羈絆；支道林則轉向內心，認爲逍遙實乃人的主觀心境或精神之自主與自覺。我們不能武斷地認爲何者符合莊子之本意，但莊子之逍遙遊更傾向於精神的自我決斷與超脫，則是無疑的。

其次，「遊」本作「遊」，「辶」字旁表示行走，但這不是一般的行走。《逍遙遊》開篇列舉了兩種動物來談「遊」。一爲鯤，一爲鵬。值得注意的是這兩種動物的共同生活特徵，即都不是在陸地上行走生活〔註142〕。地上走獸那麼多，爲什麼莊子偏偏要以魚鳥爲喻呢？難道這是一種偶然〔註143〕？其實莊子喜言魚鳥在文中體現得淋漓盡致，如《大宗師》篇曰：「且汝夢爲鳥而厲乎天，夢爲魚而沒於淵。」通觀《逍遙遊》，莊子也使用了狸狌與犛牛，但這兩種動物一因過大，而行走不方便；一爲過小，機巧靈活，「東西跳梁，不避高下」，這看似能行走自如，卻喪命機辟、罔罟之中，均不是「遊」。我們再看魚鳥的生活特徵，與一切陸生動物相比，魚遊於水，而鳥翔於天。這裏無論是水還是風（空氣），實際上並不是魚、鳥所依賴的對象，魚、鳥也從來沒有將水、

〔註141〕劉義慶：《世說新語箋疏》，劉孝標注，余嘉錫箋疏，第 260 頁。

〔註142〕吳光明認爲，在古代中國，魚與鳥是可以互相置換的，因爲別的動物不能活的地方（上空，水裏）他們都可以棲居。參見《莊子》，第 109 頁。愛蓮心認爲，莊子不是在隨意地選擇這兩種動物。以魚開始，意味深長。魚象徵著一個能被捉住的動物，由於在一開始就說到魚，我們可以容易地把魚看作讀者的象徵。魚，跟我們一樣，生活在黑暗之中，或者從認識論上說，生活在無知之中。但是，魚擁有將自己轉化爲別的動物的能力。這別的動物就是鳥。選擇鳥也不是文學上的偶然。鳥象徵著我們將其跟自由和超越聯繫起來的動物。這裏的主題信息（thematic massage）是：從無知向有知的自由的取得。參見《嚮往心靈轉化的莊子：內篇解析》，南京：江蘇人民出版社 2004 年，第 44 頁。

〔註143〕古人喜用魚鳥之喻，經典中常見，如《詩經》：「鳶飛戾天，魚躍於淵。豈弟君子，遐不作人。」（《大雅・文王之什・旱麓》）「鶴鳴于九皋，聲聞于野。魚潛在淵，或在於渚。」（《小雅・鴻雁之什・鶴鳴》）

風作爲它們的對象化存在來看待。如果魚、鳥將水、風看做其憑藉的依據或對象化的存在，那麼就難以達到逍遙遊。如蜩與學鳩都將榆枋作爲衡量自己飛行的尺度，而大鵬則以南冥作爲飛行的目的——這正是支道林所批判的。更爲重要的是，莊子羨慕魚鳥的生存境遇，因爲「水之積也不厚，則其負大舟也無力」與「風之積也不厚，則其負大翼也無力」已經表明水、風在流動不息，變化不止，這種不息的運動積蓄力量托住了魚、鳥，因而魚鳥能無所作爲而肆意飄蕩，水與風的流動增添了一種靈動、飄逸的氣息，而魚、鳥就自在地存在於流動性的水與風之中，魚與水已經一體，鳥與風一體。魚鳥可以無所作爲、無所憑藉，這種閒適與自得的狀態正是莊子所嚮往的「遊」。而陸生動物則不然，爲了驅動肉身，它們不得不疲於奔走。而主動地有爲運作則難免獲咎，如「東西跳梁，不避高下」的狸狌。

　　魚、鳥的遊畢竟只是莊子的比喻，他的眞正目的在於追求像魚和鳥那樣擁有人的生命場所，能夠自由地遊。通過魚、鳥之喻，莊子提出了「遊」的兩個重要條件：一是無待，一是無爲。其實兩個觀念的內涵是一致的，不過層次不同而已。無待必須無爲，而無爲正是要達到無待。無待則無物與自身對待，自身與物相融爲一。反之，有待其實就是有爲，就是自身依賴外物，不能獨立自存。莊子在《逍遙遊》中依次評價了幾種有待的情形。宋榮子能夠做到「舉世而譽之而不加勸，舉世而非之而不加沮，定乎內外之分，辯乎榮辱之境」，按理說應該是很高的境界了，但仍以「在世之中」爲生存前提，故其「不勸」與「不沮」仍然是有內外之分在，也就是說沒有超脫對待。列子御風而行，實際上是以風爲工具、憑藉，御風而行本身還是一種作爲，故仍然只是「行」的層次，遠不及「遊」。那麼要怎麼樣才能眞正達到「遊」的層次呢？

　　　　若夫乘天地之正，而御六氣之辯，以遊无窮者，彼且惡乎待哉！
　　故曰，至人无己，神人无功，聖人无名。(《逍遙遊》)

　　這就是莊子理想中的「遊」。所謂天地之正、六氣之辯旨在表明「遊」之主體以無爲方式處事，無物與人相對待，因而有「乘」、「御」之說。而所遊之域實乃超乎人的感官世界，「無窮」表明「遊」之主體無爲的生存方式，即「遊」沒有特定的目標、方向。因此，莊子所說的「遊」不是有形之體通過現實之「行」可以到達的，因此這種「遊」的主體就不是現實中的人，而只能是人的精神，並且必須以現實中人的無爲爲前提。在《莊子》中還有很多

類似的表達，如「遊乎四海之外」(《逍遙遊》)、「遊乎塵垢之外」(《齊物論》)、「遊乎天地之一氣」(《大宗師》)、「遊无何有之鄉」(《逍遙遊》)、「遊无極之野」(《在宥》)、「遊乎萬物之所終始」(《達生》)、「遊於无人之野」(《山木》)、「遊乎无何有之宮」(《知北遊》)等等。這些都是莊子所遊的極致境界，也就是讓精神去積極地「作爲」，而在現實行動上卻「無爲」，這樣就能無己、進而無功、無名，或謂忘己、忘功、忘名。只有「无己」才能「无功」、「无名」，因爲功名都是附在「己」(自)上。「无己」當然不是要消滅自己，而是放棄自己的負擔〔註144〕，總之，人必須要能無待，才能逍遙〔註145〕。

再次，「逍遙」與「遊」之間是什麼關係呢？有學者認爲兩個概念沒有本質的區別，實際上「遊」就是「逍遙」的另一種說法〔註146〕。其實兩者還是有區別，逍遙是對遊之心理狀態的描述，強調的是精神上的自由、自主，而「遊」則是對存在方式的一種描述。只要把握了《逍遙遊》中「遊」的基本內涵，就可以貫通《莊子》思想中所有關於「遊」的觀念，不管是「遊心」還是「遊世」。

> 夫若然者，且不知耳目之所宜，而遊心乎德之和。(《德充符》)

> 人能虛己以遊世，其孰能害之！(《山木》)

「遊心」無疑是「遊」最根本的內涵〔註147〕，也是與「無待」、「無爲」相一致的。「心」之所以能夠去「遊」，關鍵在於「心」超越了具體的經驗世界，即不被物的世界所束縛，不被對象世界所拘泥的、自由的自我精神〔註148〕。而所謂的「乘物以遊心」並不是說「物」與「心」形成了對待，而是說順物本性，無所作爲，則「心」方可超越於物而遊。「虛己以遊世」其實是消

〔註144〕陳少明：《〈齊物論〉及其影響》，北京：北京大學出版社2004年，第75頁。

〔註145〕吳汝鈞：《老莊哲學的現代析論》，第77頁。此外，吳氏亦指出，無待與逍遙是同義語，同表示自由無礙的涵義。不過無待是負面的表示式，是遮詮；逍遙則是正面的表示式，是表詮。同書第111頁。

〔註146〕劉笑敢認爲，在很多情況下，「遊」字所表達的就是逍遙的意思。參見《兩種逍遙與兩種自由》。鄭開指出，如果非要說它們之間有什麼區別的話，也許可以說，「逍遙」重在闡明精神境界，「遊」則偏於描摹生活狀態。參見《道家形而上學研究》，第225頁。

〔註147〕關於這一點，鄭開認爲，「遊心」特徵，乃是「遊」的本質和內核，因爲任何形式的「遊」都是以心性超越爲前提的。「遊世」的概念裏必然包含著「遊心」的概念。參見《道家形而上學研究》，第228頁。

〔註148〕小野澤精一、福永光司、山井湧等：《氣的思想：中國自然觀和人的觀念的發展》，李慶譯，上海：上海人民出版社1990年，第120頁。

解了俗世之「我」，而釋放精神之「真我」，在純粹精神境界裏，沒有物，也沒有俗世之我。

最後，逍遙遊只是一種純粹精神自由。有學者強調「自由」總是對人而言，屬於「人性」的內容，只有人才可能有所謂自由。動物談不上自由，動物只有自然本性，只能順從必然性生存〔註 149〕。這種觀點當然不能說錯，莊子的逍遙遊當然是在討論人的自由問題，這是無疑的。但莊子之逍遙根本不是人與物相對待情境中的人之自由，而是超越物我對待、天人對待的自由。莊子並沒有談論所謂動物的自由，他寄意於鯤鵬（魚、鳥），其實是在尋求人的精神出路。魚、鳥因為有各自的生命場所而「遊」，而現實中人的生存總面臨著各種危機與緊迫，常常面臨著生存場所喪失的危險，生命無法寄寓與安頓，更談不上「遊」，在這種情形之下，現實中的人很難真正自由決斷，從而逍遙。

但人畢竟是具有理性精神的存在者，因此，現實中的人不能逍遙，但超越現實的精神卻能逍遙，是故莊子對精神自由之旅「逍遙遊」格外企慕與心儀。通過「遊」，個體的精神生存空間得以無限地擴充與延展，個體的自主能力得以釋放與實現。從這個意義上看，莊子的「遊」體現了一種自覺精神和強烈的自我意識，這種積極尋求超越與獨立的精神訴求本身就是一種自然。自覺精神與獨立意志在莊子那裏提升到了一個前所未有的高度，而莊子的「自然」觀念最重要的意蘊正是強調了擁有自覺精神的人對當下生存境遇的關注與反思，對現實生活的超越，這是一種理想的價值追求，逍遙遊正體現了這種價值。

二、安命：必然與自由的衝突

逍遙遊畢竟只是一種精神自由，思想自由，是一種精神上的自我決斷、自己而然，「自」所指代的主詞是指純粹的精神自我，這種精神自我很難真正融於現實。在現實生活中，莊子採取的是無為，其主要表現形式就是安命。

〔註 149〕 徐克謙認為，人看見鳥在天上飛，羨慕鳥兒飛的自由，於是希望自己也能像鳥那樣在天空自由飛翔。這是人對自由的渴望，這種渴望促使人最終發明了飛行器，獲得了飛的自由。但是那個鳥的所謂「自由」只是從人的角度來說的，其實就那個鳥本身而言，一點也不自由。鳥的飛是它的自然本性，而不是它的自由。人若安於本性，則也不可能飛上天空。故從某種意義上可以說，自由就是人對自然狀態的掙脫。參見《莊子哲學新探：道・言・自由與美》，第 160 頁。

儘管我們可以稱之爲自由決斷，但這種決斷在很大程度上是迫不得已，因而很難說是眞正地自己而然，更談不上去積極地改變現實生存狀態，是故，自然作爲一種理想的價值就顯得有些虛幻，與現實脫節。

首先，莊子的「遊」不是「完整」人的自由，而是一種脫離了身體的「心」之「遊」，即「完全超脫於現實生活的，沒有什麼具體目的的」〔註150〕。如果說還能與現實有一點關聯的話，那就是莊子對惠施大樹無用論的批判，而主張「彷徨乎无爲其側，逍遙乎寢臥其下」（《逍遙遊》）。只要不把心思去追逐名物之辨，安心於「不夭斤斧」、「無所困苦」的大樹之下便可，然而這棵能讓莊子逍遙無爲的大樹究竟能種在哪裏呢？只能「樹之於无何有之鄉，廣莫之野」，這實際上又是「无端崖之辭」，實乃無處可種，因爲現實中無法種出一棵不受人爲活動影響的樹。因此，「遊心」自不必說，「遊世」實質上也是「遊心」，而其他的「遊」於四海之外、天地之一氣、塵埃之外、無極之野等均表明「遊」不是眞正的人之「行」，而是一種純粹的精神之旅。正是從這個角度，筆者認爲「化」的觀念並不是《莊子》表達自由思想的重要觀念〔註151〕。「化」終歸是「外化」，是有形生命體的變化，包括作爲有形生命體的肉身的變化，而人的精神（心）不應該隨著外物的變化而化，這就是莊子所說的「外化而內不化」（《知北遊》）。物化的觀念只是爲莊子自由精神得以伸展提供了一個基礎，因爲藉此「化」可以超脫一切事物對有形身體的各種束縛，而「心」本身不「化」。「心」恰恰要做到「命物之化而守其宗」（《德充符》），這個「心」正是擺脫了一切「外物」（包括人的肉身）束縛的純粹精神，不是現實中的身心合一的「我」，以此觀之，莊子的精神自由又或多或少帶有一種幻想的成分〔註152〕，不是

〔註150〕 劉笑敢：《兩種自由的追求：莊子與沙特》，臺北：正中書局1994年，第91頁。

〔註151〕 徐克謙認爲，《莊子》書中另一個與「自由」有關的重要詞語是「化」。所謂「化」就是要打破各種界線和分際，讓精神不受時空限制，自由翱翔。參見《莊子哲學新探：道·言·自由與美》，第149頁。由此可見「化」本身也不是表達自由的觀念。而王博則認爲，鯤的「化」爲鵬，正是對自己的一種超越。「化」是一種象徵，一種遺忘和喪失自己的象徵。在這個意義上來理解化，「化」也就有了遠遠超乎形體之變的意義。參見《莊子哲學》，北京：北京大學出版社2004年，第115頁。

〔註152〕 崔大華先生認爲，莊子的自由理想在現實世界中是不可能眞實地和完全地存在著的，而只能以想像的形態在觀念世界裏表現出來。參見《莊學研究》，第161頁。

真正現實中的人的「自己決斷」或「自己把握」，在這種情形下呈現出來的很難說是根源於道的本性，因而不是真正的自然。

其次，逍遙遊以安命論為前提。「命」是莊子哲學一個十分重要的觀念。有學者曾指出，命在古代漢語裏有三種詞義：「一是命名、命令（略相當於英語之 name，order，mandate），二是生命（略相當於英語之 life），三是命運（略相當於英語之 fate，destiny）。」〔註153〕將這三層詞義結合起來理解莊子的「命」觀念是合適的。但也要注意，在《莊子》中，表示生命的觀念更多的是「身」、「形」以及「生」，而這些都根源於「道」，是天生如此，因而是原初本性。生命的存在首先是從有形的生命體開始的，而這些並非人自身所能控制和決定，如無人能選擇自己的父母、自己的出生以及先天之形體相貌等等。如《德充符》曰：「道與之貌，天與之形。」因此，有形生命體的存在就伴隨著人之命運的開始，而對人命運的關注與認識最終又走向生命的安頓與超脫。何謂命？簡言之就是人力無法改變而又不能違抗的事情。

死生，命也：其有夜旦之常，天也。（《大宗師》）

遊於羿之彀中。中央者，中地也；然而不中者，命也。（《德充符》）

生死是任何生命體無法逃避的自然現象，也是一種必然現象，這種必然性就是命。遊於羿之箭的射程之內，羿的神射手身份就已經決定了「中」本身就是一種必然；如果有不中，那也是人力無法改變的。這樣，不管是中還不中都不是能夠由自己決定的，因而不能自己而然。因此，不管是何種自由，「命」確實是達成現實自由所必須考慮的因素。但迫於時艱，莊子往往過分強調了這個「命」，以至於走到極端，結果反而是屈人從物，壓抑了人的自由決斷。其「安命」主張的本質正是要無為，即不對現實狀態進行改造，無所作為，從而在安於現實中超越現實，遁入精神領域。

最後，安命與逍遙遊的糾結。莊子畢竟無法真正超脫生命的載體肉身所受的各種現實束縛，也無法真正追求精神的超越而完全拋棄形體不顧。他始終面臨著這樣的困境：一方面，為了保持自我獨立與精神自由，他孤傲地拒絕去做官，對於黑暗齷齪的現實嬉笑怒罵；而另一方面，在生命苦難之時他也會無奈地屈尊貸粟於監河侯，這對於孤傲的莊子來說無異於一種精神折磨，哪談得上「自由」？窮困潦倒的他也會像常人一樣抱怨貧困：「父母豈欲

〔註153〕徐克謙：《莊子哲學新探：道・言・自由與美》，第 173 頁。

吾貧哉？天无私覆，地无私載，天地豈私貧我哉？求其爲之者而不得也。然而至此極者，命也夫！」(《大宗師》) 無奈之下只能歸結爲「命」。既然命運是不能依靠人力去改變的，那麼就只有安於命運的發展，而不去抗爭。這樣，「命」所代表的「天然」(「物」之本然性狀) 又重新羈絆住了精神上的「自然」與「自由」，「天人合一」境界之「天」開始隱退，「天人對立」之「天」重現，「天」(天然) 最終演變爲「人」必須遵守的「命」，這是莊子自由觀念的局限性所在。從超越到隨俗，從崇高到卑微，對理想逍遙境界的憧憬、熱情、豪邁與對現實存在的憤慨、悲觀、無奈糾結在一起，莊子注定是一個不斷追尋自由的鬥士，同時也是一個徘徊在現實與理想之間的悲劇性人物。

小　結

　　本章主要對莊子的自然觀念進行了解析，嘗試對以下幾個問題進行了新的詮釋。第一，莊子的自然觀念並非純粹以自然界爲客觀對象從而描摹世界圖景的自然哲學。莊子對道、物關係的探討旨在說明「道物無際」，本體之道就在一切事物現象之中，一切存在者能夠自生自化，其本性正是根源於本體之「道」。換言之，「道之自然」亦即「物之自然」，這是莊子自然觀念的基礎與根源。而人作爲擁有自覺精神的存在者，正是這種本體的自覺擔當者，自覺消解道、物之離析、分辨，而保持生存個體自覺精神的卓然獨立。第二，在道、物關係的基礎上，莊子從形式上採取主客二分的方式對物我關係進行了分析，旨在強調人與物之本性均根源於道，主張充分尊重物、我各自的本性。然而要眞正展現物我各自之本性，必須超越物、我對待，摒棄以「言」名「物」的主客認知方式，這樣才能眞正解放出主體之「眞我」，亦即純粹的精神自我，從而以道觀物，在物我相融的視域中讓各自本性充分呈顯，達到「道通爲一」。第三，天人之辨是對物我關係的提升，莊子「以天代道」賦予了「天」以「道」的意蘊，這種「天」亦即「自然」，帶有境界的意蘊。此一境界建立在超越言說方式帶來的「天人對立」基礎上，莊子主張以「無爲」方式生存在世，自覺拋棄「人爲」與「天然」的對立，從而達到「天人合一」的自然境界。第四，莊子哲學的最終目的在於獲得一種自由，即逍遙遊。眞正的自由必然是自我決斷、自己而然，莊子的「逍遙遊」體現了一種強烈的自覺精神和自我意識，是對一種理想生存狀態的追求。然而莊子在追求逍遙

遊的同時卻不得不受制於物之自然（本性、必然性），因而在現實中不得不「安命」。而過於強調安命，反而束縛了精神之綻放，由此莊子之自然便呈現出兩極：在理想狀態中，莊子超越物我、天人對立，絕智棄辯，而達到「道通爲一」、「天人合一」的境界；在現實中，境界之「天」難免又裂變爲與「人」（人及其行爲方式「人爲」）相對立之「天」（天地萬物及其存在狀態「天然」），「物」又重新與我（人）對立，物的各種必然性與偶然性（物之自然，亦即「命」）又壓抑著現實中的人，「天人合一」的理想精神自由在現實生活中只能以安命無爲告終。

　　莊子哲學的最終理想是尋求自由，即超越物我對待的逍遙遊。莊子對人自覺精神的強烈關注無疑具有重要的意義，因爲只有精神獨立與自覺，才可能有眞正的自然，也才能自由，這正是莊子自然觀念最有價值的地方。然而，莊子的自然觀念仍然呈現出內在的張力，其一便是老子那裏留下的老問題：道生萬物與萬物自生自化之間的緊張關係。通過前文的分析，我們已經知道莊子在道物關係上的明確主張，儘管莊子已經十分努力地將道化入物之中，進一步加強物的自主性，然而我們還是不得不十分遺憾地指出，莊子之道的本根地位並沒有得到完全地消除。如果仍然保存著一個本根之道在萬物之上，那麼我們憑什麼說物之本性專屬於物自身、物能眞正意義上地自己而然（自生自化）呢？其二，逍遙遊彰顯了自然與必然之間的內在緊張。作爲一種純粹的精神之旅，莊子無法眞正超脫現實生存狀態帶來的種種壓抑與逼促，因此現實中的人不僅難以保持本性，也難以眞正自主決斷，因而並不自然。在精神領域，莊子重視人之自然，超越物我對待，強調了人的主體性與自覺精神；在現實生存狀態中，他卻強調了物之自然，主張安命、無爲。莊子就在理想與現實之間不斷地選擇與徘徊。也許我們不必苛求莊子去消解可能限制物自身的本根之「道」，從而徹底釋放物自身——這種做法在郭象那裏得以實現，我們也不必過多地指責莊子對必然與自然關係處理的不恰當，因爲即使在現代文明社會，我們也仍然面臨著相同的困境。現代人依然有著種種不自由，對自由的期盼是人類永恒的理想，抱著這種理想，我們今天還在閱讀莊子，對話莊子，希望從那裏讀出無窮的韻味。事實上，我們已經得到了莊子留給後世的警示：精神不獨立、不自覺就談不上自我決斷、自己而然，也就不可能自由。

結語　老莊的自然觀念與自由精神

　　老莊的自然觀念研究長期以來盛行這樣一種理解：老莊之「自然」就是指事物的本性、天性，是對天地萬物存在狀態的描述。「自然」是人們必須效法、遵循的原則或規律，甚至有不少學者將老莊之自然直接看作是一個獨立性的實體自然界。在此基礎之上形成的觀點則認為道家反對人為而主張順從萬物之本性或因順自然界的本然狀態。其實這種解讀存在的最大問題是只看到了「物之自然」，卻遺忘了「人之自然」，只強調人去因順物之自然，卻忽視了順物之自然以及遵循自然法則或規律過程中人之自然。這樣就極易導致忽視人的自覺精神，消解人的主體地位，從而認為「物」的存在優先於人，物體現出來的價值優於人自身的價值。這種研究往往是以科學的自然觀代替哲學的自然觀，以近代自然科學中的「nature」代替老莊哲學中的「自然」。

　　其實這種理解並非毫無根據。一方面，老莊的「自然」觀念中確實包含著根源性自然，即本性、原初性狀的內涵，老莊也強調尊重天地萬物之本性，自然的這層內涵體現了老莊哲學中的科學精神。然而，「自然」終究是老莊反思制度文明和現實社會而提出的一個重要觀念，其核心價值在於對人類生存境遇的關注，對人性的思考。自然是一個強調人的自我決斷、自覺精神的觀念，集中反映了老莊哲學對人的主體性及自由的思考，蘊含著深厚的人文精神。是故，老莊之「自然」與「nature」有著重要的區別。自然科學視域中的「nature」意味著物的集合或這種集合體的存在狀態，通常建立在與人相對立的客觀實在（「物」）的基礎上。而老莊之自然根源於「道」，而「道」是道家哲學中富有獨特意蘊的哲學本體，建立在「天」與「人」共生共存的整體世界的基礎上，並且是天地萬物的終極本源與現實存在依據。「自然」作為天地

萬物以及人類的現實存在原則而發揮作用。另一方面，老莊之「自然」正因為有「根源性自然」（原初本性）的內涵，因而常常被用來描述天地萬物自身的性狀，這一描述行為極易被認為就是在一個主客對立的場景中發生的，而忽視了它原本發生在老莊哲學奇特的言說方式之中。逐漸地，「自然」被視為一種對象性的描述語言。儘管在《莊子》中，我們已經通過辨析莊子的言說方式明確否認了莊子有這種使用意圖。但在莊子之後，「自然」觀念中的物之自然（本性）內涵得到了很大的發展，「自然」越來越「客觀」了，而「自然」所蘊含的主體性、自覺性精神則隱而不彰。如《韓非子‧喻老》曰：「豐年大禾，臧獲不能惡也。以一人力，則后稷不足；隨自然，則臧獲有餘。故曰：『恃萬物之自然而不敢為也。』」這裏的自然便強調天地萬物的本性。自然的這一內涵在漢代道家以及早期道教文獻中十分常見。如《老子想爾注》曰：「自然，道也。樂清靜。希言，入清靜。合自然，可久也。」〔註1〕《太平經》曰：「道以畢就，便成自然。」〔註2〕「此天地陰陽自然性也。」〔註3〕這些「自然」都強調根源於道的原初本性。而在王充那裏，自然已經基本上成了一個描述客觀存在物自身性狀的詞語，如《累害篇》曰：「火不苦熱，水不痛寒，氣性自然焉。」更有甚者，在《自然篇》，他批評道家的自然觀曰：「道家論自然，不知引物事以驗其言行，故自然之說未見信也。」殊不知，老莊論自然其根本目的不在於「物」，而在於「人」，王充明顯主張將老莊之自然僅僅理解為物之自然，同時從側面表明老莊自然中的自覺性自然在漢代的沉淪。

事實上，老莊自然觀念並非僅包含根源性自然的內涵，更為重要的是自覺性自然。在「自然」一詞中，作為反身代詞的「自」指代的首先是「人」，只有「人」才能真正認識自身，並且自覺地掌控自身的行為，有意識地實施行為，從而帶來「然」的狀態。「自然」就是自覺意識與自由精神的結果，故自然並非反對人為；相反，「自然」本身強調的正是人自覺地作為，而不是被迫地作為或完全無意識的行為。但「自然」也絕非為所欲為或恣意妄為，因為在《老子》那裏，「無為」規範了「自然」，「自然」就是生存個體以無為的方式自覺生存在世的狀態與過程。在《莊子》那裏，「自然」就是人的純粹自我精神超越物我對待，從而契合於道的境界，亦即「天」的自由境界。總之，

〔註1〕 饒宗頤：《老子想爾注校箋》，上海：上海古籍出版社1990年，第30頁。
〔註2〕 王明編：《太平經合校》，北京：中華書局1960年，第211頁。
〔註3〕 王明編：《太平經合校》，第279頁。

只有人之自覺性自然才能將根源於「道」的本性保持下來，並使之眞正呈現。

作爲老莊哲學中的核心價值，「自然」根源於「道」。「道」作爲宇宙萬物之本根，是一切生命的源泉，同時「道」又內在於天地萬物之中，通過宇宙萬物的本性來呈現。然而，「道」這一本源觀念實源於人這一具有自覺意識與獨立精神的存在者的追問，因此，人首先是「道」的眞正擔當者、體現者。沒有人的自覺意識與獨立精神就談不上所謂的「道」。然而，人畢竟不是一個孤立的存在者，而總是與天地萬物等其他一切存在者共同存在著。老莊深刻地反思與批判現實，始終關注人的生存境遇，他們提出的自然觀念，眞實意蘊在於主張人應當自主其生，自覺、自由地生存在世，這一點無疑包含了對人之主體性的重視，對人之自覺意識的弘揚，體現了老莊自然觀念中的人文精神。作爲理性的存在者，人只有以無爲的方式生存在世才是自然的，自然是人類追求理想的生活方式過程中所確立的價值原則。但同時老莊也主張尊重天地萬物之本性，反對人類對天地萬物的破壞與無盡地掠奪，強調人與天地萬物是一體共存的，這又彰顯了老莊自然觀念中的理性精神、科學精神。老莊的自然觀念體現了人文精神與科學精神的統一，而這種統一只有在人類這裏才能眞正實現，因此，人的眞正自身就絕不僅僅是個體自己，而是一個承載了天地萬物等一切存在者的「自己」，即「大我」。這樣「自然」就不僅僅是人類生存個體之自然，而是一切存在者之自然。自然成爲了一個反映人與物共處狀態的觀念，是人之自然與物之自然的交融，表達了一種理想的生存狀態，體現了道家對一切生命存在的普遍關懷。

然而老莊的自然觀念畢竟又有不同。老子的思想深沉、嚴肅，他所倡導的「自然」關注個體的生存自主權，他所說的「無爲」，著眼於現實政治治理現狀，反對任意任性，而主張人類應當規範與節制自己的行爲，這是一種飽含歷史經驗的理性精神。在治道層面，老子對各種聲教法令和制度規範提出批判，反對獨裁和專制，反對過多干涉百姓生活，主張尊重百姓的自由權利，從而達到自然的生活狀態。由此，老子之自然在強調人的自覺精神時，其實包含著積極參與現實政治治理的含義。因此「無爲」在老子哲學中是務實的，具有較強的現實意義，而「自然」則是可以通過實踐去一步步接近的理想生存狀態。莊子的思想放任、奇詭，其所謂無爲則純任物之本性，反對追逐外物的行爲，他所謂的「自然」著眼於現實中人生的困頓與窘迫，精神的壓抑與苦悶，因而強調萬物本性天成，主張人應該「忘我」、「全德」、「貴眞」，實

現個體精神的絕對獨立與超越，追求一種超越物我、忘生死、「獨與天地精神往來」的逍遙遊境界。這是一種超越理性主義的浪漫主義精神，這種理想的生存狀態集中展現了人的精神自由。然而，人類畢竟無法真正超越有形肉身，也無法真正擺脫現實生存狀態，因此，莊子儘管能做到「不遣是非」，卻無法脫離「與世俗處」的境遇。面對世俗的種種壓抑與困境，莊子消極無奈地「安之若命」使得他的「自然」面臨著不自然的危險。只有將自覺精神付諸行動，積極地作為，才能在現實中真正地自我決斷、自己而然。

老莊的自然觀念影響深遠，漢代老學從老莊哲學中的物之自然出發，發展成了宇宙生成論，但在一定程度上卻忽視了人之自然。漢代沉悶的宇宙生成論思想放置在存在論層面，無論如何都成了禁錮思想的牢籠，因為「道」的根本地位得到了強化。到三國兩晉時期，玄學盛行，強調個性解放與精神自由成了時代的主題，王弼注老與郭象注莊自不必說，竹林七賢掀起的「越名教而任自然」更是將老莊自然觀念中的自覺精神發揮到了一個新的階段。從先秦到魏晉時代，中國古代社會跨越了數個王朝，歷經幾百年，其間社會名物制度、禮樂文明一步步地走向成熟，然而思想的專制也一步步地加強，從東周戰亂到暴秦焚書，從罷黜百家到漢末黨禁，從三國亂世到魏晉之際的殘暴壓制，天下名士少有全者。思想的專制與壓抑愈甚，則人自由與獨立的空間日顯緊迫與狹仄。老莊思想中的批判精神與自覺意識一直以來備受贊許，而自然觀念正集中體現了這種精神。老莊的「自然」首先是出於對生存個體當下生存境遇的關注，強調個體的自覺意識與獨立精神，反抗制度化的奴役與馴化，反省文明的進程，抵制人的異化，積極追尋人類的自由本性，嚮往源自本性的自然生活狀態。自由精神是人類長期以來的不懈追求，老莊的自然觀念正是這種追求的積極體現。人只有真正具備了自覺意識，開始反思自我，進而探求精神獨立，才可能達到真正的自由，亦即真正的自然。在現代文明社會，物欲橫流，人的異化日益嚴重，人的主體性正面臨著喪失的危險，而自覺意識與獨立精神也經受著不斷的挑戰，老莊自然觀念中蘊含的自覺精神理當給世人敲響警鐘，展現其現代價值。

參考文獻

一、古籍

1. 〔漢〕河上公:《老子道德經河上公章句》,王卡點校,北京:中華書局 1996 年。

2. 〔漢〕司馬遷:《史記》,〔南朝·宋〕裴駰集解;〔唐〕司馬貞《索隱》,北京:中華書局 1959 年。

3. 〔漢〕班固:《漢書》,〔唐〕顏師古注,北京:中華書局 1962 年。

4. 〔魏〕王弼:《老子道德經注校釋》,樓宇烈校釋,北京:中華書局 2008 年。

5. 〔晉〕陳壽:《三國志》,〔南朝·宋〕裴松之注,北京:中華書局 1959 年。

6. 〔南朝·宋〕范曄:《後漢書》,〔唐〕李賢等注,北京:中華書局 1965 年。

7. 〔南朝·宋〕劉義慶:《世說新語箋疏》,〔南朝·梁〕劉孝標注,余嘉錫箋疏,北京:中華書局 2007 年。

8. 〔南朝·梁〕僧祐編纂:《弘明集》,上海:上海古籍出版社 1991 年。

9. 〔南朝·陳〕徐陵編,〔清〕紀容舒撰:《玉臺新詠》,上海:上海古籍出版社 1993 年。

10. 〔唐〕李約:《道德眞經新注》,《正統道藏》(第十二卷),天津古籍出版社、文物出版社、上海書店 1987 年。

11. 〔唐〕道宣編纂:《廣弘明集》,上海:上海古籍出版社 1991 年。

12. 〔宋〕程顥、程頤:《二程集》,王孝魚點校,北京:中華書局 1981 年。

13. 〔宋〕朱熹:《朱子語類》,北京:中華書局 1986 年。

14. 〔宋〕林希逸:《莊子鬳齋口義校注》,周啓成校注,北京:中華書局 1997 年。

15. 〔宋〕林希逸：《老子鬳齋口義》，黃曙輝點校，上海，華東師範大學出版社 2010 年。

16. 〔元〕吳澄：《道德眞經吳澄注》，黃曙輝點校，上海：華東師範大學出版社 2010 年。

17. 〔明〕王守仁：《王陽明全集》，吳光等點校，上海：上海古籍出版社 2014 年。

18. 〔明〕焦竑：《老子翼》，黃曙輝點校，上海：華東師範大學出版社 2011 年。

19. 〔清〕王夫之：《老子衍・莊子通・莊子解》，王孝魚點校，北京：中華書局 2009 年。

20. 〔清〕宣穎：《南華經解》，曹礎基點校，廣州：廣東人民出版社 2008 年。

21. 〔清〕阮元校刻：《十三經注疏》，北京：中華書局 1980 年。

22. 〔清〕馬瑞辰：《毛詩傳箋通釋》，陳金生點校，北京：中華書局 1989 年。

23. 〔清〕孫星衍：《尚書今古文注疏》，陳抗、盛冬鈴點校，北京：中華書局 2004 年。

24. 〔清〕魏源：《老子本義》，黃曙輝點校，上海：華東師範大學出版社 2010 年。

25. 〔清〕馬建忠：《馬氏文通》，北京：商務印書館 1983 年。

26. 〔清〕郭慶藩：《莊子集釋》，王孝魚點校，北京：中華書局 1961 年。

27. 〔清〕王先謙：《荀子集解》，沈嘯寰、王星賢點校，北京：中華書局 1988 年。

二、工具書

1. 〔漢〕許慎：《説文解字》，北京：中華書局 1963 年。

2. 〔清〕朱駿聲：《説文通訓定聲》，武漢：武漢市古籍書店 1983 年影印。

3. 〔清〕段玉裁：《説文解字注》，上海：上海古籍出版社 1981 年。

4. 馮契主編：《哲學大辭典》（修訂版）上海：上海辭書出版社 2001 年。

5. 方克立主編：《中國哲學大辭典》，北京：中國社會科學出版社 1994 年。

6. 李叔還主編：《道教大辭典》，杭州：浙江古籍出版社影印 1987 年。

7. 王力主編：《王力古漢語字典》，北京：中華書局 2000 年。

8. 韋政通主編：《中國哲學辭典大全》，臺北：水牛出版社 1989 年。

9. 臧克和、王平校定：《説文解字新訂》，北京：中華書局 2002 年。

10. 《辭源》第一冊，商務印書館 1979；第三冊，商務印書館 1984 年。

三、研究性著作

1. 北京大學哲學系外國哲學史教研室編譯:《西方哲學原著選讀》,北京:商務印書館 1981 年。

2. 車載:《論老子》,上海:上海人民出版社 1962 年。

3. 陳來:《古代宗教與倫理——儒家思想的根源》,北京:三聯書店 1996 年。

4. 陳鼓應:《老子今注今譯》,北京:商務印書館 2006 年。

5. 陳鼓應:《老莊新論》(修訂版),北京:商務印書館 2008 年。

6. 陳鼓應:《莊子今注今譯》,北京:中華書局 1983 年。

7. 陳鼓應、白奚:《老子評傳》,南京:南京大學出版社 2001 年。

8. 陳鼓應:《管子四篇詮釋:稷下道家代表作解析》,北京:商務印書館 2006 年。

9. 陳鼓應主編:《道家文化研究》,第一、二輯,上海:上海古籍出版社 1992 年、1993 年。

10. 陳鼓應主編:《道家文化研究》,第十四、十七、二十二輯,北京:三聯書店 1998 年、1999 年、2007 年。

11. 陳嘉映:《哲學·科學·常識》,北京:東方出版社 2007 年。

12. 陳嘉映主編:《西方大觀念》,北京:華夏出版社 2008 年。

13. 陳靜:《自由與秩序的困惑:淮南子研究》,昆明:雲南人民出版社 2004 年。

14. 陳夢家:《殷虛卜辭綜述》,北京:中華書局 1988 年。

15. 陳少明:《〈齊物論〉及其影響》,北京:北京大學出版社 2004 年。

16. 崔大華:《莊學研究》,北京:人民出版社 1992 年。

17. 崔大華:《莊子歧解》,北京:中華書局 2012 年。

18. 崔宜明:《生存與智慧:莊子哲學的現代闡釋》,上海:上海人民出版社 1996 年。

19. 戴建平:《魏晉自然觀研究》,南京:南京出版社 2002 年。

20. 鄧聯合:《莊子哲學精神的淵源與釀生》,北京:光明日報出版社 2011 年。

21. 丁四新:《郭店楚墓竹簡思想研究》,北京:東方出版社 2000 年。

22. 丁四新:《郭店楚竹書〈老子〉校注》,武漢:武漢大學出版社 2010 年。

23. 丁耘:《什麼是思想史?》,上海:上海人民出版社 2006 年。

24. 丁原植《郭店竹簡老子釋析與研究》,臺北:萬卷樓圖書有限公司 1999 年。

25. 董光璧:《當代新道家》,北京:華夏出版社 1991 年。

26. 方東美：《中國哲學精神及其發展》，臺北：黎明文化事業股份有限公司 2005 年。

27. 方勇、陸永品：《莊子詮評》，成都：巴蜀書社 2007 年。

28. 馮友蘭：《中國哲學史新編》，北京：人民出版社 1962 年。

29. 馮友蘭：《中國哲學史》，上海：華東師範大學出版社 2002 年。

30. 馮友蘭：《中國哲學簡史》，北京：北京大學出版社 1996 年。

31. 馮友蘭：《中國現代學術經典：馮友蘭卷》，石家莊：河北教育出版社 1996 年。

32. 馮天瑜：《新語探源》，北京：中華書局 2004 年。

33. 付粉鴿：《自然與自由：老莊生命哲學研究》，北京：人民出版社 2010 年。

34. 傅佩榮：《儒道天論發微》，北京：中華書局 2010 年。

35. 傅偉勳：《從西方哲學到禪佛教》，北京：三聯書店 1989 年。

36. 高柏園：《莊子內七篇思想研究》，臺北：文津出版社 1992 年。

37. 高晨陽：《儒道會通與正始玄學》，濟南：齊魯書社 2000 年。

38. 高明：《帛書老子校注》，北京：中華書局 1996 年。

39. 高亨：《高亨著作集林》第五卷，北京：清華大學出版社 2004 年。

40. 高文強：《中國古代文論範疇發生史——〈老子〉：道法自然》，武漢：武漢大學出版社 2009 年。

41. 古棣、周英：《老子通·老子校詁》，長春：吉林人民出版社 1998 年。

42. 郭沫若：《十批判書》，北京：人民出版社 1954 年。

43. 郭沫若：《青銅時代》，北京：中國人民大學出版社 2005 年。

44. 郭齊勇：《中國哲學史》，北京：高等教育出版社 2006 年。

45. 郭沂：《郭店竹簡與先秦學術思想》，上海：上海教育出版社 2001 年。

46. 何興亮：《圖騰與中國文化》，南京：江蘇人民出版社 2008 年。

47. 侯外廬等：《中國思想通史》（第一卷），北京：人民出版社 1957 年。

48. 黃開國、唐赤蓉：《諸子百家興起的前奏：春秋時期的思想文化》，成都：巴蜀書社 2004 年。

49. 黃釗主編：《道家思想史綱》，長沙：湖南師範大學出版社 1991 年。

50. 胡道靜主編：《十家論莊》，上海：上海人民出版社 2004 年。

51. 胡孚琛、牟宗鑒、王保玹：《道教通論：兼論道家學說》，濟南：齊魯書社 1997 年。

52. 胡適：《中國哲學史大綱》，上海：上海古籍出版社 1997 年。

53. 胡哲敷：《老莊哲學》，臺北：臺灣中華書局 1979 年。

54. 胡厚宣：《甲骨學商史論叢初集》，石家莊：河北教育出版社 2002 年。

55. 韓林合：《虛己以遊世：〈莊子〉哲學研究》，北京：北京大學出版社 2006 年。

56. 蔣錫昌：《老子校詁》，成都：成都古籍書店 1988 年。

57. 蔣錫昌：《莊子哲學》，上海：上海書店 1992 年。

58. 荊門市博物館：《郭店楚墓竹簡》，北京：文物出版社 1999 年。

59. 勞思光：《新編中國哲學史》，桂林：廣西師範大學出版社 2005 年。

60. 黎錦熙：《新著國文法》，北京：商務印書館 1984 年。

61. 李大華：《自然與自由：莊子哲學研究》，北京：商務印書館 2013 年。

62. 李杜：《中西哲學思想中的天道與上帝》，臺北：臺北聯經出版事業公司 1978 年。

63. 李錦全、曹智頻：《莊子與中國文化》，貴陽：貴州人民出版社 2001 年。

64. 李申：《中國古代哲學與自然科學》，北京：中國社會科學出版社 1989 年。

65. 李泰棻：《老莊研究》，北京：人民出版社 1958 年。

66. 李霞：《生死智慧：道家生命觀研究》，北京：人民出版社 2004 年。

67. 李澤厚：《中國古代思想史論》，天津：天津社會科學出版社 2003 年。

68. 李澤厚：《美學三書》，天津：天津社會科學院出版社 2003 年。

69. 李振綱：《大生命視域下的莊子哲學》，北京：人民出版社 2013 年。

70. 廖名春：《郭店楚簡老子校釋》，北京：清華大學出版社 2003 年。

71. 劉光義：《莊學蠡測》，臺北：學生書局 1986 年。

72. 劉光義：《莊子內七篇類析語釋》，臺北：臺灣學生書局 1984 年。

73. 劉坤生：《莊子哲學本旨論稿》，汕頭：汕頭大學出版社 1998 年

74. 劉翔：《中國傳統價值觀念詮釋學》，上海：上海三聯書店 1996 年。

75. 劉笑敢：《老子古今：五種對勘與析評引論》，北京：中國社會科學出版社 2006 年。

76. 劉笑敢：《莊子哲學及其演變》（修訂版），北京：中國人民大學出版社 2010 年。

77. 劉笑敢：《老子：年代新考與思想新詮》，臺北：東大圖書股份有限公司 1997 年。

78. 劉笑敢：《兩種自由的追求：莊子與沙特》，臺北：臺灣中華書局 1990 年。

79. 劉文典：《莊子補正》，昆明：雲南人民出版社 1980 年。

80. 劉師培：《劉申叔遺書》，南京：江蘇古籍出版社 1997 年。

81. 盧國龍：《道教哲學》，北京：華夏出版社 1997 年。

82. 陸玉林：《老莊哲學的意蘊》，北京：經濟管理出版社 1999 年。

83. 羅安憲：《虛靜與逍遙——道家心性論研究》，北京：人民出版社 2005 年。

84. 羅根澤：《諸子考索》，北京：人民出版社 1958 年。

85. 馬敍倫：《老子校詁》，北京：中華書局 1974 年。

86. 蒙培元：《人與自然：中國哲學生態觀》，北京：人民出版社 2004 年。

87. 蒙培元：《心靈超越與境界》，北京：人民出版社 1998 年。

88. 牟宗三：《中國哲學十九講》，上海：上海古籍出版社 1997 年。

89. 牟宗三：《才性與玄理》，臺北：臺灣學生書局 1993 年。

90. 那薇：《道家與海德格爾相互詮釋：在心物一體中人成其人物成其物》，北京：商務印書館 2004 年。

91. 裴學海：《古書虛字集釋》，北京：中華書局 1980 年。

92. 龐樸：《一分爲三》，深圳：海天出版社 1995 年。

93. 錢穆：《莊老通辨》，北京：三聯書店 2005 年。

94. 饒宗頤：《老子想爾注校箋》，上海：上海古籍出版社 1990 年。

95. 孫以昭、常森：《莊子散論》，合肥：安徽大學出版社 1997 年。

96. 譚宇權：《老子哲學評論》，臺北：文津出版社 1992 年。

97. 唐君毅：《中國哲學原論（導論篇）》，北京：中國社會科學出版社 2005 年。

98. 唐君毅：《中國文化之精神價值》，桂林：廣西師範大學出版社 2005 年。

99. 湯用彤：《湯用彤全集》，石家莊：河北人民出版社 2000 年。

100. 陶東風：《從超邁到隨俗：莊子與中國美學》，北京：首都師範大學出版社 1995 年。

101. 童書業：《先秦七子思想研究》（增訂本），北京：中華書局 2006 年。

102. 屠友祥：《言境釋四章》，上海：上海人民出版社 1998 年。

103. 王邦雄：《老子的哲學》，臺北：東大圖書公司 1980 年。

104. 王葆玹：《老莊學新探》，上海：上海文化出版社 2002 年。

105. 王博：《莊子哲學》，北京：北京大學出版社 2004 年。

106. 王博：《老子思想的史官特色》，臺北：文津出版社 1993 年。

107. 王海棻：《〈馬氏文通〉與中國語法學》，合肥：安徽教育出版社 1991 年。

108. 王凱：《逍遙遊：莊子美學的現代闡釋》，武漢：武漢大學出版社 2003 年。

109. 王力：《漢語語法史》，北京：商務印書館 1989 年。

110. 王力：《王力文集》（第一卷），濟南：山東教育出版社 1984 年。

111. 王明：《太平經合校》，北京：中華書局 1960 年。

112. 王慶節：《解釋學、海德格爾與儒道今釋》，北京：中國人民大學出版社 2004 年。

113. 王叔岷：《莊子校詮》，北京：中華書局 2007 年。

114. 王叔岷：《先秦道法思想講稿》，北京：中華書局 2007 年。

115. 王叔岷：《莊學管窺》，北京：中華書局 2007 年。

116. 王樹人、李明珠《感悟莊子：「象思維」視野下的莊子》，南京：江蘇人民出版社 2006 年。

117. 王素芬：《順物自然——生態語境下的莊學研究》，北京：人民出版社 2011 年。

118. 王威威：《莊子學派的思想演變與百家爭鳴》，北京：人民出版社 2009 年。

119. 王英傑：《自然之道——老子生存哲學研究》，北京：人民出版社 2010 年。

120. 王中江：《道家形而上學》，上海：上海文化出版社 2001 年。

121. 王中江：《視域變化中的中國人文與思想世界》，鄭州：中州古籍出版社 2005 年。

122. 汪子嵩、范明生、陳村富、姚介厚：《希臘哲學史》第一卷，北京：人民出版社 1988 年。

123. 吳光明：《莊子》，臺北：東大圖書公司 1988 年。

124. 吳國盛：《追思自然：從自然辯證法到自然哲學》，瀋陽：遼海出版社 1998 年。

125. 吳國盛：《自然本體化之誤》，長沙：湖南科學技術出版社 1993 年。

126. 吳汝鈞：《老莊哲學的現代析論》，臺北：文津出版社 1998 年。

127. 吳怡：《逍遙的莊子》，桂林：廣西師範大學出版社 2006 年。

128. 蕭漢明：《道家與長江文化》，武漢：湖北教育出版社 2005 年。

129. 蕭萐父、李錦全主編：《中國哲學史》（上冊），北京：人民出版社 1982 年。

130. 奚侗：《老子集解》，方勇導讀，上海：上海古籍出版社 2007 年。

131. 邢文編譯：《郭店老子與太一生水》，北京：學苑出版社 2005 年。

132. 熊十力：《熊十力全集》，郭齊勇主編，武漢：湖北教育出版社 2001 年。

133. 徐復觀：《徐復觀文集》（修訂本），李維武編，武漢：湖北人民出版社 2009 年。

134. 徐克謙：《莊子哲學新探：道·言·自由與美》，北京：中華書局 2006 年。

135. 許抗生：《帛書老子注譯與研究》（增訂本），杭州：浙江人民出版社 1985 年。

136. 嚴復：《嚴復集》（第四冊），王栻主編，北京：中華書局 1986 年。

137. 嚴靈峰：《老子章句新編》，臺北：文風書局 1944 年。

138. 嚴靈峰：《老莊研究》，臺北：中華書局 1979 年。

139. 顏世安：《莊子評傳》，南京：南京大學出版社 1999 年。

140. 楊國榮：《莊子的思想世界》，北京：北京大學出版社 2006 年。

141. 楊伯峻：《列子集釋》，北京：中華書局 1979 年。

142. 楊伯峻：《古漢語虛詞》，北京：中華書局 1981 年。

143. 楊伯峻、何樂士：《古漢語語法及其發展》（修訂本），北京：語文出版社 2001 年。

144. 楊樹達：《高等國文法》，北京：商務印書館 1984 年。

145. 楊亦軍：《老莊學說與古希臘神話》，成都：巴蜀書社 2001 年。

146. 葉舒憲：《老子與神話》，西安：陝西人民出版社 2005 年。

147. 葉國慶：《莊子研究》，臺北：臺灣商務印書館股份有限公司 1978 年。

148. 葉秀山：《中西智慧的貫通：葉秀山中國哲學文化論集》，南京：江蘇人民出版社 2002 年。

149. 葉海煙：《莊子的生命哲學》，臺北：東大圖書公司 1990 年。

150. 葉海煙：《老莊哲學新論》，臺北：文津出版社 1997 年。

151. 尹振環：《帛書老子試析》，北京：中華書局 2002 年。

152. 尹振環：《楚簡老子辨析：楚簡與帛書〈老子〉的比較研究》，北京：中華書局 2001 年。

153. 余明光：《黃帝四經與黃老思想》，哈爾濱：黑龍江人民出版社 1996 年。

154. 余明光：《黃帝四經今注今譯》，長沙：嶽麓書社 1993 年。

155. 袁保新：《老子哲學之詮釋與重建》，臺北：文津出版社 1997 年。

156. 詹劍峰：《老子其人其書及其道論》，武漢：湖北人民出版社 1982 年。

157. 張岱年：《張岱年全集》，石家莊：河北人民出版社 1996 年。

158. 張光直：《中國青銅時代》，北京：三聯書店 1983 年。

159. 張恒壽：《莊子新探》，武漢：湖北人民出版社 1983 年。

160. 張立文：《中國哲學邏輯結構論》，北京：中國社會科學出版社 2002 年。

161. 張松：《論道的形而上學問題：關於老子思想之哲學意義的重新探討》，濟南：齊魯書社 1998 年。

162. 張松輝：《老子研究》，北京：人民出版社 2006 年。

163. 張松如：《老子說解》，濟南：齊魯書社 1998 年。

164. 張世英：《進入澄明之境：哲學的新方向》，北京：商務印書館 1999 年。

165. 張祥龍：《海德格爾思想與中國天道：終極視域的開啟與交融》（修訂版），北京：中國人民大學出版社 2011 年。

166. 張舜徽：《張舜徽集》，武漢：華中師範大學出版社 2006 年。

167. 張揚明：《老子考證》，臺北：臺灣黎明文化事業公司 1985 年。

168. 張遠山：《莊子奧義》，南京：江蘇文藝出版社 2008 年。

169. 《哲學研究》編輯部：《莊子哲學討論集》，北京：中華書局 1962 年。

170. 鄭開：《道家形而上學研究》，北京：宗教文化出版社 2003 年。

171. 鍾泰：《莊子發微》，上海：上海古籍出版社 1988 年。

172. 趙志軍：《作爲中國古代審美範疇的自然》，北京：中國社會科學出版社 2006 年。

173. 趙明：《道家思想與中國文化》，長春：吉林大學出版社 1986 年。

174. 鄒曉麗：《基礎漢字形義釋源》，北京：中華書局 2007 年。

175. 朱哲：《先秦道家哲學研究》，上海：上海人民出版社 2000 年。

176. 朱謙之：《老子校釋》，北京：中華書局 1984 年。

四、譯著

1. （古希臘）柏拉圖（Plato）：《柏拉圖全集》第 1 卷，王曉朝譯，北京：人民出版社 2002 年。

2. （古希臘）亞里士多德（Aristotle）：《物理學》，張竹明譯，北京：商務印書館 1982 年。

3. （古希臘）亞里士多德（Aristotle）：《形而上學》，吳壽彭譯，北京：商務印書館 1959 年。

4. （德）康德（Immanuel Kant）：《自然科學的形而上學基礎》，鄧曉芒譯，上海：上海人民出版社 2003 年。

5. 卡爾·馬克思（Karl Marx）：《1844 年經濟學哲學手稿》，北京：人民出版社 2000 年。

6. （德）馬克思、恩格斯（Karl Marx，Friedrich Von Engels）：《馬克思恩格斯選集》第四卷，北京：人民出版社 1974 年。

7. （德）恩斯特·卡西爾（Enst Cassirer）：《人文科學的邏輯》，關子尹譯，上海：上海譯文出版社 2004 年。

8. （德）馬丁·海德格爾（Martin Heidegger）：《形而上學導論》，熊偉、王慶節譯，北京：商務印書館 1996 年。

9. （德）馬丁·海德格爾（Martin Heidegger）：《海德格爾選集》，孫周興編譯，上海：上海三聯書店 1996 年。

10. （德）漢斯—格奧爾格·伽達默爾（Hans-Georg Gadamer）：《眞理與方法：哲學詮釋學的基本特徵》，洪漢鼎譯，上海：上海譯文出版社 1999 年。

11. （美）本傑明·史華茲（Ben jamin I·Schwartz）：《古代中國的思想世界》，程鋼譯，南京：江蘇人民出版社 2004 年。

12. （美）陳漢生（Chad Hansen）：《中國古代的語言和邏輯》，周雲之等譯，北京：社會科學文獻出版社 1998 年。

13. （美）愛蓮心（Robert E·Allinson）：《嚮往心靈轉化的莊子：內篇分析》，周熾成譯，南京：江蘇人民出版社 2004 年。

14. （美）艾德勒（Adler M·J·）：《六大觀念》，郗慶華、薛笙譯，北京：三聯書店 1991 年。

15. （美）洛夫喬伊（Arthur Oncken Lovejoy）：《存在巨鏈：對一個觀念的歷史的研究》，張傳有、高秉江譯，鄧曉芒、張傳有校，南昌：江西教育出版社 2002 年。

16. （美）阿瑟·O·洛夫喬伊（Arthur Oncken Lovejoy）：《觀念史論文集》，吳相譯，南京：江蘇教育出版社 2005 年。

17. （美）安樂哲（Roger T·Ames）：《主術：中國古代政治藝術之研究》，滕復譯，北京：北京大學出版社 1995 年。

18. （美）諾姆·喬姆斯基（Noam Chomsky）：《支配和約束論集：比薩學術演講》，周溪流、林書武、沈家煊譯，趙世開校，北京：中國社會科學出版社 1993 年。

19. （日）小野澤精一、福永光司、山井湧：《氣的思想：中國自然觀和人的觀念的發展》，李慶譯，上海：上海人民出版社 1990 年。

20. （日）溝口雄三：《中國的思想》，趙士林譯，北京：中國社會科學出版社 1995 年。

21. （日）森三樹三郎：《回歸自然：老莊哲學》，姚石勤譯，高雄：敦理出版社 1989 年。

22. （日）池田知久：《道家思想的新研究——以〈莊子〉爲中心》，王啓發、曹峰譯，鄭州：中州古籍出版社 2005 年。

23. （英）葛瑞漢（Angus C. Graham）：《論道者：中國古代哲學論辯》，張海晏譯，北京：中國社會科學出版社 2003 年。

24. （英）柯林武德（R·G·Collingwood）：《自然的觀念》，吳國盛譯，北京：北京大學出版社 2006 年。

25. （英）李約瑟（Joseph Needham）：《中國科學技術史》第二卷，何兆武等譯，上海：上海古籍出版社 1990 年。

26. （法）列維·布留爾：《原始思維》，丁由譯，北京：商務印書館 1981 年。

27. （荷）斯賓諾莎：《倫理學》，賀麟譯，北京：商務印書館 1983 年。

五、外文著作

1. A.C.Graham, *Studies In Chinese Philosophy and Philosophical Literature*, NY: State University of New York Press, 1990.

2. Chung-Hwan Chen: *What does Lao-Tzu mean by the term「Tao」?* 臺灣《清華學報》，1964 年 2 月。

3. D. C. Lau, *Tao Te Ching*, HongKong: the Chinese University Press, 2001

4. Herrlee G. Creel, *What is Taoism?* Chicago: The University of Chicago Press, 1970.

5. Wing-tist Chan, ed. *A Source Book in Chinese Philosophy*, Princeton: Princeton University Press, 1963.

6. W.A.Callahan,「Discourse and Perspective in Daoism: A Linguistic Interpretation of Ziran」, *Philosophy East & West* 39（1989）: P.171～189.

7. David Loy,「Wei-Wu-Wei: Nondual Action」, *Philosophy East & West*, 35（1985）: PP.73～86.

8. Waley, Arthur.（trans.）*Lao Tzu: Tao Te Ching*, Beijing: Foreign Languages Press, 1999.

9. Chan, Wing-Chuek, On Heidegger's Interpretation of Aristotle: A Chinese Perspective, *Journal of Chinese Philosophy*, 32（2005）: PP.539～557.

10. 柳父章：《翻訳語成立事情》，東京：岩波書店 1982 年。

11. 笠元仲二：《中國人の自然觀と美意識》，東京：創文社 1982 年。

12. 鈴木喜一：《東洋における自然の思想》，東京：創文社 1992 年。

13. 栗田直躬：《中國思想における自然と人間》，東京：岩波書店 1996 年。

六、論文

1. 曹礎基：《莊子學派的分野》，《莊子研究》，《復旦學報》編輯部編，上海：復旦大學出版社 1986 年。

2. 陳恩林：《關於周代宗法制度中君統與宗統的關係問題》，《社會科學戰線》1989 年第 2 期。

3. 陳徽：《老子的「道」即「自然」思想及其「邏輯」展開》，《安徽大學學報》（哲學社會科學版）2006 年第 2 期。

4. 陳靜：《逍遙與自由——嚴復〈莊子評語〉研究》，《中國哲學與文化》第四輯，劉笑敢主編，桂林：廣西師範大學出版社 2008 年。

5. 陳靜：《「吾喪我」：〈莊子・齊物論〉解讀》，《哲學研究》2001 年第 5 期。

6. 陳榮灼：《王弼與郭象玄學思想之異同》，《東海學報》第三十三卷（1992）。

7. 陳其榮：《自然哲學：自然科學與形而上學的交融》，《自然辯證法研究》1999 年第 6 期。

8. 陳少明：《「吾喪我」：一種古典的自我觀念》，《哲學研究》2014 年第 8 期。

9. 陳引馳：《〈莊子〉「天」「性」脈絡與美的生成》，《學術月刊》1994 年第 8 期。

10. 陳瑋芬：《日本「自然」概念考辨》，《中國文哲研究集刊》第三十六期（2010）。

11. 崔大華：《莊子：中國傳統文化的自然主義源頭》，《教學與研究》1999 年第 5 期。

12. 鄧曉芒：《什麼是自由？》，《哲學研究》2012 年第 7 期。

13. 戴璉璋：《阮籍的自然觀》，《中國文哲研究集刊》第三期（1993）。

14. 董秀芳：《古漢語中的「自」和「己」：現代漢語「自己」的特殊性的來源》，《古漢語研究》2002 年第 1 期。

15. 馮春田：《老莊「自然」觀的實證分析》，《東嶽論叢》1998 年第 5 期。

16. 符蓉、胡東平：《〈道德經〉英譯的忠實倫理研究——以「自然」一詞的翻譯爲例》，《湖南科技學院學報》2014 年第 6 期。

17. 貢華南：《〈老子〉中「自然」諸義及其在魏晉玄學之分殊》，《學術月刊》2012 年第 8 期。

18. 李昌舒：《自然與自由：論郭象哲學之「性」》，《中國哲學史》2005 年第 3 期。

19. 李大華：《自由、自然與境界：論成玄英的〈莊子疏〉》，《中國哲學史》2003 年第 3 期。

20. 李春青：《論「自然」範疇的三層內涵——對一種詩學闡釋視角的嘗試》，《文學評論》1999 年第 1 期。

21. 廖名春：《〈老子〉「無爲無不爲」新證》，《中國哲學》第二十期。

22. 劉笑敢：《關於〈老子〉之雌性比喻的詮釋問題》，《中國文哲研究集刊》，第二十三期（2003）。

23. 劉笑敢：《人文自然與天地自然》，《南京師範大學文學院學報》2004 年第 9 期。

24. 劉笑敢：《兩種逍遙與兩種自由》，《華中師範大學學報》（人文社會科學版）2007 年第 6 期。

25. 劉平：《古漢語中虛詞「自」的語法化歷程》，《蘭州教育學院學報》2006 年第 2 期。

26. 樓宇烈：《「莫若以明」解：讀〈齊物論〉雜記一則》，載《溫故知新：中國哲學研究論集》，北京：商務印書館 2004 年。

27. 陸美善：《淺談自 V》，《廣西右江民族師專學報》2003 年第 1 期。

28. 羅安憲：《莊子「吾喪我」義解》，《哲學研究》2013 年第 6 期。

29. 蒙培元：《「道」的境界：老子哲學的深層意蘊》，《中國社會科學》1996 年第 1 期。

30. 秦佳英：《〈馬氏文通〉狀字今解》，《松遼學刊》（社會科學版）1991 年第 1 期。

31. 任繼愈：《莊子探源》，《哲學研究》1961 年第 2 期。

32. 孫岳：《〈道德經〉中的「自然」觀念及英譯》，《首都外語論壇》2006 年第 6 期。

33. 湯一介：《論「天人合一」》，《中國哲學史》2005 年第 2 期。

34. 田探：《老子「自然」思想的内在矛盾》，《華夏文化》2006 年第 1 期。

35. 王慶節：《老子的自然觀念：自我的自己而然與他者的自己而然》，《求是學刊》2004 年第 6 期。

36. 王焱：《道家哲學中「自然」的雙重維度》，《中國地質大學學報》（社會科學版）2006 年第 3 期。

37. 王中江：《道與事物的自然：老子「道法自然」實義考論》，《哲學研究》2010 年第 8 期。

38. 王中江：《道家自由思想的兩種形態》，載《原道》第 7 輯，陳明、朱漢民主編，貴陽：貴州人民出版社 2002 年。

39. 吳根友：《讀莊獻疑：〈齊物論〉「莫若以明」新解》，《中國哲學史》2005 年第 4 期。

40. 伍曉明：《「道」何以法「自然」？》，《中國學術》第二十七輯，北京：商務印書館 2009 年。

41. 謝揚舉：《老子「自然」概念的實質和理論》，《湖南大學學報》（社會科學版）2009 年第 1 期。

42. 蕭平：《郭象〈莊子注〉自然義探微》，收入《黌門菊燦——蕭漢明教授七秩華誕紀念文集》，黃黎星、崔波、丁四新主編，長春：吉林文史出版社 2009 年。

43. 蕭無陂：《道不可道嗎？——從「名」「實」之辨重新審視〈老子〉第一章》，《中國哲學史》2014 年第 3 期。

44. 蕭無陂：《論早期道家自然觀念的雙重意蘊》，《中州學刊》2010 年第 5 期。

45. 蕭無陂：《老子的政治哲學與當代政治實踐》，《深圳大學學報》2015 年第 1 期。

46. 蕭美豐：《莊子時空觀新探》，《莊子與中國文化》，黃山文化書院編，合肥：安徽人民出版社 1990 年。

47. 徐小躍：《莊子天人觀與齊物論思想新探》，《江蘇社會科學》1997 年第 6 期。

48. 顏世安：《從〈太一生水〉看先秦自然道論的分流》，《江蘇社會科學》2001 年第 6 期。

49. 楊家友：《老子自然意蘊的再探討》，《哲學分析》2011 年第 4 期。

50. 葉秀山：《哲學還會有什麼新問題？》，《哲學研究》2000 年第 9 期。

51. 于民雄：《自然與自由——莊子「相忘於江湖」解》，載《原道》第 7 輯，陳明、朱漢民主編，貴陽：貴州人民出版社 2002 年。

52. 于民雄：《「道法自然」新解》，《貴州社會科學》2005 年第 5 期。

53. 張松輝：《〈逍遙遊〉的主旨是無爲》，《齊魯學刊》1999 年第 1 期。

54. 張汝倫：《什麼是自然？》，《哲學研究》2011 年第 4 期。

55. 張宜生：《狀詞與副詞的區別》，《漢語學習》1995 年第 1 期。

56. 張理峰：《以道觀之：「自然」的雙重維度——對《老子》「自然」觀念的再思考》，載《原道》第十五輯，陳明、朱漢民主編，北京：首都師範大學出版社 2008 年。

57. 章媛：《西譯文本對老子「道法自然」誤讀考辨》，《宗教學研究》2012 年第 2 期。

58. 鄭良樹：《老子新校（七）》，《大陸雜誌》，59 卷（2）。

59. 周振鶴：《「自由」從哪裏來？》，《咬文嚼字》2000 年第 11 期。

60. 朱德熙：《自指和轉指》，《方言》1983 年第 1 期。

61. （美）史華慈：《論中國思想中不存在化約主義》，張寶慧譯，《開放時代》2001 年第 5 期。

62. （日）伊東俊大郎：《自然觀的轉變》，羅漢軍譯，《世界科學》1988 年第 2 期。原載日本《讀賣新聞》1986 年 6 月 4 日。

後　記

　　後記這個詞，意味著在論著完成之後的一些感想和致謝，但對於我而言，這篇後記中的很多內容其實在論著撰寫過程中就已經形成了。本書的雛形是我的博士論文：《早期道家自然觀念研究——以老莊爲中心》，後來曾稍作修改，以《自然的觀念——對老莊哲學中一個重要觀念的重新考察》爲名，於庚寅年六月印行。本書是對該書的一個修訂，在某種程度上甚至可以說是一個改寫版，因爲很多章節和結構都作了較大調整。與五年前相比，筆者的一些觀點亦發生了較大的改變。十年前，我選擇早期道家的自然觀念作爲博士論文研究課題，實在是冒著莫大的風險，因爲自然是研究道家哲學的人必定要涉及的內容，已有的研究足以讓人望而卻步，但最終我還是義無反顧地進入了這一研究領域。時至今日，我對老莊自然觀念的研究和思考已經整整十年了。博士論文完成兩年後，經過簡單修改，旋即交付出版。當時一心想著儘快推出自己的研究成果，供學界批評，以促進研究。然今日回想起來，實在有點倉促，很多觀點不完善，不少錯誤也未及改正，本次改寫算是彌補這一缺憾。

　　論文出版後，我又重新檢讀老莊哲學文本以及歷代注釋，同時廣泛地閱讀同行們的研究成果。在拙作出版之後，學界又有不少關於老莊自然觀念的研究成果，細讀這些論著，深受啓發。他們的研究結論，有的發我之未發，有的與我未謀而同，極大地促進了我的進一步思考。

　　工作之後的幾年裏，我遭遇了人生之低谷，各種窘迫、壓抑、困頓竟然一時襲來，個人甚有前途未卜之迷惑。常常周旋於無聊的人事之中，爲俗世之瑣屑事務操勞，眞有終日役役而不見其成功，茶然疲役而不知其所歸之惑。細究起來，個人情感上之苦痛，學術研究上之種種阻力，經濟上的困窘，家

庭所遭受之種種變故，無時不在擾亂著人心。頓覺莊子固然不遣是非，而與世俗處，然終究不得不抽離出獨立之精神，以尋求個體精神之自由，由此亦彰顯出自由之可貴。尼采曾說過：「一個哲學家對自己的起碼要求和最高要求是什麼？就是在自己身上克服他的時代，成為一個無時代的人。」但任何一個真正從事哲學研究的人，在嘗試擺脫他的時代束縛時，必然要遭受身心的諸多苦痛，克服時代之局限，誠非易事也。然人之思想實可超越一時代之局限，此哲學研究之所以具有永恆之魅力，而老莊哲學之所以至今爍耀寰宇也。

近兩年，行將跨越本命，內心亦更加成熟與堅定。壬辰年夏，解讀完王陽明的《傳習錄》之後，始深知古今聖賢無不歷盡困頓而後志意彌堅，我一愚頑之人，既然醉心道學，實應坦然面對生活之挫折與艱辛。本命年之前，我內心實存留著一絲鄉愿的意思，而今我只管循心而往，率性而為，固然不能達至莊子之逍遙，直做個行不掩言的楚狂人也罷。

本次修訂出版，應當感謝以下個人和機構。

儘管畢業多年，我的母校老師仍然不斷地給予我支持和幫助，他們是郭齊勇教授、田文軍教授、李維武教授、吳根友教授、丁四新教授以及我的導師徐水生教授。令人痛心不已的是，在哲學道路上曾經給予我重要指導和幫助的兩位先生先後過世，一位是我的碩士生導師蕭漢明教授，一位是我的博士論文評審專家崔大華教授。兩位先生不為軒冕肆志，不為窮約趨俗，潛心學術，年屆古稀，仍然筆耕不輟，最終不幸累倒。他們的學問精神必將永遠激勵著我，謹以此書的出版紀念他們。

美國洛杉磯羅耀拉大學終身哲學教授王蓉蓉（Robin R. Wang）對於本書的修訂起著推動作用。癸巳年仲春，我們在武漢開會時結識，並就一些問題進行了初次學術探討。會後我曾將拙作初版贈送她。返長不久，王教授即打電話給我，言及專門看完了拙作，頗多獎掖之辭。我當時頗感驚訝，我不知道現在學者們之間互相贈送書籍，有多少人會去認真閱讀，而王教授卻專門看完拙作，並就一些問題與我探討。這幾年，我們一直互通郵件，共同探討一些問題，她為我的研究提供了一些參考資料。乙未年春，我們見於中山大學，又有一番詳談。此次修訂再版，她又在繁忙的工作之中惠然賜序，並且提出了很多值得深入思考的問題，感激之心實難言表。

初版後記中遺漏了一些朋友，在此予以誠摯的歉意，她們是我的師妹李慧敏博士，我的老鄉李守一女士，感謝他們的一直支持和幫助。

　　本次修改過程中，楊順利兄從北京爲我寄來不少資料，我的學生崔韓穎在南京大學哲學系讀研期間爲我提供了一批重要的港臺書籍，黃星星、粟霞兩位學生在中山大學哲學系讀研期間爲我的學術交流活動亦付出了勞動，在此一併致謝。

　　身處一個富裕的時代，然而學者卻不得不面臨諸多生活上的困窘，幸有好友淩特志、李曉燕夫婦與劉剛、李豔萍夫婦熱情的支持與幫助，他們的情義我自當銘記在心。

　　我的妻子陳師女士，生性質樸，善良，全心支持我的學術研究，感謝我的父母、岳父母、妹妹的支持和理解，謹以此書獻給他們。

　　本書中的部分內容曾刊發在《中國哲學史》、《中州學刊》、《深圳大學學報》上，特向這些期刊予以感謝。本書的大部分內容曾在湖南師範大學哲學系研究生和本科生的課堂上講授，並且舉辦過幾次道家哲學專題講座。不少研究生和本科生積極參與了我主持的每週讀書會活動，其中還有不少外系外院的學生，他們對於智慧的追求，對於眞理的渴望，讓我堅信，即便是在這樣一個喧囂而浮華的時代，仍然有醉心於哲學的志同道合之士。所謂「德不孤，必有鄰」，斯之謂與！

　　本書的改寫與修訂，還得益於國家社會科學基金（2013）、湖南省青年骨幹教師培養計畫（2013）和湖南師範大學青年優秀人才計畫（2014）的資助，在此予以致謝。

　　臺灣花木蘭文化出版社是一家矢志不渝地堅持學術書籍出版的機構，在傳統紙質出版行業不太景氣、學術出版虛假繁榮的背景之下，他們毅然堅持投入大量的精力到學術出版事業中去，爲弘揚中華文化與學術做出了巨大的貢獻，這種精神令人敬佩，感謝他們將拙作納入出版計畫。高小娟社長、楊嘉樂副總編輯、許郁翎編輯雖素未謀面，但她們爲拙作的編輯與出版付出了辛勤的勞動，在此深表謝意。

乙未年初夏於麓山雲棲谷抱樸書房